统编版

读写共生
初中写作教学实用课例

汪蓉 主编

时代出版传媒股份有限公司
安徽教育出版社

图书在版编目（CIP）数据

读写共生初中写作教学实用课例/汪蓉主编．—合肥：安徽教育出版社，2022.6
ISBN 978 - 7 - 5336 - 9645 - 0

Ⅰ.①读… Ⅱ.①汪… Ⅲ.①作文课－教案(教育)－初中 Ⅳ.①G633.342

中国版本图书馆CIP数据核字（2022）第003850号

读写共生初中写作教学实用课例

DUXIE GONGSHENG CHUZHONG XIEZUO JIAOXUE SHIYONG KELI

出 版 人：费世平
质量总监：何换生
责任编辑：魏晓玲
装帧设计：何宇清
责任印制：陈善军

出版发行：安徽教育出版社
地　　址：合肥市经开区繁华大道西路398号　邮编：230601
网　　址：http://www.ahep.com.cn
营销电话：(0551)63683012,63683013
排　　版：安徽时代华印出版服务有限责任公司
印　　刷：合肥市宏基印刷有限公司

开　　本：787 mm×1092 mm　1/16
印　　张：16.25
字　　数：295千字
版　　次：2022年6月第1版　2022年6月第1次印刷
定　　价：48.00元

(如发现印装质量问题，影响阅读，请与本社营销部联系调换)

尺水兴波，读写共生

语文是综合性、实践性很强的学科。阅读教学和作文教学既互相依存又互为补充，二者是语文教学体系的重要组成部分。叶圣陶先生说过："就学生而言，作文是各科学习的成绩、各项课外活动的经验，以及平时思想品德的综合表现。"可见，作文教学牵及学生成长的方方面面。如何让喜欢阅读却写不好作文的学生爱上写作？如何利用好"课文"和"课内外延伸阅读"这个酵母，让学生发酵出既有营养又美味的习作？这个问题一直困惑着一线语文教师。

统编版初中语文教材构建了"三位一体"的阅读体系，从教读课文、自读课文到名著导读，从课内到课外，从必读到选读，搭建了系统化、经典化、多样化的阅读延展平台。新教材的每册单元课文学习后大多有写作指导和写作实践，与以往教材不同的是，写作指导与单元学习紧密融合，为实现读与写的有效结合提供了明确的教学方向和指导路径。但使用新教材后作文课究竟怎么上？如何将作文课与单元学习无缝对接？如何研究出可学习又实用的读写结合的作文指导"范例"？源于此，我们编写了这本《读写共生初中写作教学实用课例》。编者都是一线教师，他们勤于课堂研究，敢于探究创新。本书编写的大方向是着眼于读与写结合的指导，旨在真正用好这套统编语文教材；出发点是引导学生正确认识阅读与写作的关系，不但爱上阅读也能畅意写作；落脚点是指导写作教学，让一线教师有本可依、有本可拓、有本可创。

本书编写的构想具体说来有如下几点：

首先，基于对初中三个年级学生知识水平的考虑，对课文赏读和课外阅读的指导分层、逐步推进,围绕单元提示从多个维度提炼单元阅读知识,由浅入深。这样既温习了课堂学习的单元知识,又实现由点到线的阅读能力的提升。

其次,写作指导由词到句段,再到成文,逐步解读、提炼写作方法,逐步提高写作要求,循序渐进。既考虑学生的课堂阅读积累和年龄特点,又结合课外阅读,以读为写作之源,辅之以方法的引领,实现由块到面的写作能力的提升。

再者,作文指导实用课例围绕六册教材写作指导成体系编写,每篇课例后面都有几个作文题,有的源于课本的"写作实践",有的是编者自编的。这对于初中语文教师来说是福音,不再因难找作文题而手足无措,各册作文题实现由少到多、由单一到系统的提升。同时,辅之以优秀习作和教师评语,便于教师在写作前做示范指导,也可以用于批阅作文之后,作为作文诊断、作文评讲的素材,有利于实现体例和体系相结合。

最后,使用本书的老师们可以在参考、借鉴的基础上,根据班级实际授课情况、作文训练需要、学生的提升情况做适度增补和调整,并在此基础上做进一步的研究和积累,助力日后或下一轮的作文教学,实现作文教学由借鉴整合到自我生成的提升。

本书共有35篇读写共生作文教学实用课例,都是大家在教学中经过专项研究后编写的,源于实践和思考,旨在抛砖引玉。具体编写人员如下:七年级由汪蓉、刘池虎、桑岚清、汪书萍老师编写,八年级由谷风、万霞、夏君、张昀圆、汪涵睿老师编写,九年级由汪蓉、杨凝芳、王勇、余莉、刘荣老师编写。对他们的辛苦付出深表感谢,也为他们的智慧结晶大加点赞。

勤研如春起之苗,不见其增,日有所长。由个例到合例的作文案例研究是语文人的春天,由个力到合力的研究途径是教研的春天。从文章中来,到文章中去。问诊语文课堂,会诊作文教学,让我们共同探究读写共生作文教学。尺水兴波,读写共生!

汪 蓉

二〇二一年一月十六日

目 录

七年级段

热爱生活，热爱写作 \ 2
学会记事 \ 9
写人要抓住特点 \ 16
思路要清晰 \ 22
如何突出中心 \ 27
发挥联想和想象 \ 33
写出人物的精神 \ 40
学习抒情 \ 50
抓住细节 \ 58
怎样选材 \ 64
文从字顺 \ 69
语言简明 \ 75

八年级段

新闻写作 \ 81
学写传记 \ 90

学习描写景物 \ 99

语言要连贯 \ 106

说明事物要抓住特征 \ 112

表达要得体 \ 118

学习仿写 \ 124

说明的顺序 \ 133

学写读后感 \ 141

学写演讲稿 \ 150

学写游记 \ 158

学写故事 \ 165

九年级段

尝试诗歌创作 \ 175

观点要明确 \ 182

议论要言之有据 \ 189

学习缩写 \ 195

论证要合理 \ 201

学习改写 \ 209

学习扩写 \ 215

审题立意 \ 223

布局谋篇 \ 230

修改润色 \ 238

有创意地表达 \ 247

七年级段

1. 熟练使用字典、词典优化阅读实效,运用略读和精读的方法扩展阅读视野、强化阅读积累。
2. 规范书写,优化作文质量。
3. 以记叙文训练为主,写一般的记叙文,力求表达自己的独特感受和真切体验。

热爱生活，热爱写作

一、读写单元主题综述

本单元阅读的人文主题是"亲近自然，热爱生活"。所选课文包括三篇现当代散文和四首古代诗歌。三篇散文都是写景抒情的名家名篇。朱自清的《春》以生动形象的笔法，多层次、多角度地描写了春天的景象；老舍的《济南的冬天》描写和赞美了济南冬天的风貌；刘湛秋的《雨的四季》则不限于一时一地，描写大自然四季多姿多彩的景象。四首古代诗歌，或观沧海，或泛江河，或别友人，或诉秋思，所描写的景色和所抒发的情感各异。本单元的教学价值在于感受和赏析写景抒情作品，提高朗读诗文的能力以及揣摩、品味文学语言的能力。

写作主题是"热爱生活，热爱写作"。七年级的第一个写作主题为什么是"热爱生活，热爱写作"呢？我想应该有这样的考虑：①生活是写作的源泉，作品来源于生活，也是对生活的反映，可以帮助我们理解生活；②只有热爱生活才能观察生活，进而关心生活，这样才能热爱写作，才能写出生动的、真实的生活。

据上分析，我们可以提炼出本次读写共生训练的目标：

1. 了解观察生活的方法，感受自然生活和社会生活的美好。
2. 尝试引导学生思考，敏锐学生的目光，深邃学生的思想，增加生活的热情。

二、读写共生美点撷取

（一）内容

1.词语和句子

（1）词语

朗润 酝酿 静默 窠巢 响晴 静谧 高邈 竦峙 澹澹 碣石 杨花 子规

（2）句子

①盼望着，盼望着，东风来了，春天的脚步近了。

②风里带来些新翻的泥土的气息，混着青草味儿，还有各种花的香，都在微微润湿的空气里酝酿。

2.主题和题材

热爱生活是学生写作的内驱力，生活包括社会生活与自然生活。本单元所选的文章大多是描写自然生活的,因此本单元的主题是热爱生活。题材定为自然生活,学生应该更有话可说,也知道应该怎么去写。

(二)形式

1. 结构与顺序

本单元所选文章的结构并不复杂,学生作文可以模仿。《春》是典型的总分总结构,先写对春天的盼望,奠定了文章的情感基调。接着描绘了春草、春花、春风、春雨四幅春天典型的图景。最后的迎春与开篇的盼春遥相呼应。

《济南的冬天》结构也是总分总。第一部分(1节):总写济南是个宝地。第二部分(2-5节):分写济南的山和水。第三部分(6节):总结全文"这就是冬天的济南"。

《雨的四季》结构也是总分总。第一部分(1节):我喜欢四季的雨。第二部分(2-5节):四季的雨的特征。春雨美丽、娇媚,夏雨热烈、粗犷,秋雨端庄、沉思,冬雨自然、平静。第三部分(6节):四季的雨对我的影响。

2. 修辞妙句

(1) 看,像牛毛,像花针,像细丝,密密地斜织着,人家屋顶上全笼着一层薄烟。

(2)山朗润起来了,水涨起来了,太阳的脸红起来了。

(3)这一圈小山在冬天特别可爱,好像是把济南放在一个小摇篮里,他们全安静不动地低声地说:"你们放心吧,这儿准保暖和。"真的,济南的人们在冬天是面上含笑的。

(4)等到快日落的时候,微黄的阳光斜射在山腰上,那点薄雪好像忽然害了羞,微微露出点粉色。

3. 特殊句式

(1)小草偷偷地从土里钻出来,嫩嫩的,绿绿的。

(2)对于一个在北平住惯的人,像我,冬天要是不刮大风,便觉得是奇迹;济南的冬天是没有风声的。对于一个刚由伦敦回来的人,像我,冬天要能看得见日光,便觉得是怪事;济南的冬天是响晴的。

(3)春天,树叶开始闪出黄青,花苞轻轻地在风中摇摆,似乎还带着一种冬天的昏黄。

(4)水珠子从花苞里滴下来,比少女的眼泪还娇媚。

4. 景色描写

桃树、杏树、梨树,你不让我,我不让你,都开满了花赶趟儿。红的像火,粉的像霞,白的像雪。花里带着甜味儿;闭了眼,树上仿佛已经满是桃儿、杏儿、梨儿。花下成千成百的蜜蜂嗡嗡地闹着,大小的蝴蝶飞来飞去。野花遍地是:杂样儿,有名字的,没名字的,散在草丛里,像眼睛,像星星,还眨呀眨的。

三、读写共生活动设计

教学目标
1. 了解观察生活的方法,感受自然生活和社会生活的美好。
2. 尝试引导学生思考,敏锐学生的目光,深邃学生的思想,增加生活的热情。

重点难点
了解观察生活的方法,感受自然生活和社会生活的美好。(重点)
尝试引导学生思考,敏锐学生的目光,深邃学生的思想,增加生活的热情。(难点)

教学课时
一课时

教学过程
(一)导入

日月经天,江河行地,春风夏雨,秋霜冬雪,大自然生生不息,四时景物美不胜收!(用语言描绘自然生活的美好,激发学生的兴趣并配图展示。)

(二)观察,让生活生动

以《春》中的"春花图"为例,分析观察的方法。

桃树、杏树、梨树,你不让我,我不让你,都开满了花赶趟儿。红的像火,粉的像霞,白的像雪。花里带着甜味儿;闭了眼,树上仿佛已经满是桃儿、杏儿、梨儿。花下成千成百的蜜蜂嗡嗡地闹着,大小的蝴蝶飞来飞去。野花遍地是:杂样儿,有名字的,没名字的,散在草丛里,像眼睛,像星星,还眨呀眨的。

1. 观察要有顺序(空间、时间)。
2. 观察要有角度(视觉、听觉、嗅觉、味觉、触觉)。

(三)关心,让生活可爱

1. 品读《秋天的怀念》第三段,感受母亲的关心。

那天我又独自坐在屋里,看着窗外的树叶"唰唰啦啦"地飘落。母亲进来了,挡在窗前:"北海的菊花开了,我推着你去看看吧。"她憔悴的脸上现出央求般的神色。"什么时候?""你要是愿意,就明天?"她说。我的回答已经让她喜出望外了。"好吧,就明天。"我说。她高兴得一会坐下,一会站起:"那就赶紧准备准备。""哎呀,烦不烦?几步路,有什么好准备的!"她也笑了,坐在我身边,絮絮叨叨地说着:"看完菊花,咱们就去'仿膳',你小时候最爱吃那儿的豌豆黄儿。还记得那回我带你去北海吗？你偏说那杨树花是毛毛虫,跑着,一脚踩扁一个……"她忽然不说了。对于"跑"和"踩"一类的字眼,她比我还敏感。她又悄悄地出去了。

2. 让学生回忆父母与自己之间发生的难以忘怀的事情,或借某个小物件叙述与朋友之间发生的往事。

3. 总结:付出所有,珍惜已有,收获未有!

(四)观照,让生活充满智慧

1. 赏析席慕蓉的《贝壳》

在海边,我捡起了一枚小小的贝壳。

贝壳很小,却非常坚硬和精致。回旋的花纹中间有着色泽或深或浅的小点,如果仔细观察的话,在每一个小点周围又有着一圈一圈的复杂图样。怪不得古时候有人采用贝壳来做钱币,在我手心里躺着的实在是一件艺术品,是舍不得拿去和别人交换的宝贝啊!

在海边捡起这一枚贝壳的时候,里面曾经居住过的小小柔软的肉体早已死去,在阳光、砂粒和海浪的淘洗之下,贝壳中所留下来的痕迹已经完全消失了。但是,为了这样一个短暂和细小的生命,为了这样一个脆弱和卑微的生命,上苍给它制作出来的居所却有多精致、多仔细、多么地一丝不苟呢!

比起贝壳里的生命来,我在这世间能停留的时间是不是更长和更多一点呢?是不是也应该用我的能力来把我所能做到的事情做得更精致、更仔细、更加地一丝不苟呢?

请让我也能留下一些令人珍惜、令人惊叹的东西来吧。

在千年之后,也许也会有人对我留下的痕迹反复观看,反复把玩,并且会忍不住轻轻地叹息:"这是一颗怎样固执又怎样简单的心啊!"

2. 展示富含哲理的诗歌名句

野火烧不尽,春风吹又生。

海日生残夜,江春入旧年。

居高声自远,非是藉秋风。

沉舟侧畔千帆过,病树前头万木春。

山重水复疑无路,柳暗花明又一村。

不识庐山真面目,只缘身在此山中。

问渠那得清如许,为有源头活水来。

……

3. 让学生模仿《贝壳》并引用上面的某个诗句写一个片段

4. 展示学生作品

5. 小结

日月经天,天行健君子以自强不息!

江河行地,地势坤君子以厚德载物!

春风夏雨,雨泽苍生知时节而发!

秋霜冬雪,雪盖万物兆丰年而来。

大自然生生不息,四时景物既美不胜收又内蕴哲理!

(五)确定写作主题

运用本单元所学的写景手法,仔细观察自己的生活环境,写自己热爱的家乡之景。

四、读写共生习作实例

慎城的冬

慎城的冬天来得静来得突然。

一月里,一个平平常常的日子,细蒙蒙的雨丝夹着一星半点的雪花正纷纷淋淋地向大地飘洒着,雪不会长存,它们往往还没落地就已经消失得无影无踪。慎城严寒而漫长的冬天,眼看就要来了。

在这样的日子里,如果没有什么重要的事情,人们基本是不出门的,因此县城的大街小巷比平时少了许多嘈杂,但依然会看见大街上走过学生和上班的人。他们都很匆忙所以难免会摔倒。步行街上布满了积雪,冷风迎面而来,一些小吃摊因此基本不出摊了,但也有几个依然出摊,因为人们需要它们。夜晚走在路上你能看见几家拉面馆和大排档等在营业,其中最受欢迎的是牛肉汤馆,平日里生意平平的牛肉汤馆在这样的天气里基本上客满。煮牛肉的锅里放了各种调料,其中少不了姜,因为它可以驱寒。当我看见牛肉在锅内惬意地翻滚时忍不住上前一步闻了一下,大蒜、生姜、大葱、辣椒散发的香气扑鼻而来,我感觉整个身子都暖了。人们走出店时,红着的脸感觉像烧红了的煤球。

"爆竹声中一岁除,春风送暖入屠苏",新的一年又快来了,大年三十那天,我和妈妈在街上买东西。街道一夜之间仿佛变了个样,张灯结彩,热闹非凡,家家户户都贴"倒福"、对联,还挂灯笼。在拜年时,我会和表兄弟一起玩,我们在粮站里玩雪。尽管雪不多,但是我们玩得很开心,在那雪的世界里尽情地奔跑。我们在粮站分成四队打雪仗,用雪堆好各自的"堡垒",再去把雪球做好。打雪仗时,我们就忘记了世间的一切。晚饭时我们才离开粮站。第二天,我们堆了一个大雪人,但是差了眼睛和嘴巴，我们就拿辣椒和绿豆分别做嘴和眼睛。在回家的路上我还无法忘记那份快乐。有一天，我刚要上楼，突然感觉到头上一凉，才发现下雪了。上楼时隐隐约约听到了一阵舒缓的声调："我的乖乖呦，你望望这雪下的，好大呀！""就是啊，这些年来最大的雪啊！"家乡的方言听起来特别有意思，这就是家乡方言的魅力！

冬天，这慎城的冬天虽然寒冷，却给我春天般的感觉。

（作者：蔡鸿志）

教师点评

文章娓娓道来，有《济南的冬天》的痕迹，家乡生活色彩鲜明。内容生活化，有烟火气，突显了慎城冬天的"温暖"。

半岗的秋

秋，无论在哪里都是美丽的，而对于我来说，最美的秋便是半岗的秋了。

小时候的我最爱去姥姥家玩，而且一玩就不想走，便会住上几日。

我记得，院子的西北角有一棵好大好大的枣树，却早已不结枣子了。每到秋风瑟瑟的时候，只消一吹，那金叶子便会慢悠悠地飘下来，铺在地上，像一条金色的毯子。上去一踩，便可以听到极为清脆的破裂声，踩完后便出现一地的金屑。这时，姥姥便让我去扫地。姥姥家只有那种颇为沉重的大扫帚，故我只能使一把比我还高的扫帚去扫地。

等扫完了，自然就累了，便把姥爷珍爱的躺椅搬到树下，边摇边呷着加了几小块冰糖的凉开水，有种像秋风一样的清甜的味道。姥姥总是慈爱地看着我，淡淡地笑着，然后给我端点小零食吃，也给自个儿带条凳子，坐下来歇歇。

秋天的田野总是那样的美，层层的稻子形成了金色的浪花，哗……哗……哗……当大人辛辛苦苦地收了稻子后，便是我们的美食"上线"的时候了。收完稻子，便去割那绿绿的红薯藤。虽然红薯藤不好吃，但藏在地下的红薯好吃啊！

我时常叫上小伙伴们去红薯地里"扫荡"，今天去你家的红薯地，明天去他家的红薯地。找准一块地，便是一顿猛刨，但不刨多，就七八个。刨红薯是有讲究的，不能刨太浅，要不然会伤到红薯；也不能刨太深，否则的话，红薯保全了，但太费力。红薯到手后，接下来就是关键的烤红薯环节。就地挖个坑，找几根木棍、树枝之类的东西放在坑里，然后点起把火，把木棍什么的全烧成炭，把红薯丢入坑里用炭灰埋上。大家在坑边等着，说说笑笑，不久后便传出淡淡的香味儿。这时，用木棍把红薯扒出来，也顾不得烫，一人抢一个，不时地把红薯从左手传到右手，右手传到左手。待凉了之后便剥去皮，露出黄红色的肉，边吹边啃，味道香甜，只是很少见到更为香甜的黄赤色的上等品,但吃到嘴了,倒生快乐。

我如今已很少回去,但还记得那枣树,那红薯,那半岗的秋啊!

(作者:李晓阳)

教师点评

文章所选材料典型,半岗秋日里的枣树、红薯蕴含着童年的趣事,更衬托出作者对姥姥、姥爷的思念。

学会记事

一、读写单元主题综述

本单元阅读的人文主题是"亲情",文章从不同角度抒写了亲人之间真挚动人的情感。单元提示里有这样的表述:"在整体感知全文内容的基础上,体会作者的思想情感。有的文章情感显豁直露,易于直接把握;有的则深沉含蓄,要从字里行间细细品味。"

写作主题是"学会记事",教材开篇就说:"记事能力是最基本的写作能力,培养这种能力需要反复地学习、训练。"可见这是一个非常重要的主题,可以说贯穿了整个中学阶段,需要反复地学习、训练。事实上,在初中阶段,这一主题就反复地出现。思路要清晰、语言要连贯、布局谋篇、文从字顺、语言简明,这是强调要写得清楚;突出中心、抒情达意、材料典型、抓住细节,这是强调要写出情感。

这一次写作训练提出了两个要求:①写清楚;②写得有情感。它们都是记事文最基本的要求。写清楚要求写出事情的起因、经过、结果,详写经过;写得有情感要求写亲身经历、有真切感受的事,还要注意锤炼语言。

课标中关于阅读的"学段目标与内容"中有这样的表述:"欣赏文学作品,有自己的情感体验,初步领悟作品的内涵,从中获得对自然、社会、人生的有益启示。对作品中感人的情境和形象,能说出自己的体验;品味作品中富于表现力的语言。"

课标中关于写作的"学段目标与内容"中有这样的表述:"写作要有真情实感,力求表达自己对自然、社会、人生的感受、体验和思考。""写记叙性文章,表达意图明确,内容具体充实。"

据上分析,我们可以提炼出本次读写共生训练的目标:

1. 能清晰地感知文章内容,能清楚地记叙事情。(重点)
2. 能体会文章不同的情感,能通过锤炼语言抒发情感。(难点)

二、读写共生美点撷取

(一)内容

1. 词语和句子

(1)词语

沉寂 侍弄 憔悴 央求 絮叨 诀别 淡雅 高洁 烂漫 翻来覆去 喜出望外 分歧 一霎 匿笑 徘徊 遮蔽 心绪

（2）句子

①黄色的花淡雅，白色的花高洁，紫红色的花热烈而深沉，泼泼洒洒，秋风中正开得烂漫。

②那里有金色的菜花、两行整齐的桑树，尽头一口水波粼粼的鱼塘。

2. 主题和题材

对学生来说，写作文难点之一在于没有素材，绞尽脑汁，无事可写。原因有哪些呢？一是在目前的教育现状下，学生的压力比较大，生活比较单一、枯燥，难有写作的素材，难有写作的冲动。二是学生与老师对素材的定义偏狭隘，往往认为那些具有重大意义的事才值得写。其实，平凡的生活中有平凡的美，小的事情中也能挖掘出深的情感和大的道理。教师不要束缚学生的思维，否则会让他们觉得生活中无事可写。学生热爱生活，才能观察生活。进一步拓展学生观察、认识生活的角度与层次，使其真正做到热爱生活、热爱写作。让生活成为写作的活水，借写作加深对生活的认识。

本单元的读写主题是"亲情"。文章的题材，极小、极平淡，这给老师很好的启发，给学生很好的示范。所谓小的事情，可以小到没有情节，只有画面。比如《金色花》，实际上只有母亲独处的画面——妈妈祷告、妈妈读书、妈妈看牛棚。文章最后有一个简短的对话，还是生活中极常见的反映孩子调皮、母亲微嗔的温暖的对话。《荷叶·母亲》也是如此，文章的主体部分就是一个画面，即我在看雨中的荷叶、红莲。这样的画面在两篇散文诗中有鲜明地呈现，学生会有很直观的体会。那么，我们就可以引导学生写写自己或妈妈或爸爸独处的画面，比如生活中常见的读书、听音乐、做饭、洗衣、听雨、散步、抽烟、饮酒、沙发上小憩等，当然也可以写两人相处的画面，不一定要有对话，沉默地相处也很好。比如，我和妈妈在阳台看花，和妈妈在小区散步。这些没有情节的画面，其实恰恰流露出抽象的情感。当情节淡化时，充满想象的诗意就在字里行间弥漫开来。这些平凡的小事一经提取就有了迷人的诗意，从这个角度来说，平凡的画面和小事恰恰值得我们去挖掘，去提炼。我们要有发现美的眼睛，感受美的心灵，鉴赏美的品格，这些小事才能出现在你的笔底，散发迷人的光芒。让学生意识到这些平凡的画面与小事的价值是非常关键的。

（二）形式

1. 结构与顺序

结构与顺序就是一篇文章的思路，对学生来说尤为重要，是一篇作文成败的关键。引导学生了解文章的多种结构形式与叙述顺序非常必要。

我们先看《金色花》的结构和顺序。

文章开篇写孩子化作一朵金色花,结尾写金色花化作了孩子。首尾相合,结构紧凑圆融,以孩子开头,又以孩子结尾,中间写金色花。一篇完整的文章,首先要做到有启有合,这是一个基本的要求。而这种首尾相合的结构,易学易用,要充分引导学生运用这种结构。

文章的主体部分描摹了三个场景,顺序井然,层次清晰。从早晨到午后再到傍晚,行文自然流畅。这对学生们组织写作材料、合理地剪裁内容、有序地梳理思路都有很大的帮助。

再来看《荷叶·母亲》。

这篇文章最鲜明的结构和顺序特点是运用了插叙的叙述方式。由父亲的朋友送的两缸莲花想到八九年前,家乡园院的那花、那人、那事,最后回到现实:雨中的荷花、看花的我、唤我的母亲。现实中的这花、这人、这事,使文章具有了内容和情感的张力。插叙还可使文章更有深致,一波三折。同时插叙的使用,也使文章内容更丰实,情感更浓厚。

2. 叙述视角

以孩子化作金色花来表现孩子对母亲的依恋,是一种令人耳目一新的视角。在这种视角下,叙述、描写都具有了相当的自由度,有助于扩大学生的视野,让学生从不同的角度去表现事物。比如,有同学就说,他可以化为一缕风去表现劳作的父亲;也有同学说,他可以化为一朵云去表现自然美景。这种视角撬动孩子固有的思维,激发他们对自然事物展开想象,从而提高写作能力。

3. 特殊句式

(1)大块儿小块儿的新绿随意地铺着,有的浓,有的淡。

(2)我的母亲要走大路,大路平顺;我的儿子要走小路,小路有意思。

(3)望着望着天上北归的雁阵,我会突然把面前的玻璃砸碎;听着听着李谷一甜美的歌声,我会猛地把手边的东西摔向四周的墙壁。

(4)假如我变成了一朵金色花,只是为了好玩,长在那棵树的高枝上,笑嘻嘻地在空中摇摆,又在新叶上跳舞,妈妈,你会认识我吗?

(5)父亲的朋友送给我们两缸莲花,一缸是红的,一缸是白的,都摆在院子里。

(6)母亲啊!你是荷叶,我是红莲。心中的雨点来了,除了你,谁是我在无遮拦的天空下的荫蔽?

4. 语言描写

(1)"听说北海的花儿都开了,我推着你去走走。"她总是这么说。母亲喜欢花,可自从我的腿瘫痪以后,她侍弄的那些花都死了。"不,我不去!"我狠命地捶打这两条可恨的腿,喊着,"我可活什么劲儿!"母亲扑过来抓住我的手,忍住哭声说:"咱娘儿俩在一块儿,好好儿活,好好儿活……"

(2)那天我又独自坐在屋里,看着窗外的树叶"唰唰啦啦"地飘落。母亲进来了,挡在窗前:"北海的菊花开了,我推着你去看看吧。"她憔悴的脸上现出央求般的神色。"什么时候?""你要是愿意,就明天?"她说。我的回答已经让她喜出望外了。"好吧,就明天。"我说。她高兴得一会坐下,一会站起:"那就赶紧准备准备。""哎呀,烦不烦?几步路,有什么好准备的!"她也笑了,坐在我身边,絮絮叨叨地说着:"看完菊花,咱们就去'仿膳',你小时候最爱吃那儿的豌豆黄儿。还记得那回我带你去北海吗?你偏说那杨树花是毛毛虫,跑着,一脚踩扁一个……"她忽然不说了。对于"跑"和"踩"一类的字眼儿,她比我还敏感。她又悄悄地出去了。

三、读写共生活动设计

教学目标

1. 能清晰地感知文章内容,能清楚地记叙事情。(重点)
2. 能体会文章不同的情感,能通过锤炼语言抒发情感。(难点)

教学方法

练习法 讨论法 展示法

教学课时

一课时

教学过程

(一)导入

同学们好!在这一单元的阅读学习中,我们收获很多,切身感受了亲情的美好,也学习了不少表达的方法。这一节课,我们来学习"学会记事"这一写作主题,也梳理一下这一单元阅读学习的收获。

(二)通过积累词语的方式,说清一段话

试从"沉寂、侍弄、憔悴、央求、絮叨、诀别、淡雅、高洁、烂漫、翻来覆去、喜出望外、分歧、一霎、匿笑、徘徊、遮蔽、心绪"中,选择三个以上的词语,串写一段以"亲情"为主题的话。

(三)通过仿写句子,锤炼语言

以下句式是我们课堂中常仿写的经典句子,试在串写的语段中,用上以下部分句式。

1. 大块儿小块儿的新绿随意地铺着,有的浓,有的淡。

2.我的母亲要走大路,大路平顺;我的儿子要走小路,小路有意思。

3.望着望着天上北归的雁阵,我会突然把面前的玻璃砸碎;听着听着李谷一甜美的歌声,我会猛地把手边的东西摔向四周的墙壁。

4.假如我变成了一朵金色花,只是为了好玩,长在那棵树的高枝上,笑嘻嘻地在空中摇摆,又在新叶上跳舞,妈妈,你会认识我吗?

5.父亲的朋友送给我们两缸莲花,一缸是红的,一缸是白的,都摆在院子里。

6.母亲啊!你是荷叶,我是红莲。心中的雨点来了,除了你,谁是我在无遮拦的天空下的荫蔽?

(四)揣摩语言描写,学会抒发情感

语言描写是刻画人物、抒发复杂情感的有效手段,以下两段是我们课堂中重点赏析的语段。

1."听说北海的花儿都开了,我推着你去走走。"她总是这么说。母亲喜欢花,可自从我的腿瘫痪以后,她侍弄的那些花都死了。"不,我不去!"我狠命地捶打这两条可恨的腿,喊着,"我可活什么劲儿!"母亲扑过来抓住我的手,忍住哭声说:"咱娘儿俩在一块儿,好好儿活,好好儿活……"

2.那天我又独自坐在屋里,看着窗外的树叶"唰唰啦啦"地飘落。母亲进来了,挡在窗前:"北海的菊花开了,我推着你去看看吧。"她憔悴的脸上现出央求般的神色。"什么时候?""你要是愿意,就明天?"她说。我的回答已经让她喜出望外了。"好吧,就明天。"我说。她高兴得一会坐下,一会站起:"那就赶紧准备准备。""哎呀,烦不烦?几步路,有什么好准备的!"她也笑了,坐在我身边,絮絮叨叨地说着:"看完菊花,咱们就去'仿膳',你小时候最爱吃那儿的豌豆黄儿。还记得那回我带你去北海吗?你偏说那杨树花是毛毛虫,跑着,一脚踩扁一个……"她忽然不说了。对于"跑"和"踩"一类的字眼儿,她比我还敏感。她又悄悄地出去了。

从中我们总结出语言描写的两个妙招:

(1)说话者的位置要根据表达需要灵活处理,可以放在句子的开头,也可以放在句子的中间或结尾。

(2)语言描写加上动作或神态会更生动。

利用以上妙招,加入语言描写,扩写刚才完成的语段。

(五)领悟结构与顺序,确定写作结构

在《秋天的怀念》和《荷叶·母亲》两篇文章中,我们学习了插叙的记叙顺序;《散步》运用的是顺叙,我们要注意矛盾处理,使文章有波澜;在《金色花》中,我们学到了自由的叙写视角,首尾呼应的圆合结构,主体部分以时间为序。写作实践中,选择合适的结构,使所记之事清晰,有利于抒发自己的情感。

(六)确定写作主题

1. 以"那一次,我真_____"为题,先将题目补充完整,然后写一篇以记事为主的作文。不少于500字。

2. 我们每个人都在家庭的怀抱中生活、成长。家人的关怀照顾、理解支持,给了我们无尽的勇气与力量,尤其是母亲。在你的生活中,曾有过什么事情,让你深切地感受到母爱的温暖、亲情的可贵?请综合并运用本单元所学的知识,写一篇以"母爱"为主题的文章,题目自拟,不少于500字。

四、读写共生习作实例

轻捷的叫天子

假如我是一只云雀,只是为了顽皮一番,停留在一棵树上,跟在你的身后,飞在你的前方,妈妈,你会认识我吗?

当你叫住弟弟问他,姐姐在哪里?看着你们茫然的眼神,我会躲在繁茂的林木后偷偷地笑,却一声不响,让你们怎么都找不到我!

我要放开清脆的喉咙,唱出婉转的曲子,看着你陪弟弟游戏。

当你走过我的窠巢时,我会更卖力地唱出悦耳的歌声,企图让你留在这树前,拽住弟弟的衣裳,用惊喜的口吻对着他的耳边小声地说:"你听,树杈上有一只小云雀,看它唱得多好啊!"看着你那快要流蜜的眼神,我多想让你知道你面前的小云雀就是你的孩子呀!你知道吗,妈妈?

当你与弟弟赛跑时,我会迫不及待地飞下树枝,害怕错过你们的比赛,如果我飞在你们的面前,你会认出我是谁吗?

当你告诉弟弟,我喜欢他时,你会知道我就是你可爱的孩子吗?

夕阳西下,该是你们回家的时候了,当你们在寻找我的身影时,我就在你们看不见的地方与你们道别。

当你们踏着愉快的步伐,跳着方格时,我会像支离弦的箭冲进楼道。如果你们还在疑惑的话,那我觉得今天这个游戏我是个赢家,笑声伴着惊吓,我突然落到地上变成你的孩子。

你和弟弟笑着责备我:"你到哪里去了?你回家也不和我说一声……"我傻笑着拉你们进屋,和你们讲一个关于小云雀的故事。妈妈,你会猜到这云雀是谁吗?……

(作者:陈宣妮)

教师点评

文章对《金色花》的模仿很成功,解放了思维,获得了行文的自由,细节生动,情感饱满。

云间的母亲

假如我变成一朵云,只是为了好玩,在湛蓝的天空中飘着,无忧无虑地俯视着大地,又伴同鸟儿歌唱。妈妈,当你仰望天空时,你会认得我吗?

你要是对着天空大叫道:"孩子,你在哪里呀?"我在空中偷偷地笑着,却一声不响。

当你工作时,你美丽动人的身躯被窗户挡住。这时,我会变成一缕清风,穿过纱窗来到你的身边。你会感到一阵凉爽,可你却不知这阵凉意是从我身上来的。你忙碌的身影在家里到处走动,一会儿到这,一会儿到那,而我则一直跟在你的身后。跟着跟着,累了,我便轻轻地趴在你的背上,可你会知道你的孩子就在你的背上吗?

当你忙完后,你坐在沙发上,看起了电视。这时,我便飞到你的身边,像往常一样陪着你。你看着看着,来了一丝困意,你关上电视躺在沙发上,我飞到高处,从上往下地凝望着你。空气变得安静,那一刻,一切都有一种宁静的美。这种美使人愉悦,使人放松。看着熟睡的你,我一点儿也不忍把你吵醒。我飞到柜子上陪你一起进入梦乡。

过了一会儿,你醒了,像往常一样在厨房里忙碌。可这时,我正在柜子上熟睡。当你做好香喷喷的饭菜后,你打开了门,盼望着我归来。等着等着,你失落地关上门。转身,你将饭菜送回了厨房。随后,你坐在椅子上,读起了书,读着读着,黑夜来临了。你的眼皮不自觉地合上了。在那一刻,一切仿佛都被黑暗吞噬了。在一望无际的黑暗里,我醒了过来,落在地上,又变回了你的孩子。我开了灯,黑暗顿时被驱散了。这个时候,你醒了,你用手揉了揉眼睛。转头,你看到了我,你惊讶地张开了嘴。随后,你将我抱了起来,问道:"调皮的孩子,你这一天都到哪去了?"我笑着答道:"妈妈,我一直在你的身边!"

妈妈,我多么希望变成一朵白云,让你成为云中的仙子!

(作者:胥昊)

教师点评

这是一篇模仿《金色花》的文章,本文的最大特点是场景描写细腻。情感弥散在字里行间,能引起读者的共鸣。

写人要抓住特点

一、读写单元主题综述

本单元阅读的人文主题是"童年学习生活",我们可以从中了解不同时代少年儿童的学习生活状况和成长经历。

写作主题是"写人要抓住特点",记叙文写作除了记事,也常常写人。写人与记事往往密不可分,因此上一单元记事的写作主题所训练的能力在写人的主题中也能用得上。写人的主题是初中阶段作文中非常重要的一个主题,七年级下册第一单元还有写出人物的精神。

这一次写作训练给出了三个建议:①细心观察,适当夸大人物的特点;②对外貌展开具体描写,可以写一写人物的五官、头发和胡须,也可以写脸色、神情,尤其是眼睛,还可以写人物的衣着和饰品;③注意在事件中表现人物,把人放在动态的事件中去写,写出人物的动作、语言、心理、神态。

课标中关于阅读的"学段目标与内容"中有这样的表述:"在通读课文的基础上,理清思路,理解、分析主要内容,体味和推敲重要词句在语言环境中的意义和作用。""在阅读中了解叙述、描写、说明、议论、抒情等表达方式。"这次写作侧重训练学生的思路以及叙述与描写在写人文章中的运用。

课标中关于写作的"学段目标与内容"中有这样的表述:"多角度观察生活,发现生活的丰富多彩,能抓住事物的特征,有自己的感受和认识,表达力求有创意。"抓住事物的特征就是我们这次训练的目标,写人要抓住特点。

据上分析,我们可以提炼出本次读写共生训练的目标:

1. 抓住人物外貌特点,展开具体的描写。(重点)

2. 选择合适的事件,在动态的事件中,通过外貌、语言、动作、心理、神态等多种人物描写方法写出人物的特点。(难点)

二、读写共生美点撷取

(一)内容

1.词语和句子

(1)词语

倜傥 淋漓 人迹罕至 人声鼎沸 搓捻 企盼 不求甚解 油然而生 花团锦簇

(2)句子

①下午的阳光穿透遮满阳台的金银花叶子,照射到我仰着的脸上。

②我的手指搓捻着花叶,抚弄着那些为迎接南方春天而绽开的花朵。

③逝者如斯夫,不舍昼夜。

2. 主题和题材

本单元的读写主题是"少年儿童的学习生活"。选文讲述了不同时代少年儿童的学习生活状况和成长经历,从中感受到永恒的童真、童趣、友谊和爱。以此为主题的文章学生有话可说,素材围绕少年儿童的学习生活,学生会感到很亲切自然。写一写自己成长过程中的人与事,既有意思也有意义。在这些难忘的事中学习"写人要抓住特点"有天然的优势与便利。

(二)形式

1. 结构与顺序

本单元所选现代文只有两篇,《从百草园到三味书屋》既有时间的顺序,也有空间的转移。时空交织的顺序,使读者对先生这段美好与复杂情绪交织的岁月难以忘怀。其中百草园部分大致是按照四季的顺序描绘了令作者难以忘怀的景与事,可以看出百草园在作者心中留下了多么难忘的印象!而三味书屋部分就没有细致地描绘,没有四季的变化,只有每天早中晚要做什么。这样的叙述顺序与文章的情感相得益彰。

《再塑生命的人》是按照时间顺序展开的,作者依时间顺序回忆了与莎莉文老师相处的难忘场景。这篇文章的顺序非常值得学生学习,孩子们写以时间为顺序的文章,往往每一个时间节点都不肯放过,使得文章拖沓啰唆,没有详略,重点不突出。这篇文章给学生以很好的示范,重要的场景不吝笔墨,次要的无关的,直接跳过。

2. 特殊句式

(1)不必说碧绿的菜畦,光滑的石井栏,高大的皂荚树,紫红的桑葚;也不必说鸣蝉在树叶里长吟,肥胖的黄蜂伏在菜花上,轻捷的叫天子(云雀)忽然从草间直窜向云霄里去了。单是周围的短短的泥墙根一带,就有无限趣味。

(2)扫开一块雪,露出地面,用一枝短棒支起一面大的竹筛来,下面撒些秕谷,棒上系一条长绳,人远远地牵着,看鸟雀下来啄食,走到竹筛底下的时候,将绳子一拉,便罩住了。

3. 景物描写

不必说碧绿的菜畦,光滑的石井栏,高大的皂荚树,紫红的桑葚;也不必说鸣蝉在树叶里长吟,肥胖的黄蜂伏在菜花上,轻捷的叫天子(云雀)忽然从草间直窜向云霄里去了。单是周围的短短的泥墙根一带，就有无限趣味。油蛉在这里低唱，蟋蟀们在这里弹琴。翻开断砖来，有时会遇见蜈蚣；还有斑蝥，倘若用手指按住它的脊梁，便会拍的一声，从后窍喷出一阵烟雾。何首乌藤和木莲藤缠络着，木莲有莲房一般的果实，何首乌有臃肿的根。有人说，何首乌根是有像人形的，吃了便可以成仙，我于是常常拔它起来，牵连不断地拔起来，也曾因此弄坏了泥墙，却从来没有见过有一块根像人样。如果不怕刺，还可以摘到覆盆子，像小珊瑚珠攒成的小球，又酸又甜，色味都比桑葚要好得远。

三、读写共生活动设计

教学目标
1. 学会综合运用多种人物描写手法展现人物的特点。（重点）
2. 通过恰切的时间展现人物的特点。（难点）

教学方法
品读法　点拨法　探究法

教学课时
一课时

教学过程

（一）导入

引名著导入：豹头环眼，燕颔虎须。

（意图：展现人物精神可以先从肖像描写入手，引入课题。）

（二）外貌描写

要写好人物的外貌就要细心观察，发现被描写者不同于他人之处，选出最有特点的，再将其扩大，运用一点夸张手法也未尝不可。切忌面面俱到，从头到脚泛泛而谈。

1. 例：他是一个高而瘦的老人，须发都花白了，还戴着大眼镜。我对他很恭敬，因为我早听到，他是本城中极方正，质朴，博学的人。

2. 展示学生片段练习成果。

（三）语言描写

由于人物的年龄、性别、经历、职业等不同，语言风格也不同。语言描写要把握语言风格，切忌众口同腔。

1. 例："先生，'怪哉'这虫，是怎么一回事？……"我上了生书，将要退下来的时候，赶忙问。"不知道！"他似乎很不高兴，脸上还有怒色了。

2.展示学生片段练习成果。

(四)心理描写

写自己的心理容易,写他人的心理难,可以直接用"他想""他自言自语地说""他默默地告诉自己""他在心中发誓"等语句引出其心理。

1. 例:朋友,你可曾在茫茫大雾中航行过？在雾中神情紧张地驾驶着一条大船,小心翼翼地缓慢地向对岸驶去,心儿怦怦直跳,唯恐发生意外。在未受教育之前,我正像大雾中的航船,既没有指南针也没有探测仪,无从知道海港已经临近。我心里无声地呼喊着:"光明！光明！快给我光明！"正在此时,爱的光明照在了我的身上。

2.展示学生片段练习成果。

(五)选择合适的事件

"人"从来都不是孤立存在的,而是处在一件件事情中。要把人写活,就要把人放在事件中写。可写的较多时,要选择能够表现人物特征的事来写。比如《再塑生命的人》中的"井房的经历"这一片段:

我们沿着小路散步到井房,房顶上盛开的金银花芬芳扑鼻。莎莉文老师把我的一只手放在喷水口下,一股清凉的水在我手上流过。她在我的另一只手上拼写"water"——"水",起先写得很慢,第二遍就写得快一些。我静静地站着,注意她手指的动作。突然间,我恍然大悟,有一种神奇的感觉在我脑中激荡,我一下子理解了语言文字的奥秘了,知道了"水"这个词就是指正在我手上流过的这种清凉而奇妙的东西。

水唤醒了我的灵魂,并给予我光明、希望、快乐和自由。

结课:扣主题结课

(六)确定写作主题

运用课堂中片段练习的方法,加入恰当的事件,整理成一篇写人的文章,不少于500字。

四、读写共生习作实例

思祖母

我想念我的祖母,想念她拂过我头发的枯瘦的手指,想念她亲手包的素菜饺子,想念夜里伴我入睡的一个个故事,想念那留有她气息的老房子……

小时候,我被寄养在祖母家。印象里,祖母总是笑得很慈祥,但也有严厉的时候。我要是犯了错,她便用那根又细又长的木棍打我的手心,直打得我哇哇大哭才作罢。可纵使如此,每每回忆起从前来,都是幸福的点点滴滴。

祖母有一把檀木梳子,不知道跟了她多少年了。每天早上,祖母把我叫到院子里,她坐在那张老旧的木椅上,用那把檀木梳子给我梳头,不知怎的,我到现在还记得那把梳子梳头发的感觉,像是阵阵凉风吹拂,只觉得舒服极了。那会我留着长发,祖母便帮我在两边各扎一个辫子,扎好后就习惯性地捋捋,在我背后轻轻地笑。每每这时,我总问她为何笑,她却总是避开回答,催我去吃早饭。

若是我犯错误惹祖母不高兴了,那可就有苦头吃了,不仅要挨训,那每天一顿的素菜饺子也吃不着了。当时乡下本就不富裕,平时都是喝稀饭、吃馒头就咸菜,所以便格外珍惜这每天晚上包的素菜饺子。祖母一个人时,一日三餐都是稀饭和馒头。祖母包的饺子可好吃了,一碗饺子下肚,我肚子撑得圆鼓鼓的,还嚷着再要一碗。

祖母每每见我这样,便总笑着骂我迟早吃成个大胖子,我也咯咯地笑,笑自己圆滚滚的肚子。

笑够了,便收拾收拾上床睡觉。我天生就皮,睡觉自然也不老实,翻来覆去很是不安分。祖母就总搂着我在我耳边讲故事哄我睡觉,她讲她听过的故事,讲她编的故事,也讲她自己的故事,讲到情深处,自己也落下泪来。

这就是我的祖母,我想念的祖母。

后来,父母接我回去了。临别前,我看见祖母站在那栋老房子门前,手扶着那扇掉了漆的红木门,阳光洒在她身上。她就那么静静地看着我远去,什么也不说,我心中突然一阵苦涩,禁不住落下泪来。

如今,我多想回到那栋老房子,同祖母坐在院中,诉说我对她的漫漫思念……

（作者：方雪慧）

教师点评

文章回忆了与祖母相处的三个场景,综合运用了外貌、语言、动作、神态描写,刻画了一个让人难忘的慈祥老人形象。

原来如此

是夏矣。那纯白的枝丫渐渐攀上了月光,暗红色的苍穹修剪着篱笆。我拿着那把黑色雨伞,追随着我们以前的足迹与那一年天空中的浩瀚星宇,漫步在这一片萤火虫鸣之处。

记得那年与你初识时,你梳着一个麻花辫,站在阿姨身后不说话,低着头不敢动。好一个腼腆文静的姑娘。你是跟随着妈妈来到这里的,家庭的种种变故让活泼可爱的你变得安静不爱说话。这是我从妈妈那儿了解到的。那年你跟着妈妈新搬到这儿来，与我们家成了邻居，并且我们在同一所学校读书，每天我都会和你一起上学。刚开始，总是我先说话，你总是闷着头不怎么吱声。渐渐地，你也就变得爱笑了，不再锁着眉头，不再沉默不语了。在这儿，你也就只有我这么一个朋友，有什么事只和我说。

记得那年与你一起去摘果子，我们偷偷地找来木棍不停地打着老奶奶家的果子，我打你拾，在欢声笑语中我们收获颇丰。可是好景不长——我们被老奶奶发现了。老奶奶狠狠地批评了我们，还问是谁想出这个鬼点子的。我还没来得及回答是我，你就抢先说是你，替我顶了罪。老奶奶把这事告诉了你妈妈，你不仅挨了骂，还被罚站。事后我一直很惭愧，想与大人们说明真相，你却笑了，摇了摇头甩着麻花辫对我说："没事的，都过去了还提它干什么啊。以后我们不再那样做不就行了。依你妈妈的性格，她要是知道了这件事，你肯定比我还惨，我只不过被罚站了会，没事的。"那时，你让我第一次感受到了友谊的纯真，原来如此！

记得那年冬天，风儿呼呼地刮在脸上，如刀割一般，雪花飘飘洒洒，吹到脸上让人很不舒服，落在地上被踩成灰黄色的稀泥。我和你同往常一样一起放学回家。在路边，我们看到了一只被人遗弃的狗。我劝你别管它快回家，天快黑了，又这么冷。你却拿下自己的围巾把盒子里瑟瑟发抖的小狗包好，捧在怀里，抱回家收养了它。你说："天这么冷，它多可怜啊，没人管没人要，这可是一个小生命，我一定要照顾好它。"那时，你让我懂得了人间的善良，原来如此！

现在，你离开了这里，又跟着妈妈去了别的城市。离别时你送我的那把黑色的雨伞你可还记得？

（作者：张凯越）

教师点评

文章开头的环境描写很精彩，渲染了氛围。作者抓住了人物的特点，"麻花辫"的形象让人难以忘怀。

思路要清晰

一、读写单元主题综述

本单元阅读的主题是"道德修养",文章从不同方面诠释了人生的意义和价值,有对人物美好品行的礼赞,有对人生经验的总结和思考,还有关于修身养德的谆谆教诲。阅读方法是"默读",学会勾画关键语句和做标注。单元提示里有这样的表述:"在整体把握文意的基础上,学会通过划分段落层次、抓关键语句等方法,理清作者思路。"

写作主题是"思路要清晰",强调条理清楚,层次分明。写作有条理,是作文在思路和层次上的基本要求。新课标明确指出:要"能具体明确、文从字顺地表述自己的意思",要"合理安排内容的先后和详略",要"条理清楚地表达自己的意思"。条理是中考作文评分的一个重要标准。"条理"分为四个等级:一等,思路通畅,层次清晰;二等,顺序清楚,层次分明;三等,思路欠通畅,层次欠分明;四等,思路不清,层次混乱。在指导学生作文时,思想内容固然重要,清晰的思路也不容忽视。结构组织得当,表意明确,层次分明,文章自然受好评。

这一次写作训练提出了三个指导步骤:①整体构思;②确定写作顺序;③列提纲。对于七年级学生而言,写作落实好这三步是基础,是前提。

课标中关于阅读的"学段目标与内容"中有这样的表述:"养成默读习惯,有一定速度,阅读一般现代文,每分钟不少于 500 字。能较熟练地运用略读和浏览的方法,扩大阅读范围。""在通读课文的基础上,理清思路,理解、分析主要内容。"

课标中关于写作的"学段目标与内容"中有这样的表述:"注重写作过程中搜集素材、构思立意、列纲起草、修改加工等环节,提高独立写作能力。"本次写作主题中的整体构思、确定写作顺序、列提纲,即是对此要求的反映。

据上分析,我们可以提炼出本次读写共生训练的目标:

1. 通过回顾整合,温习单元文章内容,理清文章思路。(重点)
2. 结合写作主题理性构思,理清思路列出提纲并下笔成文。(难点)

二、读写共生美点撷取

(一)内容

1. 词语和句子

(1)词语

纯粹 狭隘 拈轻怕重 毫不利己 见异思迁 坍塌 琢磨 不毛之地 刨根问底 突兀 参差不齐 惊慌失措

(2)句子

①这种人其实不是共产党员,至少不能算一个纯粹的共产党员。

②一个人能力有大小,但只要有这点精神,就是一个高尚的人,一个纯粹的人,一个有道德的人,一个脱离了低级趣味的人,一个有益于人民的人。

③这些白桦树棵棵鲜嫩、挺拔,像笔直站立的少年一样。

④不要想有多远,有多困难,你需要想的是迈一小步,这个你能做到。

2. 题材和主题

本单元的读写主题旨在引导学生正确认识人生的意义和价值。文章的题材既有在中国产生过极大影响的国际主义战士白求恩的故事,也有虽是虚构但鼓舞了很多人且令人震撼的"植树的牧羊人"的故事,还有孤胆英雄莫顿·亨特童年的一段经历……毛泽东的《纪念白求恩》号召我们学习白求恩的国际主义精神、毫不利己专门利人的精神和对技术精益求精的精神;让·乔诺的《植树的牧羊人》所描写的"一个平凡人热爱大地"的精神给人以深刻的启示;莫顿·亨特的《走一步,再走一步》启迪我们把困难分解成若干个,逐个解决;诸葛亮的《诫子书》文短意长,更是启迪我们修身养性要从淡泊宁静中下功夫。

(二)形式

从结构上来说,《纪念白求恩》是先从三个方面赞扬白求恩的精神,再号召向他学习,采用的是逻辑顺序;《植树的牧羊人》先总述对好人的看法,再分别叙写三次见到牧羊人看到的变化,采用的是时间顺序;《走一步,再走一步》是按照事件的起因、经过、结果的时间顺序展开叙述的。总体来说,三篇文章思路清晰,有详有略。

古人写文章很讲究"言有序,章有法",用今天的话来讲,就是思路要清晰。无论是惊天动地大事的写作,还是平凡小事的叙述,有明晰的思路都能给人言之有序之感。思路的开展,具体的要求就是条理清楚,层次分明。对于进入初中时日不长的七年级学生来说,写作文时注重思路明晰,拟好提纲,有利于写好文、成优文。教师有必要借助单元学习和系统讲作文的契机,做全面引导。

三、读写共生活动设计

教学目标
1. 通过回顾整合,温习单元内容,理清文章思路。(重点)
2. 结合写作主题快速构思,理清思路、列出提纲并下笔成文。(难点)

教学方法
回顾总结法　讨论法　展示法

教学课时
一课时

教学过程

(一)导入

同学们好!本单元的文本阅读让我们感悟到了理性的光辉和人格的力量,也学习了梳理课文结构和理清写作顺序的方法。这一节课,我们来学习"思路要清晰"这一写作主题。

(二)梳理单元内容,复述思路

梳理温故单元学习收获:

《纪念白求恩》		《植树的牧羊人》	《走一步,再走一步》
赞扬白求恩共产主义精神	国际主义精神	开篇点明好人具备的品质,为牧羊人出场做铺垫	冒险:跟着小伙伴爬悬崖
	毫不利己专门利人精神	与牧羊人三次见面:辛勤播种,橡树成活 养蜜蜂、种树 高原丰饶美丽	脱险:受鼓励走下悬崖
	对技术精益求精精神		
号召向他学习,获得精神成长		赞美牧羊人坚持与无私的高贵品质	感悟:走一步,再走一步

(三)领悟文本思路,指导构思

此单元的文本思路清晰、结构明朗,阅读起来层层推进、循而有序,耐人寻味。结构精巧的习作更能在阅卷时受到阅卷老师的青睐。文章如何做到思路清晰、结构精巧?在作文和考试中,很多学生写完第一段,愁第二段怎么写,这就是典型的思路不明的反映。阅卷老师评阅作文时,都是快速阅读,如果思路混乱,作文得分肯定不高或很低。因此,审好题是前提,列好提纲、构建文章骨架是关键。

(四)构思写作思路,搭建框架

写作文思路一定要清晰,即要条理清楚、层次分明。做到思路清晰可以从以下几方面着手:

1.读透题目,审清题目要求。

(1)把握"题眼",即抓住文章要突出的重点,找出作文题中的"关键词"。如《这天,我回家晚了》,关键词是"晚了",就要思考"晚了"会发生怎样的事,如何应对……

(2)《_____二三事》,这是半命题作文,先要按要求选择合适的词语补全题目,可以是某某人,也可以是某集体等,再按审题方法仔细推敲。同时要注意写"二三事",不是一件事。所选的"二三事"要有典型性、代表性。

2.凝心构思,交流写作提纲。

3.慧心领悟,积累写作素材。

从中我们总结出理清思路的一些妙招:

(1)给选定的材料"排排队"。

(2)给选定的材料"拟标题"。

(3)给选定的材料"定胖瘦"。

(五)以提纲为本,畅写美文

以"_____二三事"为题,先将题目补充完整,在列出提纲的基础上,写一篇以记人为主的作文,不少于500字。

四、读写共生习作实例

娄爷爷二三事

生活好似一张五彩画卷。打开记忆的闸门,跃然而出的是精彩纷呈的生活片段,其中有一位和善的老人——我的邻居娄爷爷。寒冷冬夜,是他给予我无尽温暖;学习之余,是他告诉我人生道理;喜庆春节,是他带给我美好祝福。他身上的好品质,值得我努力学习。

初次发现他身上的美好品质是一个寒冷冬夜。那天冷极了,鹅毛般的雪花降临人间,城市成了一个粉妆玉砌的世界。我突然感冒,发起了高烧。妈妈十分焦急,忙带我赶到医院。可能是流感季节吧,社区医院里人满为患,长蛇般的队伍简直快要排到大门口。妈妈见此情景,只能叹息着站在了队尾。"哎,这不是六楼的小姑娘吗?"突然,一个熟悉的声音传入耳中。我抬起头,迷迷糊糊中一个亲切的面孔映入眼帘,是二楼的邻居娄爷爷,只见满头银发的他拄着拐杖,背佝偻着,面容有些憔悴,关切地看着面色通红的我,"发高烧呀?那快站到我这来!"他没有半点犹豫,急忙将我拉到他站的位置上,自己却走到了队尾。妈妈立即向他道谢,我不禁对他肃然起敬,向他投去了感激的目光。窗外北风呼啸,一丝冷意席卷全身。站在队尾的他不住咳嗽,脸涨得通红,背弯得更厉害了。我们非常过意不去,几次恳求他换位置,可他却直摆手说,孩子高烧可不敢耽误时间,坚持不肯换。我心中涌过一股暖流,驱走了严寒。娄爷爷乐于助人的美好品质令我敬佩,值得我学习。

娄爷爷爱书法,年年春节,他家门上总贴着他亲手书写的对联,每年的字都更苍劲有力一些,每年的语句都更精彩。那一笔一画似乎向我们阐释着"活到老学到老"的人生态度。每当他看见我立在他家门前欣赏对联时,他总会露出开心的笑容,眼角的皱纹向上扬起,似一朵绽放的菊花,他会拍着我的肩膀意味深长地对我说道:"学习永远是人生中最重要的事情!活到老学到老,三日不练手生。小姑娘,好好学习,持之以恒哟!"他的话使我感触颇深。是啊!不学习,人生哪有价值呢?娄爷爷的话就像一盏明灯,照亮着我奋进的道路。

娄爷爷的友善同样令人赞叹。去年春节我们单元每一家都收到了一份祝福——那是来自娄爷爷的祝福卡片。他贴心地为每一位邻居准备了一份新年贺卡,悄悄地放在每户门前。早上一打开门,鲜红的卡片上苍劲有力的"合家欢乐"等语句让人看了便心生暖意。这个大年初一每一家都增添了一份和谐和喜庆。娄爷爷的友善也让我们感受到无尽的温暖。

寒冷冬夜,是他教会我乐于助人;学习之余,是他告诉我学习使人生有价值;喜庆春节,是他教会我们友善的重要。每每打开记忆的闸门,我总会想起他,一个善良无私、可爱又可敬的老人——娄爷爷。

(作者:黄书彧)

教师点评

小作者创作《娄爷爷二三事》有着明晰的思路,文章从三个方面刻画善良无私、可敬可爱的娄爷爷;在内容安排上有详有略,重点突出寒冷冬夜发生的那件事;文末与开篇相呼应,点题且升华了情感。本文确为一篇言之有序、叙之有情的好文。

如何突出中心

一、读写单元主题综述

本单元阅读的主题是"关爱动物",单元选择了古今中外不同时代的作家作品,它们从不同侧面记述了人与动物的故事。本单元既有纯粹的动物小品,也有反映动物与人类关系的文章,还有借物喻人以折射人生思考的文章。单元提示里有这样的表述:"阅读这些文章,可以增进对人与大自然关系的理解,加强对人类自我的理解和反思,形成尊重动物、善待生命的意识。"

写作主题是"如何突出中心",写作指导开篇就说:"中心,是文章中传达出来的作者的基本观点、态度、情感和意图,也就是作者写作文章的主旨所在。"可见写文章突出中心很重要。

这一次写作训练提出了三个要求:①确定中心,选择合适的材料;②对选定的材料进行剪裁和加工;③掌握并运用突出中心的方法。一篇文章有了一个明确的中心,就有了主心骨。若中心不明确,文章就如一盘散沙,让人读之云里雾里,不知所云。

课标中关于阅读的"学段目标与内容"中有这样的表述:"在通读课文的基础上……理解、分析主要内容","对课文的内容和表达有自己的心得"。这要求阅读时要对主题有所理解,进而对中心有所理解、掌握。

课标中关于写作的"学段目标与内容"中有这样的表述:"写作时考虑不同的目的和对象,根据表达需要,围绕表达中心,选择恰当的表达方式。合理安排内容的先后和详略,条理清楚地表达自己的意思。"本次写作主题就是训练初步做到突出中心。

据上分析,我们可以提炼出本次读写共生训练的目标:

1.熟练地回顾本单元各篇课文的中心,明确作者是如何围绕中心选材的。(重点)

2.学会根据中心选择材料,学习突出中心的方法和技巧。(难点)

二、读写共生美点撷取

(一)内容
1. 词语和句子
(1)词语
怂恿 悲楚 虐待 畏罪潜逃 羞怯 禁锢 怪诞不经 大相径庭 假寐 眈眈相向
(2)句子
①我没有判断明白,便妄下断语,冤枉了一只不能说话辩诉的动物。
②想到它的无抵抗的逃避,益使我感到我的暴怒、我的虐待,都是针,刺我良心的针!
③我四周的人一个个都像生了根似的定在那里。
2. 中心和题材

感知课文,就要读懂文章中心。郑振铎的《猫》一文中写到了三只猫,第一只猫与第二只猫都是受人欢迎的,它们给人带来了欢乐,是家人的宠物,是可观赏可玩弄之物;第三只猫由于忧郁和懒惰被人厌弃以致被诬陷蒙冤而死。其中心思想是借用第三只猫表现他对人生意义的思考,要善待弱小,关爱生命,处理事情不要凭借自己的主观错误判断,而要经过分析,找到足够的证据。康德拉·劳伦兹的《动物笑谈》介绍了作者在观察水鸭子和鹦鹉等动物行为时发生的趣事,既有作者与它们相处时的怪诞行为,又有小凫的可爱和大鹦鹉的"恶作剧"。文章不仅表现了作者严谨求实的科学态度和崇高的科学精神,还表现出人与动物和平共处的理念,对动物的热爱和尊重。蒲松龄的《狼》通过文言叙故事,写了屠夫遇狼、惧狼、御狼、杀狼的经过,启迪我们对待狼一样的恶势力,不能存有幻想,不能妥协让步,必须敢于斗争。

热爱阅读,勤于思考。通过阅读文本,激发学生珍视生命、关爱动物的情感,进一步引导学生正确认识人与动物的关系,感悟动物身上折射出来的可贵精神。热爱生活,勤于写作。借学习单元文本之机,进一步引导学生认知生活、思考生活,勤于寻找写作之源,领悟突出中心的重要性,选好材写好文。

(二)形式

内容丰富、结构严谨是本单元三篇文章的共同点。《猫》每个故事都以养猫与亡失为线索展开,都有发生、发展和结局,具有完整性。三个故事按时间顺序排列,组成一串,构成一段家庭养猫的悲剧史,情节层层推进。《动物笑谈》先总写作者在研究动物的过程中常因怪诞行为被人认为"不正常",为下文解惑做铺垫。然后依序写了研究水鸭子的趣事,和鹦鹉"可可"之间的趣事,以及别人对作者行为的误解。文章脉络清晰,幽默风趣。《狼》一文先记叙后议论。记叙部分按故事的开端、发展、高潮、结局有序展开,跌宕起伏、引人入胜。最后在故事的基础上以寥寥数语,点明其意义,发人深省。

三篇文章内容丰富、主题鲜明,是优秀的文本,也是我们写作的范本。

三、读写共生活动设计

教学目标
1. 能熟练地回顾本单元课文的中心,明确作者是如何围绕中心选材的。(重点)
2. 学会根据中心选择材料,学习突出中心的方法和技巧。(难点)

教学方法
归纳法　讨论法

教学课时
一课时

教学过程

(一)导入

同学们好!这一单元选择了古今中外不同时代的作家作品,作品以动物为题材,从不同角度和层面给予我们启迪。这一节课,我们来学习"如何突出中心"这一写作主题。

(二)围绕文本中心,回顾归纳

回顾本单元各篇课文中心,填写在表格中。

《猫》	借养猫的经历,表现作者对人生意义的思考,要善待弱小,关爱生命,不要凭借自己的主观错误判断
《动物笑谈》	通过写观察水鸭子和鹦鹉等动物行为时发生的趣事,表现了作者严谨求实的科学态度和崇高的科学精神,还表现出人与动物和平共处的理念、对动物的热爱和尊重
《狼》	写了屠夫遇狼、惧狼、御狼、杀狼的经过,启迪我们对待狼一样的恶势力,不能存有幻想,必须敢于斗争

(三)如何突出中心,方法聚焦

1. 围绕中心,选取典型。
2. 详略得当,突显中心。

3. 巧用对比，强化中心。

4. 画龙点睛，亮化中心。

(四)指导写作构思，研讨交流

1. 请以"餐桌前的谈话"为题，自定立意，确定写作中心，交流写作思路。

解析：题目限制了事情发生的地点(餐桌前)和人物(一家子)。但是，供我们发挥的空间还是很大的，事情发生在什么时间？一家人之间发生了一件什么事情？是在共同聆听某个广播节目，是在讨论某件事情，还是在吃饭时发生了某件事情……我们需要特别注意的一点是，无论我们构思一件什么事情，都要有一个中心，无论是谋篇布局、详略处理，还是人物刻画、环境描写，都要为突出这个中心服务。如果在立意上有温馨家庭氛围的体现或生活启示、成长启示，则更佳。

2. 请以"书包"为话题构思一篇作文，思考可以从哪些角度确立中心。

解析："我的书包"着眼于客观介绍；"我是书包"赋予书包以生命，发出其心声；"我和书包"着眼于"我"和书包之间的故事；再如"书包二三事"可以围绕书包写与其相关的两三件事；"新时代书包说"则是着眼于"新时代"写书包的心声；"书包变身记"可以写爷孙三代的书包变迁史，进而写新时代给人们带来的变化或思考……

(五)确定选题中心，写作练兵

以下两题任选一题：

1. 请综合运用本单元所学，写一篇以"成长路上的_____"为题的文章，不少于500字。请先将题目填写完整，并着力围绕中心进行选材，学会恰当运用多种方法充实文章、突出中心。

2. 请以"书包"为话题构思一篇作文，确定好题目和写作中心，写一篇不少于500字的作文。

四、读写共生习作实例

成长路上的温暖

那一碗热乎乎的水饺，到现在依旧是我心底的一份温暖。

天空中雪花飘飘，一阵寒风吹在了一个蹲在路边的小姑娘身上，小姑娘手中握着一张试卷，眼角挂着晶莹的泪珠……那，就是一年前一天冬夜里的我。

当时上六年级，因为失误，考试没有考好。回家后，不满受批评的我与妈妈大吵一架，一气之下，跑出了家门，晚饭也没吃。一个人失魂落魄地走在巷子里，雪水凝结了额前发，打湿了肩头衣，好不狼狈。

路灯亮起,我看到了马路上熟悉的背影,是同班的好友。她这次考得也不好,应该也会被阿姨臭骂一顿吧!可隐隐飘来的却是她妈妈的安慰:"……没关系,一次失败怕啥!下次努力!"我再也抑制不住泪水,放声大哭起来。

"孩子,你怎么了?大冷天的咋不回家?跟妈妈吵架了?"说话的是一位老奶奶。"咕噜噜",我刚想开口,却被这一肚子叫声打断,脸一下红了起来。只见老奶奶愣了愣说:"饿了吧,奶奶这儿也没啥,给你煮碗水饺吧,都是奶奶自己做的,可好吃哩!"一会儿饺子就做好了,看着这碗美味而又热乎的水饺,我迟迟不肯下嘴,弱弱地说:"可是奶奶,我没有钱给您怎么办?"本以为老奶奶会一脸嫌弃地赶我走,但她却和蔼地说:"几个饺子不值钱的,你放心吃!""谢谢奶奶!"我连忙道谢,狼吞虎咽地将热乎水饺送入肚中。

老奶奶慈祥地看着我,问:"孩子,告诉奶奶,这大冷天的,咋一个人在外面?多不安全啊!"听到这,我愣了愣,眼泪控制不住地往下掉,慢慢述说着。奶奶在一旁静静地听着,还不时给我擦眼泪。"孩子,虽然你妈妈没有像别人妈妈那样安慰你,但望子成龙、望女成凤,你想啊,妈妈对你严厉,是为了你未来的日子里能快快乐乐的,能为自己所爱的事业去奋斗,去努力啊!每个孩子都是爸爸妈妈的心头肉,他们能不心疼吗?"奶奶的这一番话,顿时让我明白了自己的愚蠢,也悟到了许多。与奶奶道别后,我径直跑回家,主动跟妈妈道了歉……

成长路上必然有很多风雨,不过我很庆幸能有这样一位陌生人为我的成长助力!那一碗热乎乎的水饺会让我永远铭记!

(考场作文)

书包旅行记

一眨眼的工夫,3021年就到了,放眼望去,一切都变了样,我也不例外。

"小主人,该去上学了。"早上8点,我喊道。主人背上我,从我肚子里掏出火焰鞋穿上,立刻就飞向学校,不一会儿就到教室了。他又从我肚子里掏出课本资源芯片,插入我的嘴巴,我瞬间就变成了一台电脑。主人闭上眼,在脑海中打开语文书,语文书马上就出现在他的眼前。只要他一想,我就会读取信息,并完成相应的操作。

上午的课程结束了,我见主人有些饿,便拨打了2277,才几秒钟,快递机器人就送来了可口的饭菜给主人吃。

午饭后,主人又让我讲故事给他听,我高兴极了,因为讲故事可是我的强项。他从我肚子里取出一个红军故事芯片,插入我的嘴里,我便不由自主地绘声绘色地讲起故事。当讲到红军飞夺泸定桥时,主人不禁感慨万千:"在光溜溜的铁索和汹涌的波涛面前,战士们以大无畏精神,不顾自身安危,用热血和生命为红军主力部队摆脱敌人的围追堵截,争取了宝贵的时间,了不起啊!"这时,毛主席通过语言传输软件说:"十三根铁链连成一条心——不怕牺牲,勇往直前。希望红色基因代代相传。"

当说到全国齐心抗击新冠肺炎时,我问小主人:"还记得你父亲告诉过你什么吗?"他含着泪回答:"我永远也不会忘。爸爸叮嘱我,要像钟南山爷爷那样为人民奉献自己。"主人的父亲在3017年为了研究维斯塔病毒是否从猿猴传播而来的问题,只身一人坐时光机回到过去,从那以后就没回来,而我是他父亲送给他的最后的礼物。说到这,小主人不禁痛哭起来。

于是,我给他父亲的好友打电话——上一台机器复活了他父亲的好朋友。他们安慰小主人时,我的小主人决定要参与研制一台新的复活机器。听到这,我也决定了:我愿意作为样本,复活机器在我的基础上改造。所有人都笑了,因为我们知道为别人付出是多么令人骄傲的事情……

"叮铃铃",闹钟响了,醒来时,我发现这竟是一场梦。不过我深深懂得了,要为人民奉献自己!

(作者:陈子涵)

教师点评:

古人说:"意犹帅也。""意"是生成于文章之前的中心思想,它是文章的灵魂,统率着全篇。我们写作文,只有先将"意"立起来,才能写出有神采的文章。

两篇习作皆有深远的立意:一篇源于生活小事,着眼于懂得感恩关心自己的陌生人;另一篇展开想象的翅膀,畅想未来书包的工作内容,着眼于勇于为人民奉献自我。因着眼于深远的立意,文章在记叙流畅的基础上,也深刻了许多,言有尽而意无穷。

发挥联想和想象

一、读写单元主题综述

本单元阅读的人文主题是"想象力",有一句话说:"想象是一切希望和灵感的源泉。"如果人类没有想象自己像鸟儿一样飞翔,就不会有飞机;如果牛顿没有足够的想象力,就不会从苹果的掉落发现万有引力;如果冯·诺依曼没有强大的想象力,就不会有把世界连接在一起的网络……有了想象力,生活才会丰富多彩;有了想象力,生命更加富有活力;有了想象力,文学作品更加出色。

联想与想象是创新能力的核心。一个人如果没有想象力,那么其创新能力就成了无源之水、无本之木。黑格尔认为"最杰出的艺术本领就是想象"。这说明了联想与想象的重要性。就作文而言,联想与想象显得很重要,没有联想与想象的作文,会是思想僵化、形式呆板、语言乏味的。

所谓联想,是人们在观察的基础上,由当前的某一事物回忆起或想到另一有关事物的思维活动,常用的联想方式有相似联想、对比联想、接近联想、追忆联想。

所谓想象,就是人们在头脑中,凭借记忆对已储存的表象进行加工改造和重新组合,而创造出新形象的思维活动。在想象的基础上我们可以采取以下两种方法在想象的基础上,立足现实,巧妙编写;大胆扩展,添枝加叶。

据上分析,我们可以提炼出本次读写共生训练的目标:

1. 引导学生了解联想与想象以及二者在写作中的作用。
2. 引导学生在写作中恰当地运用联想和想象。

二、读写共生美点撷取

(一)内容
1.词语和句子
(1)词语
骇人听闻 缥缈 莽莽榛榛 澄澈 杞人忧天
(2)句子
①可是他什么衣服也没有穿啊!
②他的内臣们跟在他后面走,手中拖着一条并不存在的后裙。

③其人舍然大喜,晓之者亦舍然大喜。

2. 主题和题材

联想与想象可以激发人的创造力,挖掘人潜在的能力,甚至能给人以无穷的力量。刘勰说过:"文之思也,其神远矣。故寂然凝虑,思接千载。悄焉动容,视通万里。吟咏之间,吐纳珠玉之声,眉睫之前,卷舒风云之色。"这里的"神"与"思",其实说的就是联想与想象。联想与想象是学生思维的翅膀,凭借它们,学生就能浮想联翩,写出生动的形象,创造出感人的境界。在创作时,既需要敏锐的观察力,也需要丰富的联想与想象。

在写作中,一个人的思想可以超越时间和空间的限制,围绕写作的话题或中心穿越时空隧道,或者重绘历史图景,或者构想未来之事,如此就要运用好联想与想象,并发挥出它们的作用。

(二)形式

1. 伏笔与铺垫

(1)伏笔是文学创作中的一种手法,上文看似无关紧要的事或者物,其实提示或暗示下文将要出现与之相关的人物或事件。如《皇帝的新装》第一段极力描述皇帝如何喜爱新衣服,这就为他被两个装成织工的骗子所骗,最后光着身子举行游行大典埋下了伏笔。

(2)铺垫,也可指写作手法中的烘托手法,是为了表现主要写作对象而提前做的基础性描写。《皇帝的新装》第二段中有这样一句话:"任何不称职的或者愚蠢得不可救药的人,都看不见这衣服。"这为下文中每个人(除小孩)的虚假表现做了铺垫。

2. 相似联想

通过对某一事物的感知,而想到与它相似的其他事物,并加以生动的描写。如《天上的街市》,诗人根据"街灯"和"明星"的相似点——星星点点,由街灯联想到明星,又由明星联想到街灯,既描绘了迷人的夜景,又暗示了对光明未来的追求、对黑暗现实的不满。顺着这一联想,诗人在后三节展开想象:天上有美丽的街市,街市上陈列着珍奇物品,天上牛郎织女过着自由自在、幸福美满的生活。这样,将虚构的"仙境"与现实生活相融合,表达了作者对自由的向往、对理想的追求。

3. 想象基础上的作文方法

(1)立足现实,巧妙编写。这种方法不受时间和空间的限制,可以自由驰骋,随意虚构。但有一点值得我们注意,就是编写必须建立在真实生活的基础上。如安徒生的童话作品《皇帝的新装》,作者所编写的故事可以说是离奇的,在现实生活中是不可能存在的,但作者的立足点是统治者骄奢淫逸、众多人趋炎附势这一社会现实。

(2)大胆扩展,添枝加叶。适当扩展,补充相应的情节或场景,会使文章内容更加丰富,描写更加细腻。比如袁柯在《风俗通》的基础上增添了一些细节,并加以准确的描述(①女娲造人的过程;②人造出来之后欢欣喜悦的场面;③女娲像人一样具有心理活动和喜怒哀乐等情绪),从而创作出《女娲造人》。

三、读写共生活动设计

教学目标
1. 引导学生了解联想与想象以及二者在写作中的作用。
2. 引导学生在写作中恰当地运用联想和想象。(重点)
3. 激发学生写作文兴趣,增强学生学好语文的信心。(难点)

教学课时
一课时

教学过程

(一)导入

同学们,今天我们来学习联想与想象的知识。联想和想象在生活中有着非常重要的作用。同时,联想和想象在写作中也同样重要。运用联想和想象可以使文章语言生动形象,主题深刻鲜明。

(二)明确概念

1. 什么是联想与想象呢?

提问,检查学生课前预习情况。

联想:联想是人们在观察的基础上,由当前的某一事物回忆起或想到另一有关事物的思维活动。

想象:想象是人们在头脑中凭借记忆对已储存的表象进行加工改造和重新组合,而创造出新形象的思维活动。

2. 课件展示想象与联想的概念,让学生齐读一遍,加深印象。

3. 教师解说联想与想象的区别:想象是"虚"的,是人脑主观创造出来的。联想是"实"的,由此物到彼物,想到的是客观实际的。

4. 课件展示运用联想和想象的经典诗文,加深学生对概念的理解。

示例一

《天上的街市》节选

远远的街灯明了,好像闪着无数的明星。
天上的明星现了,好像点着无数的街灯。
我想那缥缈的空中,定然有美丽的街市。

街市上陈列的一些物品,定然是世上没有的珍奇。

你看,那浅浅的天河,定然是不甚宽广。

那隔着河的牛郎织女,定能够骑着牛儿来往。

学生分组朗读后教师提问:文中哪里运用了联想?哪里运用了想象?进一步明确二者的作用与区别。(读完后,教师引导学生区别诗歌中运用了联想与想象的语句,分析其作用。)

示例二

《荷叶·母亲》节选

一回头忽然看见红莲旁边的一个大荷叶,

慢慢地倾侧下来,

正覆盖在红莲上面……

我不宁的心绪散尽了!

……

母亲啊!你是荷叶,我是红莲。

心中的雨点来了,除了你,

谁是我在无遮拦天空下的荫蔽?

(教师引导学生区别诗歌中运用联想的语句,分析其作用。理解作者对母亲与母爱的赞美。)

(三)学习联想的四种方法

1. 相似联想,反映事物间的相似性。一般的比喻常借助相似联想,如以风暴比拟革命形势。相似联想,即抓住事物的相似性进行联想。

例:叶子出水很高,像亭亭的舞女的裙。

由西北白杨树的伟岸、正直、质朴、严肃、坚强不屈与挺拔联想到共产党领导下的抗战军民的质朴、团结向上、不屈不挠的精神。

2. 相关联想,是由一个人或事物想到在空间或时间上相接近的另一个人或事物的联想。例如看到黑板,人们会想到在黑板前讲课的老师。

3. 因果联想,是指面对某一事物或现象,想到促使其形成的其他事物或现象的联想。这是一种由因果关系而产生的联想。

例如晚唐诗人杜牧游览古战场赤壁,看到一件当年的武器,就追根溯源,由此想到了孙刘胜利的原因——刮东风。(如果没有这一因素,那么战争的结局可能会改变,即东风不与周郎便,铜雀春深锁二乔。)他如此联想写出了脍炙人口的《赤壁》。

4. 相反联想,是指由一个事物、现象的刺激而想到与其在时间、空间或各种属性上相反的事物与现象的联想。

如由黑暗想到光明,由幸福想到痛苦,由现实想到过去,由宽敞明亮的楼房想到从前低矮潮湿的小屋,由某人的自私自利想到先进人物的大公无私等。

(四)学会运用联想——实战演练

1.由一滴水你联想到什么

(1)色泽

透明、纯洁、单纯、明亮——单纯性格、纯洁的友情或爱情。

碧绿、蔚蓝、深绿——湖水、大海、深潭——开阔的胸襟、深邃的思想、奔放的激情。

(2)滋味

无味、自然、淡泊——乡村的人民、少数民族风情、陶渊明的回归田园、刘禹锡的《陋室铭》。

(3)质地

小溪——温柔宁静、淑女——婉约派诗风。

大海——桀骜不驯、豪放——青春期的反叛、豪放派诗风。

海边的岩石——刚柔相济——林黛玉的柔弱与反叛、简·爱的温柔与刚强。

化成汽,幻成云,变成雪、雨、冰雹、霓虹、露珠。

淌成溪流,流成江河,聚成湖海,蒸成云霞。

既可造福一方,又会危害一方……

2.发挥联想和想象,为本单元课文《皇帝的新装》续写一个故事,不少于500字。

佳作欣赏

续写《皇帝的新装》

皇帝穿着根本就不存在,当然谁也看不见的新装,在游行大典中赤身裸体,出尽了丑,那小孩的话像烙铁一样烫灼他的耳朵烫灼他的心。他又羞又气、又恼又恨,没待庆典结束,就赶紧派大臣把两个骗子抓起来。

回到皇宫,皇帝急忙穿上自己原来的衣服,然后对着镜子出神,想到刚发生的事,脸上一阵红一阵白,真是无地自容。自己是一国之君,至尊至贵,今天竟让贱民百姓看了笑话,真是威风扫尽,丢尽了面子。今后还怎么有颜面检阅臣民?事情起于两个骗子,不杀他们难解心头之恨!……但是杀了他们,恨是解了,光着身子上街的影响还是不能清除……皇帝毕竟是皇帝,思来想去,终于有了绝妙的主意。

皇帝命人把两个骗子押来。两个骗子面如土色,见了皇帝浑身发颤,认为必死无疑。皇帝开口说道:"你们两个手艺绝伦,做的新装举世罕见。如此华美无比的衣服,我不愿独自享用,我要让全城男女老少都穿上新装。我命你们二人在十天之内为全城每人赶制一套新装。十天之后,举行一次全城共试新装大典!你们二人必须在十天之内把新装赶做出来。"

两个骗子如遇大赦,暗自庆幸,万万想不到皇帝会有如此异想天开的念头。骗子总是骗子,任何时候都不忘一贯伎俩。

他们说道:"制作全城臣民的衣服,十天时间有些困难——"皇帝"嗯"了一声,目光中露出了威严。

骗子急忙改口:"我们昼夜不停,尽力效命,如期完成,如期完成。只是请皇上派百名青年男女协助我们。"

皇帝准了骗子的请求。

十天之后,全城臣民按皇帝旨意穿上骗子做的新装参加共试新装大典。皇帝巡视四方,只见一片赤裸裸的身子,两个骗子也赤身站在一边。皇帝想笑,但没有笑。

皇帝对自己的这一妙不可言的决策得意非常:这一下可堵住他们的嘴了,看谁还敢笑我!

(五)确定写作主题

发挥联想与想象,仿写《天上的街市》。

四、读写共生习作实例

大唐盛世

月满露浓,
台上人走过,
像大唐长安高台上的伶人,
终在吹拉弹唱中迎来马嵬坡上飘扬的白绢。
月残露淡,
台下人赏过,
像如今小城高台下的观众,
终在纷飞炮火中熬过盛世繁荣。
在青衣的曼舞中,
我似乎看到了大唐。
你听,那动听的《秦王破阵乐》,
定是聪明伶俐。
不然,
我们怎么听出曾经的繁华。

我想她们此刻,
正在镜旁描淡眉。
不信,请看舞女的那点红妆,
那是她们无法被时光抹去的痕迹。
我似乎看到了大唐。

(作者:余子成)

教师点评

跨越时间的想象,而且是回溯过去,这样的想象别具一格。文字典雅,意蕴丰富,耐人寻味。

星 河

闪闪的繁星现了,
好像孩童天真纯洁的心愿。
浅浅的天河深了,
好像装满了无数的欢声笑语。

我想那璀璨的星河中,
定然承载着不多的回忆。
回忆中包含了喜怒哀乐,
定然是世上独一无二的。

你看,那闪烁的"鱼儿",
定然是那无数的繁星所化。
那岸边的嫦娥,
定是在思念她的家人。

我想她此刻,
定然在星河边落泪。
不信,便看那朵正闪烁的星,
是她落下的泪水。

(作者:钱思羽)

教师点评

格式模仿《天上的街市》,思维并未受限制,所写意象优美,想象天成,充分展现了小作者的才华。

写出人物的精神

一、读写单元主题综述

本单元阅读的人文主题是"杰出人物",文章从不同角度抒写了杰出的历史人物的光辉事迹。单元提示里有这样的表述:"学习精读,要在通览全篇、了解大意的基础上,把握关键语句或段落,字斟句酌,揣摩品味其含义和表达的妙处。还要注意结合人物生平及其所处时代,透过细节描写,把握人物特征,理解人物的思想感情。"

写作主题是"写出人物的精神",学写写人记事文章是七年级学生学习写作的重点。在七年级上册的第三单元写作中,我们学习了"写人要抓住特点",这单元将在此基础上学习如何写出人物精神。

这一次写作训练提出了两个要求:①写人物的外在特点;②写出人物的内在精神。要写出人物的精神,应该怎么做呢?①可以抓住典型细节来表现人物的精神风貌;②可以借助一些写作手法来突出、强调人物的精神;③可以借助一些抒情、议论的句子,对人物的精神品质进行点睛式的概括。

课标中关于阅读教学的部分有这样的表述:"阅读教学应引导学生钻研文本,在主动积极的思维和情感活动中,加深理解和体验,有所感悟和思考,受到情感熏陶,获得思想启迪,享受审美乐趣。"

课标中关于写作教学的部分有这样的表述:"写作教学应抓住取材、构思、起草、加工等环节,指导学生在写作实践中学会写作。"

据上分析,我们可以提炼出本次读写共生训练的目标:

1. 引导学生理解写人物不仅要写出外在特点,也要写出内在精神。
2. 引导学生把握人物外在特点和内在精神之间的联系。
3. 学习如何运用具体的描写、叙议结合等手法来表现人物精神。

二、读写共生美点撷取

(一)内容

1.词语和句子

(1)词语

彷徨　仰慕　可歌可泣　鲜为人知　当之无愧　锋芒毕露　家喻户晓

妇孺皆知　马革裹尸　鞠躬尽瘁　铤而走险　热泪盈眶　至死不懈　殷红　衰微
赫然迭起　锲而不舍　兀兀穷年　沥尽心血　潜心贯注　心会神凝　迥乎不同
慷慨淋漓　气冲斗牛　群蚁排衙　目不窥园　深恶痛绝

（2）句子

①他真诚坦白，从不骄人。他没有小心眼儿，一生喜欢"纯"字所代表的品格。

②言论与行动完全一致，这是人格的写照，而且是以生命作为代价的。

③深宵灯火是他的伴侣，因它大开光明之路，"漂白了四壁"。

④鲁迅先生的笑声是明朗的，是从心里的欢喜。

2. 主题和题材

本单元的课文所选取的名人，是在历史上做出过杰出贡献的人物。《邓稼先》记叙了卓越的科学家、爱国者邓稼先为我国成功研制原子弹等核武器所作的重大贡献；《说和做——记闻一多先生言行片段》记叙了充满爱国热情的诗人、学者、民主战士闻一多的事迹；《回忆鲁迅先生（节选）》回忆了伟大的文学家鲁迅先生日常生活中的一些细节。我们应当引导学生，写人物不仅要写出人物的外在特点，也要注意写出人物的内在精神。学生应养成善于观察、善于发现、善于积累的习惯，并能将观察到的人、事、物通过文字表达出来。

可以引导学生写自己熟悉的人物，把人物放在具体环境或事件中，从多方面进行观察，写出人物的外在特点及其典型气质。比如写自己的好朋友，好朋友的哪些外在表现最能体现其典型气质？也许是他充满个性的口头禅或者滑稽的动作，也许是他极具个性的表情或者某种标志性行为。引导学生理解人物的外在表现应体现其典型气质，这样才能写出一个立体的、丰满的人物。

（二）形式

1. 结构与顺序

《说和做——记闻一多先生言行片段》作者用闻一多先生的"说和做"总领全文，前半部分写闻一多先生"做了再说，做了不说"，表现闻一多先生"学者的方面"；后半部分写闻一多先生"说"了就"做"，言行完全一致，表现闻一多先生"革命家"的方面。在前半部分和后半部分之间，用了总承上文和总起下文的句子，使衔接紧密，过渡自然。

对于"学者的方面"，作者选取了闻先生写作《唐诗杂论》《楚辞校补》《古典新义》三本书的情况加以表现；对于"革命家的方面"，则选取闻先生起草政治传单、在群众大会上演说、参加游行示威三件事加以表现。闻先生一生经历复杂，著作等身，可以记叙的事情很多，作者根据表现中心的需要，有取有舍，有繁有简，选取了六件事，把闻一多先生的严谨刻苦的治学态度、无私无畏的斗争精神、澎湃执着的爱国热情、言行一致的高尚人格都表现了出来。

文章结构严谨,选材精当,值得学生写作时借鉴。

2. 叙述视角

《回忆鲁迅先生(节选)》是萧红在鲁迅先生去世三年后写的回忆文章,主要对鲁迅的日常生活进行了记叙。作者以女性的视角细心体察,敏锐捕捉到了鲁迅许多零散的生活细节,将鲁迅置于日常生活中去描写,刻画了鲁迅的多个侧面。鲁迅既具有思想家的特质和文学家的风采,又是一个对青年爱护备至的导师和挚友,一个对妻子无比倚重的丈夫,一个体察孩子的好父亲,一个亲切随和、不失幽默的长者。作者独特的视角、细腻的文笔,使鲁迅的形象生活化、真实化,可敬又可亲。

这给学生写作视角方面的启示:我们可以以什么样的身份来观察我们要写的人物?可以选择哪些素材?

3. 特殊句式

(1)——稼先为人忠诚纯正,是我最敬爱的挚友。他的无私的精神与巨大的贡献是你的也是我的永恒的骄傲。

——稼先去世的消息使我想起了他和我半个世纪的友情,我知道我将永远珍惜这些记忆。希望你在此沉痛的日子里多从长远的历史角度去看稼先和你的一生,只有真正永恒的才是有价值的。

——邓稼先的一生是有方向、有意识地前进的。没有彷徨,没有矛盾。

——是的,如果稼先再次选择他的人生的话,他仍会走他已走过的道路。这是他的性格与品质。能这样估价自己一生的人不多,我们应为稼先庆幸!

(2)他并没有先"说",但他"做"了,做出了卓越的成绩。

4. 精彩句段

(1)德国强占山东胶州湾,"租借"99年。

俄国强占辽宁旅顺大连,"租借"25年。

法国强占广东广州湾,"租借"99年。

英国强占山东威海卫与香港新界,前者"租借"25年,后者"租借"99年。

那是中华民族任人宰割的时代,是有亡国灭种的危险的时代。

短句使文章显得简洁明快,形成一股气势,表现力强,让人印象深刻。

(2) 他正向古代典籍钻探。

"钻探"包含了比喻义,形象,含义丰富。句式为"向……钻探",叙述由静态变成动态,给人的印象不再是客观的介绍,而是热情的称赞。

(3)他刚抓起帽子来往头上一扣,同时左腿就伸出去了。

这些动作表现鲁迅走路很敏捷,还能读出鲁迅一往无前、义无反顾的果敢精神。

三、读写共生活动设计

教学目标

1. 引导学生理解写人物不仅要写出外在特点,也要注意写出内在精神。
2. 引导学生把握人物外在特点和内在精神之间的联系。
3. 学习如何运用具体的描写、叙议结合等手法来表现人物精神。

教学方法

练习法　讨论法　展示法

教学课时

一课时

教学过程

(一)导入

猜猜他是谁?怎么猜出来的?(有这样一个人,黑脸短毛,长嘴大耳,圆身肥肚,提一柄九齿钉耙。)

(二)抓住典型细节,体现人物精神风貌

1. 写好肖像,以形传神

写肖像,一定要学会刻画眼睛。眼睛是心灵的窗户,透过这个窗户,可以窥视人物内心的种种变化,把握人物的性格特征。刻画眼睛,就要把人物眼睛的特点表现出来,使人物形神兼备。

肖像描写是指描写人物的外形,包括容貌、体态、表情、服饰等,要抓住性别、年龄、职业、身份、经历等。

外貌描写的要求:

(1)抓住特点,描写重点,体现个性。
(2)要使描写生动,可恰当运用修辞。
(3)描写要有一定的顺序。

2. 语言描写,以声传神

成功的语言描写总是鲜明地展示人物的性格,生动地表现人物的思想感情,深刻地反映人物的内心世界,使读者"如闻其声,如见其人",获得深刻的印象。

3. 写好心理,倾诉心声

人物思想性格的塑造离不开内心世界的描写。可以直接写人物的内心活动,写人物怎么想;也可以间接地借助人物的外部表现,如语言、动作、面部表情,来反映人物的内心世界。

进行心理描写时,要注意不能只说一些浮泛的空话,诸如"我感到很高兴、我感到很懊悔、我感到很温暖"之类,要能把内心深处的情感倾诉出来。

心理描写的要求:

(1)人物心理应符合人物年龄。

(2)人物心理应符合具体情况。

4.写好动作,形神兼备

一个人的所作所为,是他思想性格的具体表现。动作描写生动,能使人物形神兼备。

动作描写的要求:

(1)动作描写中动词的运用要准确。

(2)动作描写要符合人物的身份。

(三)可以借助一些写作手法来突出、强调人物的精神

1.写好环境,以景写人。

将人物的言谈举止、神情心态置于特定的环境中,有利于表现人物个性。

2.正面描写与侧面描写相结合。

写人物可以直接写他的言行举止,如直接写人物表达不出他的精神,可以采用侧面描写的方法。清朝人刘熙载说:"山之精神写不出,以烟霞写之;春之精神写不出,以草树写之。"

例:邓稼先和奥本海默的对比,凸显邓稼先的忠厚朴实的气质和毫无私心、甘于奉献的品格。

(四)借助抒情议论的句子,对人物的精神品质进行点睛式的概括

如《邓稼先》中"邓稼先是中国几千年传统文化所孕育出来的有最高奉献精神的儿子","稼先为人忠诚纯正,是我最敬爱的挚友。他的无私的精神与巨大的贡献是你的也是我的永恒的骄傲",就深刻而准确地点出了邓稼先的精神品格。又如《说和做——记闻一多先生言行片段》中"闻一多先生,是卓越的学者,热情澎湃的优秀诗人,大勇的革命烈士","他,是口的巨人。他,是行的高标",对闻一多先生的一生做了高度评价,也是对全文的总结。这些精彩的抒情和议论,提炼了人物的精神品质,也对文章主旨起到了升华的作用。

(五)确定写作主题,畅言写作想法

1.只要闭上眼睛你就能想出母亲的样貌,写出她的外在特征并不难,但是你能写出她的性格与气质吗?以"我的母亲"为题,写一个200字左右的片段。

2.生活中我们会遇到各种各样的人,有的让你尊敬,有的让你佩服,有的让你感动,有的让你叹息……请以"你让我_____"为题,写一篇作文,不少于600字。

四、读写共生习作实例

我的母亲

　　我正在解一道复杂的数学题,被她一问,蓦地思路被打断了,我顿时怒火中烧,喊道:"真啰唆,休息、喝水我自己不知道吗?我的事不用你管!"她怔了一下,闭了口,定定地看了我一眼,一言不发地出去了。那一瞬的目光里包含了不被理解的伤心与失望。我的心仿佛被什么东西抓了一下,失去了最重要的部分。等到妈妈出了房间,发泄够了的我渐渐平静下来,心中十分后悔:我刚刚干了什么?怎么可以对妈妈这么说话!我想出去跟她道歉,可又不好意思。吃晚饭时,她像平常一样烧好饭并端上桌子,只是沉默了不少。我有些不忍,便与她说起了班级最近发生的趣事,她也很配合地与我谈论,只是语气中多了几分小心翼翼。我的内心突然涌上一丝酸涩,妈妈的心中何尝没有怨言,只是因为爱我,她将心中的委屈藏起,从不愿让我知道。我突然间明白了母爱的真谛,它包含了理解、包容和隐忍。母亲为了孩子可以无限地付出,也会为了孩子隐藏心中的负面情绪,使得我们开心快乐地成长。

(作者:刘羲雨)

教师点评

　　片段主要通过对母亲的神态描写和"我"的心理描写,表现母亲对我无私的、包容的、不求回报的关爱。片段叙议结合,把母爱写得深入。

我的母亲

　　我想看着你,对你大声说我爱你
　　我想说对不起,每当我考不好让你着急
　　感谢你,妈妈,妈妈,妈妈
　　平凡又伟大
　　妈妈,妈妈,妈妈
　　永远都让我早点回家

　　你了解我的固执与鲁莽
　　接受我的理想,从没干涉与阻挡
　　尽管我特别清楚你的担心与不安

考不上高中会给家里增加负担

你的心很宽,无数人见证

你的心很窄,做事很认真

我明白你习惯用坚强掩藏着悲伤

我明白你从容地用笑脸来伪装

你给的疼与爱,教我如何区分好与坏

做错了不要找理由想推卸

保持进步,不管分数有多惨烈

我想看着你,对你大声说我爱你

我想说对不起,每当我考不好让你着急

感谢你,妈妈,妈妈,妈妈

平凡又伟大

妈妈,妈妈,妈妈,永远都让我早点回家

(作者:张博闻)

教师点评

作者描写了母亲日常生活中几个典型的细节,来刻画她对"我"无微不至的关怀和不求回报的爱,让人印象深刻。诗歌押韵,有音韵美。

你让我感受到了幸福

小学六年时光如白驹过隙,匆匆逝去。记忆中,无论是炎炎夏日,还是酷冷寒冬,你始终都在那里等我。看着你花白的两鬓,沟壑般的皱纹——爷爷,因为你,我感受到幸福。

从我步入小学的第一天,你就正式"上岗了"——接送我上学。一天四次,寒暑易节,日日如此。哪怕你身体不舒服,我也能在教室门口看到站在学校门口的你。每次放学,一见到你,第一件事情就是把笨重的书包丢给你,便跑没影了,和同学嬉笑打闹一路跑着回家。身后总是传来你的呼喊声:"跑慢点,别摔着。"你大概是小跑着的吧,那声音有些喘,有些虚,但并没有引起我的注意。

临近小升初,当时学校天天考试,拖堂也是家常便饭,经常不能按点放学,我就叫你不要再来接我了。头几天,一出校门还是能在那梧桐树下见到你,我不耐烦地说:"不是让你别来了吗?"你觍着脸笑着说:"习惯了,习惯了,到点就往这儿来了……"还没等你说完,我就飞奔而走了。后来你腰扭伤了,在家行动都不方便,更别说出门走路了,所以便没有再来接我了。那些天,我自己背着书包回家,和同学们有说有笑,很是快乐。

那天，上学时还是晴空万里，谁知到了快要放学的时候，黑云卷积，顷刻便下起了瓢泼大雨。这场雨来得突然，我们班上许多同学都没带伞，包括我，借伞是借不到了，跑回去肯定要淋个落汤鸡。唉，我丧气地望向窗外，"咦？那是谁？是爷爷吗？"没错，是你，差点没认出来，你看上去比以前矮了一截，或许是因为我站在高处，或许是因为你的腰板不再那么直了。你稍稍倚着那棵湿漉漉的梧桐树，手上拿着伞。我高兴得差点跳了起来，赶快收拾了书包，跑到你面前，接过雨伞。"爷爷，你怎么来啦？""他们都不在家，我就来了。习惯了，习惯了，到点就往这儿来了……"爷爷还是一脸微笑地看着我，我也对你笑了笑。我和爷爷并肩走在嘈嘈杂杂的路上，听着淅淅沥沥的雨声，我们的脚步都很慢很慢。

我渐渐明白，幸福并不一定如烟火般绚烂，它可以是一把雨伞，它可以是深情的陪伴。因为你——我亲爱、敬爱的爷爷，我感受到了幸福。

(作者：黄鑫淇)

教师点评

作者通过选取生活中的一个片段——爷爷接"我"放学的场景，回忆了爷爷的动作、语言，写出了爷爷对"我"的悉心关怀，让"我"感受到了"幸福"。

你让我感受到了幸福

渐渐长大，我虽然会庆幸自己是家里的独生女，集万千宠爱于一身，但这种庆幸也时常伴随着总是形单影只的孤独感，而你的到来，无疑带给了我莫大的幸福与快乐。

你刚刚来到这个世界时，看着你胖嘟嘟的小脸，我的心里溢满了幸福，从此以后，我不再是一个人啦。在家人的悉心照顾下，你睁开了眼睛，学会了笑，开始长出牙齿，再到牙牙学语，会走，会跑……你的每一点变化，都会带给我惊喜，和你在一起的时光总会充满幸福：陪你一起玩玩具车；用小勺子喂你最爱喝的酸奶；在你洗完澡后躺在床上陪你玩耍；饭后和你一起在操场上踢球……

因为分隔两地，不能常常相见，使我常有"相见时难别亦难"的感慨。想起去年清明节放假时，我和爸爸迫不及待地踏上回家的路途。将近两个小时的奔波使我有些困倦，当我们拎着沉重的行李爬上四楼，敲开门，迎接我们的是妈妈和喜笑颜开的你。顿时，身心所有的疲惫烟消云散。还没来得及放下行李，你就张开双臂，蹦跳着说：抱抱，抱抱。我蹲下来抱起小小的你，你开心地咯咯笑着，银铃般的笑声萦绕在我耳边，我心中充满着幸福，真想一直抱着你。"你还没回答我呢，我是谁呀？"我眼带笑意地看着怀里的你。"姐姐，"你用稚嫩的声音笑着回答我，"姐姐，姐姐，姐姐。"

你一遍一遍地叫着,使我感到无比的幸福与快乐。于是,我在你的额头上留下了一个爱意满满的吻。

假期的三天,每天都过得那么的快乐,但快乐的时光总是很短暂。相见似乎还在昨天,可离别却已近在眼前。尽管有太多的不舍与不情愿,但我还是要挥手说再见。我们离开的时候是中午,看到我们收拾东西,小小的你似乎明白了什么,急得哭着喊着,抱着我的腿想让我抱你,可是这次,我真的不能再抱你了。我轻轻带上了门,拎着东西跟随爸爸恋恋不舍地离开。门后的你一直在哭,我真的好想回去敲开门,抱起泪如雨下的你,永远都不要再分开。离别的伤感包围了我,但是转念一想,离别固然使人感到伤感,可是在伤感的背后,不也隐藏着一种特殊的幸福吗?因为在那个不大的家,有一个可爱的小男孩在惦念着我呀,他会因为我的离开而哭得撕心裂肺。想到这,我便觉得心情好了许多,对下一次的见面充满期待。

谢谢你,亲爱的弟弟,因为你的出现,我的生活又多了一抹亮丽的色彩,让我对家有了更多的期待与牵挂,也让我懂得了亲情是世界上最甜蜜、最珍贵的东西。因为你,我感受到了很大的幸福。

(作者:李文晓)

教师点评

文章着重写了弟弟的语言和"我"的感受,写出了弟弟的可爱,以及姐弟情深的表现。作者善于突出重点,把握细节,将分别时难舍难分的情景刻画得入木三分,令人难忘。结尾融入自己的感情,余味悠长。

你让我感受到了温暖

萧瑟的风吹动地上的梧桐落叶旋转追逐。又是一年秋天。

我不禁想起了外公。读幼儿园时,每天放学时外公总是等在校门口,接过我的书包,牵起我的手,缓缓往家走。我一路上蹦蹦跳跳,叽叽嘎嘎,外公常常微笑着听我说话,不时夸奖我几句。读小学时,外公还是风雨无阻,在校门口接我。外公背着我的沉甸甸的书包,背影宽厚,腰板挺直,步履轻盈,像极了他坚韧的性格。我跟在他后面,和同伴分手后,就会急忙赶上,抓紧他的手。远处是夕阳,映红了天边。

儿时的我,还不懂得珍惜,对失去更是一无所知。

去年初冬,听到外公病逝消息的那一刻,我因为震惊,悲痛,竟流不出一滴眼泪。外公和外婆大学毕业后分配到东北,辛苦工作了十几年,才调回合肥。这些年,外公吃了多少苦,受了多少累,现在条件好了,却走得这么早!我们只能让悲痛的坚冰一点一点地融化。

外公，你骗人。你说过回家吃年夜饭，给我炸圆子；你说过回家吃山芋，提醒我不要都吃了；你说过要接送我到上大学……午后的阳光，照在你的相片上，安静得仿佛世界都静止了。看着你嘴角微扬，面带微笑，我的泪水不住地在眼眶中打转。放学路上踩树叶，除夕晚上做年夜饭，春日午后种薄荷……与你一起时总是充满了欢乐。你常坐在沙发上看报纸，顺便把明日的天气情况告诉外婆。晚饭前，你喜欢抓一堆花生剥着吃，顺便分一把花生米给我。你还常告诫爸爸妈妈，说我是好孩子，不要对我发火。往事一点一滴地浮现在眼前，泪水簌簌地淌下。外公，真的很想你。

外公陪伴了我十一年。人生的旅程中，总会有人下车，也会有人上车。当陪伴了我们很长时间的人离去，我们只能含泪挥手告别。所以，不要等到失去了才懂得珍惜。而我们，无论如何都要随着生命的列车，坚定奔向远方……

(作者：郭子涵)

教师点评

本文语言刻画生动形象，身体硬朗、对"我"无比疼爱的外公的形象跃然纸上。文章记叙和议论相结合，情感真挚，催人泪下。

学习抒情

一、读写单元主题综述

家国情怀,是人类共有的一种朴素情感,它意味着热爱祖国的大好河山,热爱祖国的语言文化,热爱家乡的土地人民……它是祖国和民族的精神凝聚力。这个单元所选的文章都是表现家国情怀的作品,能够激发我们的爱国主义情感。学习本单元,要继续学习精读,应注重涵泳品味,尽量把自己"浸泡"在作品的氛围之中,调动体验与想象。还要学习课文的抒情方式,体会作品的情境,感受作者的情怀。

本单元的写作主题是"学习抒情"。生活中,我们常有动情之时,"情动于中而行于言",这就是抒情。我们常说某篇文章"动人",往往是因为它富有感情,能够打动读者。情贵在真,要抒发自己的真情实感。"作者自己如果没有感动,就绝对不能使读者感动。"在写作中,情感的抒发要自然、水到渠成。常见的抒情方式有两种:直接抒情和间接抒情。直接抒情的效果强烈、鲜明,间接抒情则含而不露,耐人寻味。学生要大胆尝试直接抒情和间接抒情相结合的写作方式。

课标中关于写作教学的部分有这样的表述:"要求学生说真话、实话、心里话,不说假话、空话、套话,并且抵制抄袭行为。"真挚的情感能增加文章的感染力,虚情假意是无法打动读者的。应引导学生抒发从心灵深处涌动出来的真挚情感。

据上分析,我们可以提炼出本次读写共生训练的目标:

1.结合本单元的课文,引导学生了解直接抒情和间接抒情两种抒情方式。
2.引导学生在情感体验的基础上,理解直接抒情和间接抒情的表达效果。
3.启发学生把握好抒情的度,学习基本的抒情方法。

二、读写共生美点撷取

(一)内容
1.词语和句子
(1)词语
澎湃 屏障 哺育 九曲连环 气魄 懊悔 祈祷 惩罚 逼狭 崎岖 雄健 险峻 炽痛 嗥鸣 斑斓 谰语 怪诞 亘古 默契 田垄 蚱蜢 泛滥 鞍鞯 辔头

(2)句子

①啊,朋友!黄河以它英雄的气魄,出现在亚洲的原野;它表现出我们民族的精神:伟大而又坚强!

②天气那么暖和,那么晴朗!画眉在树林边宛转地唱歌;锯木厂后边草地上,普鲁士兵正在操练。

③它们从来没有停息,它们的热血一直在流,在热情的默契里它们彼此呼唤着,终有一天它们要汇合在一起。

2.主题和题材

光未然的《黄河颂》大量运用直接抒情的方式,鲜明而强烈地抒发了作者对黄河的敬仰、对祖国英雄儿女的赞颂之情,读来令人心潮澎湃、热血沸腾。在《土地的誓言》中,作者多次运用呼告、排比等手法,直接抒发对故乡"挚痛的热爱"之情,使文章产生了巨大的感染力。叙事性文章《最后一课》,小弗朗士多次直接抒发自己内心的情感。这些抒情性文字不仅为文章增添了感人的力量,还起到了深化文章主旨的作用。

在成长的路上,每个人心中都起伏着情感的波澜。有博大的情感,比如对国家、民族;有细腻的情感,比如对我们身边的人,对自己的一些认识。把自己的真情实感吐露出来,通过抒情的方式,让读者感受到情感的独特、真挚。引导学生反复体验情感,将情感本身的意味感受得更深、体会得更准。感受深了,体会准了,揣摩透了,再去抒发情感。

(二)形式

1.结构与顺序

《黄河颂》主体部分,内容层次分明,并且有明显的关键词语。第一,是"望黄河滚滚"的"望"字,一直统领到"把中原大地/劈成南北两面"。而这所"望"的内容,既有写实的成分,也有雄奇瑰丽的想象,条理清楚,章法谨严。第二,首先是近镜头特写,其次是俯瞰全景式的总写,再次是纵向描写黄河的流向,最后是横向展开到黄河流域两岸。第三,由实到虚,歌颂黄河。条理清晰,结构严谨,由实到虚,环环相扣,值得借鉴。

2.叙述视角

《最后一课》叙述视角十分巧妙。作品的主题十分严肃,但作者对这一主题的表现却用了一个巧妙的角度。作者选择一个调皮的贪玩的男孩作为主人公,通过他无知而稚气的口吻,以及他的心理变化,间接地写出阿尔萨斯地区人民由衷的悲痛和对侵略者无声的抗议,表现出他们对祖国的眷恋之情。这篇文章启发学生开拓思维,从不同的角度叙述事情,抒发情感。

3.特殊句式

(1)啊！黄河！/你是中华民族的摇篮！/五千年的古国文化,/从你这儿发源。

(2)又出了什么事啦?

(3)当我躺在土地上的时候,当我仰望天上的星星,手里握着一把泥土的时候,或者当我回想起儿时的往事的时候,我想起那参天碧绿的白桦林,标直漂亮的白桦树在原野上呻吟;我看见奔流似的马群,听见蒙古狗深夜的嗥鸣和皮鞭滚落在山涧里的脆响;我想起红布似的高粱,金黄的豆粒,黑色的土地,红玉的脸庞,黑玉的眼睛,斑斓的山雕,奔驰的鹿群,带着松香气味的煤块,带着赤色的足金;我想起幽远的车铃,晴天里马儿戴着串铃在溜直的大道上跑着,狐仙姑深夜的谰语,原野上怪诞的狂风……

4.精彩语句

(1)惊涛澎湃,掀起万丈狂澜;浊流宛转,结成九曲连环;从昆仑山下奔向黄海之边,把中原大地劈成南北两面。

赏析:长短句结合,自由奔放并且错落整齐,韵律自然和谐,同时十分注意刻画黄河的形象,注意营造诗歌的画面之美。

(2)天气那么暖和,那么晴朗! 画眉在树林边宛转地唱歌;锯木厂后边草地上,普鲁士兵正在操练。

赏析:这句是对自然环境和社会环境的描写,表现了小弗朗士愉快的心情,同时又有反衬故事悲剧气氛的作用。

(3)我无时无刻不听见她呼唤我的名字,无时无刻不听见她召唤我回去……她低低地呼唤着我的名字,声音是那样的急切,使我不得不回去。

赏析:运用呼告的手法,直接对着土地倾诉自己的热爱、怀想、眷念之情,并且将倾诉对象拟人化,以"她"而不是"它"相称,隐含将土地比做"母亲"的意思。

三、读写共生活动设计

教学目标

1.结合课文,引导学生了解直接抒情和间接抒情两种抒情方式。

2.引导学生在情感体验的基础上,理解直接抒情和间接抒情的表达效果。

3.启发学生把握好抒情的度,学习基本的抒情方法。

教学方法

练习法　讨论法　展示法

教学课时

一课时

教学过程

（一）导入

同学们，在成长过程中，我们会有很多情感涌动。你能不能用文字把这些情感记录下来，表达出来，与读者分享呢？

（二）真挚的情感

"恰当抒发自己的真情实感，能增强文章的感染力。"真挚的感情能增强文章的感染力，虚情假意是无法打动读者的。我们要学会抒发从心灵深处涌动出来的真挚情感。

怎么增强文章的感染力呢？要在文章中抒发具有独特性的情感。情感越独特，读者从中获得的感受就越真切。情感的独特性常常源自它的真挚。

（三）对情感的深刻体验和细致揣摩是恰当抒发情感的关键

如何恰当抒发情感呢？

一要把握好抒情的度，不矫饰情感，不使抒情流于泛滥和空洞。二要选择好抒情的方法。一般而言，强烈的、紧张的情感适合直接抒发，而轻淡的、弛缓的情感则适合选择含蓄委婉的方式抒发。

（四）直接抒情和间接抒情

直接抒情即直抒胸臆，不借助别的事物，直接抒发自己的情感。不仅诗歌和散文可以运用直接抒情的方式，而且叙事性文章也可以运用直接抒情的方式。

间接抒情表现为将情感融入叙事、描写和议论中。借助景物来抒发情感的方法，也就是"寄情于景"。

直接抒情和间接抒情相互配合往往能使文章产生更大的感染力。

（五）确定写作主题，畅言写作想法

1.片段作文。写一段话，抒发某种情感，如幸福、喜悦、痛苦、忧伤等，100字左右。

2.我们每个人在成长中都会有一些烦恼、遗憾、感动、感恩的情绪在心间。请自拟题目，写一写自己的内心感受，注意抒发自己的真情实感，600字左右。

四、读写共生习作实例

我喜欢

我喜欢清晨的阳光
我喜欢傍晚的夕阳
我喜欢夜空的繁星
我喜欢那条羊肠小路和两旁郁郁葱葱的白杨树
我喜欢初春的燕子
我喜欢夏日的蝉鸣
我喜欢深秋的蛙声
我喜欢周五的傍晚和那个充满欢声笑语的操场
我喜欢奶奶织的围巾
我喜欢爸爸为我撑起的伞
我喜欢弟弟蹦蹦跳跳的身影
我喜欢每个睡到自然醒的早晨
我喜欢世间万物
就像我喜欢你

（作者：孔雨欣）

教师点评
作者直接抒情，由景到人，语言轻快活泼。

我喜欢

我喜欢初春的柔晨，
朱曦初生，娇小可爱，天真无知，尽情玩耍
我躺在你旁边，你也躺在我旁边
我喜欢我们在暖阳下，一起躺在草地上。
我喜欢烈夏的正午，
朱雀展翅，尽示辉煌，无畏世界，努力奋斗
我跟在你后面，你跑在我前面
我喜欢我们在烈日下，一起跑在操场上。

我喜欢深秋的下午,
光朱在空,竭力释光,人情世故,十分老到
我坐在你面前,你也坐在我面前
我喜欢我们在秋日下,一起在阳台上品茶。
我喜欢寒冬的傍晚,
金乌陨落,无力回升,人生多样,早已厌倦
我躺在你旁边,你也躺在我旁边
我喜欢我们在暮日下,一起静躺在地下长眠。

(作者:段宇轩)

教师点评

作者直接抒情,表达对自然四季的喜爱之情,也寄情于景,表达对"我们"的生活的向往之情。

我多想回到过去

初一那年冬天,她陪着我度过了许多早晨,她每天早起做早餐,千篇一律的韭菜饼和鸡蛋,或者一碗热腾腾的清汤面。对于我来说,那是她最不拿手的料理,因为我口味重,当然没那么容易满足。但对她来说,那是她最拿手的料理,生长在北方的她,懂得怎样让面筋"开花"。

当然我还是厌倦了这日复一日的清淡早餐,不再让她给我做,但她依旧每天早早起床,坐在黑暗的客厅中央,掐着点叫我起床。合肥的冬天冷得让人打寒战,她裹着棉袄,双手不知道往哪放,她整理着围裙,欲言又止,接着掏出点零钱让我出去买早餐吃。

对她来说,我的伙食问题便是她生活中最大的烦恼。小时候,我挑食,她变着花样给我做菜,刺激我的味蕾。随着时间悄悄在锅碗瓢盆上留下难以洗掉的污渍,她渐渐失去了先前的那一丝优雅与从容。

从小的苦难日子造就了她省吃俭用的习惯,可她对我却是无止境的宠溺。她定期给我零花钱,我和她推来推去却还是收下了,每次她都会说,"奶奶最疼的就是你这唯一的孙女",边说边要来抱我,可当时的我却厌恶这种过度亲昵的肢体行为,总是不自觉地避开,她那双悬在半空中的双臂只好悻悻落下。

生活是平淡的,平淡如冬日里河面上厚厚的冰,好像永远定格在那些早晨。她挂着钥匙出去跳广场舞,她系着围裙忙里忙外,仿佛就在昨天。可不知道为什么上天没有饶过这样一个热爱生活的人。

上天这次没有丝毫的手下留情,肝癌晚期,所有人都瞒着她。病情的迅速恶化让她体力、记忆力大不如从前。她经常念叨着,"我的宝贝大孙女啊,奶奶最疼的就是你啊",可转眼就忘了我的名字,就在那一瞬间,我忘记了以前的不满,我大街小巷给她买她想要的,哄她开心一点。她清醒的时候对我说,什么坎都会过去,她的离开也是上天赐予她的一种幸福,上天让她早点休息,早点解脱。

那一天她突然离开了,我哭成了泪人。

在初二每个熬夜的夜晚,我总会不自觉地想起她,想起她温暖而又笨拙的怀抱,想起她睡一觉起来给我做的清汤挂面,想起她穿着棉袄送我上学。我多想回到过去,再去抱抱她,夸夸她的饼子和面条,在她对我笑时回以一个温暖的笑容。

"瀑布的水逆流而上,蒲公英的种子从远处飘回聚成伞的模样,太阳从西边升起落回东方,运动员回到起跑线上",我拿回初一期末考试试卷,忘了熬夜的日子,厨房里飘来饭菜的香味,你把我的早餐准备好,关掉电视,帮我把书包背上。我多想回到过去,因为想看到满面笑容的你还在我身旁……

(作者:王子萱)

教师点评

作者在文中直接表达了对奶奶的怀念之情,情感真挚,打动人心。

写给时光老人的感谢信

亲爱的时光老人:

您好!

在我的想象中,您是一位鹤发童颜的老人,您从我指缝间慢慢流走,微笑着陪伴我成长,从蹒跚学步的幼儿成长为天真活泼的儿童,逐渐长成亭亭玉立的少女。感谢您这些年来的温暖陪伴,使我对往事充满回忆,珍惜当下,以及对未来充满美好憧憬。

感谢您,让我对童年充满留恋与回忆,您把两个素不相识的女孩联系到一起。她,是我最好的朋友,也是我人生中十分重要的人。她的宽容大度、大大咧咧感染了我,使我从害羞内向变得开朗大方。我们的相遇,是个温暖的邂逅。记得那年秋天,金秋送爽、落叶纷飞,一阵飒飒秋风将她吹来,她微笑地向我伸出友情的双手,之后,我们便成了形影不离的好朋友,互助互爱,彼此心连心。每年秋季,我们都喜欢躺在红叶上,仰望空中南归的大雁,惬意地看着秋叶飘落。夕阳西下,太阳的余晖斜射在她的脸庞上,她的笑容变得更加美丽、动人。感谢您,是您让她在我生命中出现,为我带来无尽的快乐和美好。

感谢您，让我珍视当下，把握机会，为美好的明天付出不懈的努力，古人云："一寸光阴一寸金，寸金难买寸光阴。""少壮不努力，老大徒伤悲。"我将这些名言当作自己的座右铭，并把它们化为我前进的动力，我开始发奋学习，珍惜光阴，不懈努力，顺着正确的航道向着目标前行。感谢您，是您为我提供了源源的动力，激励我不断进步。

感谢您，让我对未来充满憧憬。我常常一个人趴在窗前，静静幻想着自己的未来，成为一名作家？设计师？抑或是一名科学家？这些想法时常出现在我的脑海中，也让我对未来充满着好奇与期待。或许，在不久的将来我的梦想就会成真，想着想着，便美滋滋地笑了起来。感谢您，让我对未来充满幻想与期待。

我想用手挽住您，可您却悄无声息地从我身边溜走，我便郑重写下这封信，由衷地表达对您——慈祥和蔼的时光老人的感激之情。

孙之涵
11月26日

教师点评

作者的叙事视角别出心裁，给"时光"老人写信，直接表达自己的感激之情，语言活泼灵动。

抓住细节

一、读写单元主题综述

小人物虽然平凡,且有弱点,但他们身上又常常闪现着优秀品格的光辉,引导人们向善、务实、求美。其实,小人物也一样可以活得精彩,抵达某种人生的境界。学习本单元,要注重熟读精思,要注意从标题、详略安排、角度选择等方面把握文章重点,还要从开头、结尾、文中的特别之处发现关键语句,感受文章的意蕴。

本单元的写作主题是"抓住细节"。首先要了解细节描写及其常见的类型,理解细节描写在写作中的作用。然后要在生活中捕捉细节,描写出生动的细节,并且注意在写作中运用细节描写来刻画人物、表达情感。

课标中关于阅读的"学段目标与内容"中有这样的表述:"在阅读中了解叙述、描写、说明、议论、抒情等表达方式。"

课标中关于写作的"学段目标与内容"中有这样的表述:"多角度观察生活,发现生活的丰富多彩。""根据表达的需要,围绕表达中心,选择恰当的表达方式。"

据上分析,我们可以提炼出本次读写共生训练的目标:

1. 了解细节描写,理解其作用。
2. 在写作中运用细节描写。

二、读写共生美点撷取

(一)内容

1.词语和句子

(1)词语

诘问 粗拙 霹雳 惧惮 憎恶 辟头 塌败 荒僻 侮辱 愧怍 镶嵌 取缔 攥着 滞笨 骷髅 嘎叽 筹划 尴尬 涎水 晌午 唿嗒 黏性 烟瘾 庄稼茬

(2)句子

①仁厚黑暗的地母呵,愿在你怀里永安她的魂灵!

②他也许是从小营养不良而瞎了一眼,也许是得了恶病,反正同是不幸,而后者该是更深的不幸。

③好久之后,父亲又像问自己又像是问我:"这人怎么了?"

2. 主题和题材

没有细节描写,就没有活生生的、有血有肉有个性的人物形象。成功的细节描写会让读者印象深刻,提高文章的可读性。本单元的文章都有生动传神的细节描写,塑造了一个个经典的人物形象。《阿长与〈山海经〉》中,阿长误把"山海经"说成"三哼经"这一细节,既说明了阿长没有文化,连书名都不知道,又表现了阿长对"我"的关爱以及"我"那一刻内心受到的巨大的触动。《老王》中写老王"直僵僵地镶嵌在门框里",这个细节描写,非常传神地写出了老王病入膏肓的情景以及他对"我"一家人的感激。《台阶》中对父亲清晨踏黄泥造台阶时对父亲的外貌描写,细腻传神地写出了父亲的勤劳朴实以及对造台阶的重视。《卖油翁》一文中,"睨之"表现了卖油翁对陈尧咨射击技术的不以为意,而"微颔之"与"自矜"相对,则表现了卖油翁自负却又沉着内敛的性格。

在写作中,引导学生关注细节,捕捉细节,描写细节,更好地表现人物形象。

(二)形式

1. 结构与顺序

《阿长与〈山海经〉》内容可以分为两部分,第一部分介绍阿长的身份和名字,暗示阿长卑微的社会地位;第二部分,主要从童年视角出发,围绕"我"的感受记叙阿长的言行。作者以对阿长情感态度起伏变化贯穿全文,通过先抑后扬的手法,既刻画了阿长好事粗俗、迷信可笑的一面,又凸显了阿长朴实善良、仁厚慈爱的一面,同时表达了对阿长既同情又愧疚,既感激又思念的复杂感情。文章线索鲜明,层次清晰,详略分明,值得借鉴。

《老王》全文围绕与老王的交往展开叙述,第一部分介绍老王的身世以及我们之间的关系;第二部分通过回忆与老王交往的三个片段,叙述简略,表达了对老王的尊重、感激和同情;第三部分,详写老王临终前送香油和鸡蛋,既表现了老王与我们的深厚情谊,又抒发了作者的愧疚之情,使全文的感情达到了高潮。文章内容按照时间的顺序展开,思路清晰。

2. 叙述视角

《台阶》这篇小说读起来很像散文,跟作者以第一人称叙述有很大关系。

"我"是一个见证者,这样的视角可以使"我"细致地刻画造台阶前的父亲,以及台阶造成之后的父亲。同时"我"又是一个旁观者,"我"可以交代父亲所处的时代背景和社会环境,以及对父亲的行为进行思考,升华文章主旨。学生可以学习这种写作方法,从而客观、全面地展示主人公的形象。

3. 特殊句式

(1)从此对于她就有了特别的敬意,似乎实在深不可测;夜间的伸开手脚,占领全床,那当然是情有可原的了,倒应该我退让。

(2)他面色死灰,两只眼上都结着一层翳,分不清哪一只瞎,哪一只不瞎。说得可笑些,他简直像棺材里倒出来的,就像我想象里的僵尸,骷髅上绷着一层枯黄的干皮,打上一棍就会散成一堆白骨。

(3)好久之后,父亲又像问自己又像是问我:"这人怎么了?"

4. 精彩语句

(1)我似乎遇着了一个霹雳,全体都震悚起来;赶紧去接过来,打开纸包。

赏析:我听到以后很震惊,很感动,表现了我极度惊喜、兴奋的心情。

(2)老王帮我把默存扶下车,却坚决不肯拿钱。他说:"我送钱先生看病,不要钱。"我一定要给钱,他哑着嗓子悄悄问我:"你还有钱吗?"我笑着说有钱,他拿了钱却还不大放心。

赏析:"我送钱先生看病,不要钱",朴实的语言再现了老王的善良,"哑着嗓子""悄悄""还不大放心"等词语表现了老王淳朴、憨厚的性格,读后令人感动。

(3)那时已经是深秋,露水很大,雾也很大,父亲浮在雾里。

赏析:用了细节描写,雾浓与父亲瘦弱形成鲜明对比,写出了父亲工作的辛苦,说明父亲起得很早。

三、读写共生活动设计

教学目标

1. 了解细节描写,理解其作用。
2. 在写作中运用细节描写。

教学方法

练习法　讨论法　展示法

教学课时

一课时

教学过程

(一)导入

同学们,有作家说过:"细致的作用在于给人以真实感,越细致越容易使人觉得像真的,从而使人看了以后印象更深刻。"这表明细节描写往往能起到画龙点睛的作用。那么如何抓住细节呢? 今天咱们一起探讨探讨!

(二)细节描写及作用

细节描写是对人物、景物、事件等表现对象的细微而具体的刻画。

在文学写作中,表现人物性格、烘托人物心情、推进故事情节、深化作品主题、创设环境氛围都离不开细节描写。

(三)细节描写分类

细节描写大致可以分为肖像细节描写、语言细节描写、动作细节描写、景物细节描写。

(四)怎样捕捉细节

首先,要学会调动各种感官感知世界。真实的细节来源于对生活的认真观察。用心捕捉,记录外物给我们的感悟,养成反思的良好习惯。

其次,细节贵在精而不在多,要善于抓住最能反映人物性格特征的细节。

最后,细节描写用语要生动、简洁,让读者如见其人,如睹其物,如临其境。

(五)怎样表述细节

我们可以遵循"聚焦、分解、还原、放大"的方法,把脑海中存留的印象、素材加工创造为具体可感的画面。用语尽量准确、简洁,避免华丽空洞的语言。

(六)确定写作主题,畅言写作想法

"礼物",这个词让人浮想联翩,当我们仰望星空,放眼浩瀚,这蔚蓝色的星球是宇宙给人类最好的礼物;当我们低头思索,凝神注目,自然界的一花一叶是宜人的礼物;孩子是父母的礼物;江河是大地的礼物;八千里路、云和月是多娇江山的礼物;五千年的锦绣华章是悠久历史的礼物……请以"礼物"为题,写一篇文章,不少于600字。

四、读写共生习作实例

礼物

"走了,快一点!"正在兴致勃勃地看比赛的我,听到外婆在门外的催促声,不由得喊道:"等等,催什么催呀,上学的时间还没有到!"外婆听到这话,把包放在地上,双手叉腰,没说话,但是她愤怒的眼神从后面穿过来,然后掉了个头径直射向我的眼睛。我不得不乖乖收拾书包走人,心里埋怨嘴上却不敢言。

其实我家离学校只有五分钟的路程,外婆却要提前二十分钟走,还不是为了她自己!自己要去抢个好位子打牌!可我还想利用这二十分钟看球赛呢!后来,我心生一计。

上完课回来，我给妈妈打了个电话："妈妈，你知道你妈妈有多过分吗？她为了抢个好位子打牌，非让我提前二十分钟去上课！我中午觉都不够睡了！"果然，妈妈很生气，很快，我听到外婆的手机响了。只听到外婆支支吾吾的，也没说什么……也不知道外婆会不会生我的气？

第二天中午回来，看到外婆依旧做了满满一桌我爱吃的菜，我想外婆肯定觉得她确实做错了。我照常打开电视，目不转睛。吃饭时，外婆如往常一样问我上学的情况，"还行吧"，我盯着电视屏幕懒洋洋地回答道。外婆还说："大宝，你生日快到了，可想要什么礼物？""随便。"外婆看了看我，叹了一口气，爱喝一点酒的外婆给自己又满上一小杯……

离上课只有十分钟了，我依旧躺在沙发上看比赛，慢悠悠、不急不躁，我以胜利者的姿态看向外婆，她干坐在椅子上，看向窗外发呆，好像不知道该做些什么。比赛看完了，我满意地提起书包，示意外婆可以出门了。

我在锁门，外婆在门外穿鞋。门锁好了，她还没穿好鞋。她的腰好像不太能弯得下去，只好把一只脚搭到台阶上，这才勉强够着鞋带。她的头发顺势垂到嘴角，黄白的几无色泽的头发。那一刻，我心里有些五味杂陈。外婆下楼时，左手拎着垃圾带，右手扶着楼梯扶手，小心翼翼的。看到这一幕，我眼前突然浮现出十年前的场景，外婆右手牵着四岁的我，左手拿着我巨大的玩具车，还有说有笑的。而现在呢？她左脚缓慢地踏下去，右脚等左脚踏实了才放下去，就这样蹒跚地走下去……青丝变银发，左手的玩具车变成了垃圾袋，牵着我的右手如今不离扶手！我小跑着去接过外婆手上的垃圾袋，牵着她的右手下楼。可能动作大了一些，她喊道："外婆自己能走，身体好着呢！""别唠叨，赶紧！"到楼下后，我放开她，快步向学校跑去。西风掠过我的脸。

外婆一个人住在城西，每天跨过半个城市只为了给我烧顿午饭，送我上学。她唯一的业余爱好就是打牌，却因我的"私利"而被剥夺。但外婆却不计较，仍然惦记着我，惦记着我的生日。

亲爱的外婆，我想要的礼物就是："外婆，请您一定要身体安康，等我长大！"

(作者：汪耀宇)

教师点评

文章细腻地描写了外婆下楼的场景，动作描写生动传神。小作者观察得很细致，写出了外婆的衰老。通过这个细节"我"理解了外婆，表达了对外婆的愧疚、感激之情。

礼物

周五的晚上,我拖着疲惫的身体回家,猛然想起早上妈妈说,我晚上放学回来有桑葚吃,瞬间就有一股强力注入我的双腿,使我加速狂奔。可我推开家门,桌上空空如也的果盘格外醒目,还有旁边满嘴紫色、大眼看着我的小怪兽。

这个怪兽就是比我小九岁的弟弟,怪兽的到来使我的生活发生了天翻地覆的变化。一切从他出生开始发生改变,那时我才十岁。

伴随着他的到来,我在家中的地位可谓是一落千丈。如果有好吃的,就要分他一半。有好玩的玩具,他优先玩。更别说打架了,我要是打赢了,那就是找骂;要是打输了,又要受到家人嘲笑。

明明我才是"太子"啊!还记得有一次周末去外公家玩,之前计划好的,外公带我们去划船。我们整装待发,弟弟却突然歪着他的小脑袋,睁着大眼睛,奶声奶气地说:"外公,我想去喂鱼。""切,谁理你,想一出是一出。"我白了他一眼,而且外公一直是最疼爱我的,怎么会答应你的要求?可我怎么也没想到,这一次,外公望着我毫不犹豫地说:"你去找同学玩吧,我带你弟弟喂鱼去。"这一瞬间,我对外公的信任轰然崩塌。都是因为这个怪兽,我愤怒地盯着他,他却给我一个天真无邪的笑容。这无疑是在挑衅我!我对他挥了挥拳头。

上个学期刚开始,为了准备课外的考试,我把学校布置的家庭作业做得一塌糊涂。毫无意外,学校里的考试成绩惨不忍睹,老师们陆续找我谈话。唉,挑灯夜战是我,备受打击也是我。我独自走在大街上,已经晚上九点钟了,在月色的映照下,周围散发着清冷的光芒。不知不觉走到了家门口,忽然传来一声熟悉的"哥哥"。我循声望去,发现穿得像个球一样的弟弟,朝我飞奔而来,两只胳膊张开,笑着,跑着,扑到我怀里。在那一刻,所有的疲劳、伤心、寒冷,都被那天真的笑容融化了,平日里对他的埋怨、愤愤不平一下子都烟消云散。想想这真是奇妙的缘分,我们身上有着那么多相同的地方,我要做的,是守护他、爱护他。想起那些没有弟弟妹妹的同学,我感觉,小怪兽何尝不是一件礼物,一件与众不同的礼物。

晚上,我看着弟弟熟睡的样子,忍不住捏了一下他那肉嘟嘟的脸蛋。这只可爱的小怪兽无疑是一件最好的礼物。

(作者:段宇轩)

教师点评

文章选取的细节非常典型,很好地表现了弟弟的天真可爱以及对"我"的爱。描写细腻,感情真挚。

怎样选材

一、读写单元主题综述

经过前一阶段的语文学习,多数学生积累了一定的写作知识,具备了一定的写作经验。"怎样选材"是七年级下册第四单元写作主题,属于"一般写作能力"。在本次写作训练中,学生既要学习新知"怎样选材",又要对前面所学的写作知识进行综合运用。

这次写作训练提出两点要求:①学会围绕中心选择材料;②注意材料的真实和新颖。

课标中关于写作的"学段目标与内容"中有这样的表述:"注重写作过程中搜集素材、构思立意、列纲起草、修改加工等环节,提高独立写作能力。"

据上分析,我们可以提炼出本次读写共生训练的目标:

1. 以默读和精读结合的方式粗知文章大意,引导学生体会选材对于写作的意义,指导学生围绕中心选材,并努力做到材料真实、新颖。(重点)

2. 理解文章以小见大、叙议结合的写法,能通过这两种写法来点明中心。(难点)

二、读写共生美点撷取

(一)内容

词语和句子

(1)词语

颠沛流离　朦胧　累赘　诲人不倦　不耻下问　晶莹　如释重负　海阔天空　悲天悯人

(2)句子

①文字之外,日常交往,他同样是一以贯之,宽厚待人。

②我第一次见到叶圣陶先生,是五十年代初,我编课本,他领导编课本。这之前,我当然知道他,那是上学时期,大量读新文学作品的时候。

③一弯新月升起了,我们借助淡淡的月光,在忽明忽暗的梨树林走着。山间的夜风吹得人脸上凉凉的,梨花的白色花瓣轻轻飘落在我们身上。

④这天夜里,我睡得十分香甜,梦中恍惚在那香气四溢的梨花林里漫步,还看见一个身穿花衫的哈尼小姑娘在梨花丛中歌唱……

(二)形式

1. 形散神不散

《叶圣陶先生二三事》是一篇写人记事的散文。文章所写都是小事。作者回忆了第一次见到叶圣陶先生,是在他领导下编写课本。接着回忆了与叶圣陶交往中的一些事。第一个方面写"凡是同叶圣陶先生有交往的,无不为他的待人宽厚而深受感动",叙述了叶圣陶给他的文章描标点与自己同叶圣陶修润课本时发生的事。这两件事情写出了叶圣陶对人对事的态度,既严谨认真又诚恳谦逊。接着叙述了叶圣陶日常交往中宽厚待人的一些表现:送客到门口;晚年不能起床时对来访者举手打拱,连声致谢;拜访不遇,第二天就接到叶圣陶的信。第二个方面回忆叶圣陶先生不仅有为人宽的一面,还有律己严的一面,那就是律己、正心、修身。这些事情虽小,但是见大品格。所忆的内容多且杂,既有作者亲身感受的事,也有他人转述之事,因主旨统摄,并不觉得散乱,人物形象因这些片段和细节真切丰厚起来。行文沉稳平和,平静的叙述中充满感情,评说随叙述自然生发,援引议论精要庄重,衔接自然,值得学习借鉴。

2. 设置悬念,一波三折

《驿路梨花》构思巧妙。文章以"我"和老余一晚一早所见所闻为顺序,围绕"小茅屋的主人到底是谁",设计了两次误会、三个悬念,分两个层次,刻画了一组人物,展示了他们助人为乐的美好品格。三个悬念,两次误会,环环相扣,层层推进。通过悬念、误会的安排和展示,文章波澜起伏、扣人心弦,增强了读者的阅读兴趣。这对我们如何叙事、如何在叙事时做到一波三折有着借鉴作用。

三、读写共生活动设计

教学目标

1. 以默读和精读结合的方式粗知文章大意,引导学生体会选材对于写作的意义,指导学生围绕中心选材,并努力做到材料真实、新颖。(重点)

2. 理解文章以小见大、叙议结合的写法,能通过这两种写法来点明中心。(难点)

教学方法

练习法　讨论法　展示法

教学课时
一课时
教学过程
(一)课堂导入

写作的材料源自生活。生活中的各类人物、各种事情,都可以作为我们写作的素材。由发现生活中的有趣小事入手。(师生举例)

(二)技法点拨

活动一:材料从何处来?

1. 从生活中来寻找。(校园生活、家庭生活、社会生活)

2. 从阅读中寻找挖掘。(历史类读物、文学作品、报纸、杂志)

活动二:结合《叶圣陶先生二三事》,说说作者是如何选材的。

讨论:

首先,要围绕中心选材。中心是文章的灵魂,需要材料加以支撑与表现。下面来看一个例子:《叶圣陶先生二三事》前半部分选取修改文章、送客、复信等内容,充分表现叶先生待人宽厚的美德;后半部分从作文和做人两方面取材,突出了叶先生严于律己的品质。

其次,要围绕中心选择详略。在取材的基础上,将所取之材进行详略处理,最能表现中心的材料要详写,对表现中心有辅助作用的材料略写。

以《阿长与〈山海经〉》为例:

中心	材料
阿长不无愚昧、可笑之处,但她对"我"的无私关怀,让"我"永远感念	阿长名字的由来
	阿长喜欢切切察察
	阿长睡觉摆"大"字
	阿长让"我"正月初一早上吃福橘
	阿长讲"长毛"的故事
	阿长为"我"买《山海经》

选材就像蜜蜂采蜜,只有经过精心挑选花朵,才能有甘甜可口的蜂蜜。要根据主题需要,有目的地选择恰当的材料。

活动三:材料要真实、新颖。

请对下列材料进行分析,说说"真实、新颖"是如何体现的。

以"说说咱们班"为题选材。

材料一:咱们班老师优秀,个个都是教书育人的楷模;咱们班学生勤奋,人人都是刻苦学习的典型;咱们班班风良好,次次受到学校的表彰。

材料二:咱们班有"八大族"。"睡仙一族",每晚挑灯夜战,鏖战"题海",白天却昏昏欲睡;"神侃一族",课间"猛侃",饭后"神侃",寝室熄灯后"瞎侃";"追星一族",将明星贴画贴在课桌上、书本上、笔记本上,对明星的趣闻津津乐道……"语文一族""数学一族"等也各有特点。

赏析:第一则材料存在着美化人物、编造故事的毛病,缺乏感染力;第二则材料,真实可信,具有浓厚的生活气息,具有较强的感染力。

(三)牛刀小试

写作实践:运用本课学习的知识,以"晒晒我们班的'牛人'"为题,写两个片段。

1.选取最典型、最熟知、新颖、独特的材料,突出"牛人"特点。

2.注意从不同角度描写,分清主次、详略,合理安排。

3.语言尽量生动形象、幽默诙谐。

四、读写共生习作实例

晒晒我们班的"牛人"

我们班真是实力强悍,"牛人"辈出。这些"牛人"每次都能在学校的各项比赛中,各显神通,取得优异成绩。有硬笔书法"牛人",有学习常青树"牛人"……对于我这个没有运动细胞的小胖来说最关注的还是运动"牛人",我的同桌——昌之易。

运动"牛人"善跑,尤其是长跑。一声枪响,众人皆如离弦之箭一般,飞奔而去。但他不急不慢地拖着看似慵懒的步子,带着傲视的表情观察四周的状态。直到他的嘴角微微一撇,众人才知道他的实力。他铆足了劲,开始突击。在班级的喝彩声中超过了一个个选手。起初在后面的他,脚步很均匀,双臂有节奏地一前一后地摆动着,双脚越迈越快,身子向前倾斜着,奋力向前冲,直到张开双臂迎接胜利。为了班级的荣誉,他毫不吝惜自己的体力。汗水早把头发浸湿,一缕一缕的,汗珠从额头沿着脸颊流到嘴角边。他一次次用实力赢来无数的呐喊声和掌声。

运动"牛人"还喜欢搞笑。看!教室里,他正在搞笑。他把七喜倒在手心里,涂抹在头发上,用手指把头发向后捋顺。他的头发闪着光,浓密的眉毛叛逆地稍稍上扬,好一个得意扬扬的模样。他嘴角轻撇,喊着:"我是七爷,我是七爷……"引得同学们哄堂大笑。

运动"牛人"不但运动细胞发达,喜欢搞笑,学习也很优秀。在历史课上,他用蔑视的语气说:"记笔记干吗?我不怎么记还是考得好得很!"是的,他总是那么自信。

运动"牛人"从不掩藏自己的个性与天赋,浑身上下透着少年的率真与自信,又有一种极具感染力的乐观精神。

正是像他这样的一个个"牛人",组成我们这个有趣温暖的"大家庭"。

(作者:何星硕)

教师点评

文章思路清晰,层次明了。开篇点题,强调对于"我"来说最关注的还是运动"牛人",我的同桌——昌之易。随后文章围绕"牛"选取三件事情展开:运动"牛人"善跑,运动"牛人"还喜欢搞笑,运动"牛人"学习也很优秀。三件事情有详有略。善跑一事中,关于汗水的细节描写,为文章增添亮点;搞笑一事的材料很有新意,让人耳目一新,引起读者阅读的兴趣。同时适当的议论又起到画龙点睛的作用。

文从字顺

一、读写单元主题综述

本单元课文或借景抒情,或托物言志,字里行间闪烁着哲理的光辉,带给我们许多启迪。单元提示有这样的表述:"体会如何运用生动形象的语言写景状物,寄寓自己的情思,抒发对社会人生的感悟。建议运用比较的方法阅读,分析作品之间的相同或不同之处,以拓宽视野,加深理解。"

写作主题是"文从字顺",要求以"文从字顺"为教学内容。学生平时要注重积累,培养良好的语感;写作时关注遣词造句,构筑篇章;写完后要认真推敲,反复修改。这样才能做到"文从字顺"。

这次写作训练提出三个要求:①语句表达要准确,避免产生歧义;②要注意语句间的连贯;③写完后要认真修改。

课标中关于阅读的"学段目标与内容"中有这样的表述:"欣赏文学作品,有自己的情感体验,初步领悟作品的内涵,从中获得自然、社会、人生的有益启示。对作品中感人的情境和形象,能说出自己的体验;品味作品中富有表现力的语言。"

课标中关于写作的"学段目标与内容"中有这样的表述:"根据表达的需要,借助语感和语文常识,修改自己的作文,做到文从字顺。能与他人交流写作心得,互相评改作文,以分享感受,沟通见解。"

据上分析,我们可以提炼出本次读写共生训练的目标:

1.了解做到文从字顺的方法,学习写景状物的方法。

2.学会修改文章,增强语言表达的能力。

二、读写共生美点撷取

(一)内容
词语和句子
(1)词语
忍俊不禁　迸溅　仙露琼浆　祸不单行　灼灼　血气方刚　瞬息　萋萋
(2)句子
①从未见过开得这样盛的藤萝,只见一片辉煌的淡紫色,像一条瀑布,从空中垂

下,不见其发端,也不见其终极。只是深深浅浅的紫,仿佛在流动,在欢笑,在不停地生长。

②紫色的大条幅上,泛着点点银光,就像迸溅的水花。仔细看时,才知道那是每一朵紫花中的最浅淡的部分,在和阳光互相挑逗。

③每一朵盛开的花就像是一个小小的张满了的帆,帆下带着尖底的舱。船舱鼓鼓的,又像一个忍俊不禁的笑容,就要绽开似的。那里装的是什么仙露琼浆?我凑上去,想摘一朵。

(二)形式

1.体会语言的形式(句式、词语、修辞)美

(1)"我在开花!"它们在笑。"我在开花!"它们嚷嚷。

赏析:句式整齐,很有节奏感,用拟人手法强调了紫藤萝花的活力,强调了"花、人之间心灵的融通和交流",为作者写感受作铺垫。

(2)仿佛在流动,在欢笑,在不停地生长。

赏析:一系列动词把紫藤萝的形态和活力很好地展示了出来,表现作者对紫藤萝花浓郁的情感。

(3)每一朵盛开的花就像是一个小小的张满了的帆,帆下带着尖底的舱。

赏析:将"花"喻为"帆",将"萼"喻为"舱",比喻形象,突出了花朵的形态。

2.体会语言的内涵美

《紫藤萝瀑布》一文语言很有深意,富有内涵美。

(1)"我只是伫立凝望,觉得这一条紫藤萝瀑布不只在我眼前,也在我心上缓缓流过。"眼前的紫藤萝瀑布使作者对生命有了新的认识。花的繁盛、花的"活泼热闹",让作者感受到生命的气息和活力。这鲜活的生命带走了作者心上关于生死的疑惑、关于疾病的痛楚,面对花瀑,作者心情愉快起来。所以,"我"有的就是"精神的宁静和生的喜悦"。

(2)"花和人都会遇到各种各样的不幸,但是生命的长河是无止境的。"把花和人遇到的不幸放到生命的长河中去认识,立意高远。花和人遇到的各种各样的不幸终究是有限的、暂时的,而生命的长河是无限的、永恒的。面对生命长河的流淌,人们没有理由消极悲观,无所作为,应珍惜生命,拥抱生命,以乐观积极的态度汇入生命的长河中去,高奏讴歌生命、焕发活力的交响乐。

3.体会写作手法的妙处

《紫藤萝瀑布》《一颗小桃树》为状物散文,都使用了托物言志的写作手法。《紫藤萝瀑布》从紫藤萝花引人驻足、炫人眼目的美丽写起。花的色泽、花的芳香、花的形态,都形象可感。眼前的紫藤萝花使作者想起十多年前的那株紫藤萝,在对比中、

在对自然的感触中升华到对生命的感悟,引发读者思考如何正确对待生活中的坎坷与不幸。《一颗小桃树》叙写黄昏时分坐在窗前,看风雨中摇曳的小桃树的情境。中间采用插叙的方式,回忆了小桃树的生长过程和自己的人生经历,借此抒写自己的理想和情志。

三、读写共生活动设计

教学目标
1. 了解做到文从字顺的方法,学习写景状物的方法。
2. 学会修改文章,增强语言表达的能力。

教学方法
练习法　讨论法　展示法

教学课时
一课时

教学过程

(一)故事导入

故事:清朝有一个读书人名叫陈沆,嘉庆年间中了状元。有一次,皇帝问他一共认识多少字,他回答:"臣识字不多,用字不错。"

这个答案漂亮,对皇上谦卑,对自己肯定,两面都兼顾到了。而用字不错,就是没有违反约定俗成的行文规范,这样写出来的文章便"文从字顺"。今天,我们就来共同探讨一下如何使写出来的文章达到"文从字顺"。

(二)技法点拨

1. "文从字顺"的含义

"文从字顺"是写作的基本要求,包含两个方面:

一是用词恰当、妥帖,作者心里想的是这样一个东西、所感的是这样一种情境,而所用的词语恰好能表达这样一个东西、这样一种情境,读者读后的感受与作者期望的完全一致;

二是句与句之间连接流畅,文气贯通,作者的思想感情能够有条不紊、井然有序地表达出来,没有任何含混、错乱和别扭之处。

示范文段:

古时候有个孩子,爹妈都死了,跟着哥哥嫂子过日子。哥哥嫂子待他很不好,叫他吃剩饭,穿破衣裳,夜里在牛棚里睡,牛棚里没有床铺,他就睡在干草上。他每天放牛,那头牛跟他很亲密,用温和的眼睛看着他,有时候还伸出舌头舔舔他的手,怪有意思的。哥哥嫂子见着他总是待理不理的,仿佛他一在眼前,就满身不舒服。两下一比较,他也乐得跟牛一块儿出去,一块儿睡。

分析:这段文字是叶圣陶先生根据民间传说编写的,句中没有生僻的字,也没有华丽的辞藻。句子明白如话,前后衔接紧密,连贯自如。可见其突出的优点是文字通顺。

2.出示材料,总结方法要点

(1)原文:一位胖得肥猪一样的阿姨又挤上了车。——《抢座》

改文:一位胖阿姨又挤上了车。

改法小结:把不恰当的词句改恰当。

(2)原文:你总是把你眼中的阳光传送给别人,冷漠,你总是将它摔得很重。——《致父亲》

改文:你总是把眼睛中的阳光送给别人,你总是将冷漠摔得很重。

改法小结:把前后不整齐的句式改一致。

(3)原文:小升初考试的前两天,我特别紧张。于是爸妈提议一起去趟秦岭。第二天一早,我们便向秦岭进发。天气很好,公路上的车也不多。到了目的地,我和爸爸在河里玩水,妈妈也拿出准备好的食物,我们在外面野炊。后来还遇到一家人,我们一起说说笑笑。这一天很有意思,我竟然忘记了考试的压力。

分析:材料与中心不对应。文段交代了一家人出行的时、地、事,最后突出"有意思",让自己忘了考试的压力。可是哪里有意思,怎么让自己忘了压力,前文所选的材料、所写的内容并不能突显。所以应挖掘家人在一起有意思的情节和自己的感受,让材料与中心相对应。

方法总结:

①语句表达要准确,恰当有分寸。

②前后句式要一致,整齐有韵律。

③句序安排要合理,连贯有顺序。

④材料中心要对应,突显有详略。

建议:写前确定中心,琢磨选材,写完后要读一读,还可以请别人来读。

(三)文段修改

妈妈是一个勤劳的人,她对我很关心,但是要求很严格。有一次,我的数学考了95分,妈妈就很耐心地给我讲错在哪里,她讲得非常细致,我听得明明白白。妈妈把家里的活全承担下来了,让我一丝不苟地进入学习,所以我的学习里面是有妈妈的心血在里面的。

这段文字有什么问题?

分析:仔细阅读后我们不难发现这段文字的问题。首先表述不清。第一句"妈妈是一个勤劳的人"给读者的感觉是下面将围绕"勤劳"来写,但下一句转向了"她对我很关心",前后不连贯。二、三句间没有转折关系,不应要"但是"。"一丝不苟地进入学习"和妈妈承担家务活没有必然的联系,作者把两层意思糅合到一起了。应把"一丝不苟"改为"全身心地","进入"改为"投入"。最后一句中的"学习里面"应改为"学习成绩"。

从上面的例子可以看出,"文从字顺"包含两个方面:一是用词恰当、妥帖;二是句与句之间连接流畅,文气贯通,作者的思想感情能够很好地表达出来。

(四)小试牛刀

自主立意,自拟题目,写一篇借景抒情或托物言志的作文。不少于500字。

写作指导:可以借鉴课文的写法,想好从哪几个方面来描写景物的特点,要表达怎样的思想感情,力求做到景美情真。

四、读写共生习作实例

魅力雪松

樟树有粗壮的干,梧桐有金黄的叶,柳树有柔软的枝,但它们都不及雪松。尽管雪松没有粗壮的干,但它的干挺直;尽管雪松没有金黄的叶,但它的针叶四季常绿;尽管雪松没有柔软的枝,但它的枝笔直。

在我上学的路旁,有一棵高大而挺拔的雪松,它虽然只是一棵普普通通的雪松,但成了路旁一道亮丽的风景线。

春天来了,雪松又大了一岁,长高了,长粗了。繁花盛开,雪松在绿树丛中显得更加翠绿。不用说,松树肯定积聚了一年的养分,所以才使得自己如此生机勃发。你看,春风吹过,它舞动着庞大的身躯,承受着风的力量,却从不弯腰,像一位戍守边疆的士兵。它时不时向我们微笑点头。它是如此坚强,又是如此温柔!

夏天来临,雪松更加精神抖擞。它丝毫不惧怕太阳的毒辣,在阳光下努力生长。太阳照在雪松上,雪松泛着金色的光辉,碧绿的枝叶也披上了金光,一闪一闪的,像是镶嵌了许多宝石。六月的天,说变就变,刚才还是阳光明媚,现在就已经乌云密布。只听见雷声轰鸣,整个大地似乎都在颤抖。雨越下越大,打在地面,溅起一朵朵水花。而雪松仍然笔直地挺在路旁,不惧风吹雨打。太阳的炙烤,暴雨的洗淋,只会让松树更加挺拔,更加坚强!

秋姑娘悄然而至,树木开始落叶,花草开始枯萎,雪松还是一如既往不失本色。

在其他树木开始为迎接冬天做准备,脱去外套以积蓄养分之时,雪松却恰恰相反,不但没有落叶,反而绿得更加深邃了,仿佛要让秋风知道自己的不屈服。

冬天来到,百花凋谢,草儿枯萎,树木的叶子已落光。但雪松却是另一番模样。你看,他宛如一位哨兵,腰板挺直,不惧严寒,经霜傲雪!

鹅毛般的大雪在空中狂舞,不一会儿,房子、大地、雪松全白了,外面变成了粉妆玉砌的世界。坚韧的雪松毫无畏惧,枝条还是那样的富有弹性,藏着无限的生机和活力。"大雪压青松,青松挺且直。要知松高洁,待到雪化时。"这是对其真实的写照。

雪松极其普通,不被人重视。但我要赞美雪松,不仅因为它外表挺拔,而且因为它有着极强的生命力、不可摧毁的毅力和顽强不屈的精神。这不正是疫情期间,千千万万的中国人民所拥有的精神吗?

(作者:王梅霄)

教师点评

文章开篇将"樟树""梧桐""柳树"与"雪松"进行比较,突出"雪松"的笔直,奠定了全文对"雪松"赞扬的感情基调。中间按照时间顺序,从春天、夏天、秋天、冬天的角度展现了"雪松"的风貌。在描写中运用了多种修辞手法,语言生动形象。最后,由雪松联想到与之有着相同品格的疫情中"千千万万的中国人民"。由物想到人,立意深刻。

语言简明

一、读写单元主题综述

本单元阅读的主题是"探险与科幻",希望学生能从中触摸到探险者的精神世界,并激发出他们探索自然世界和科学领域的兴趣与想象力。本单元学习重点在于浏览式阅读。浏览时,迅速提取字里行间的主要信息,并且在阅读文章的基础上,有所思考和质疑。

写作主题是"语言简明"。一部分学生语言表达仍存在各种问题,语言不简明问题尤为突出。无论是书面表达还是口头表达,都不能总是具体叙述而不作必要的概括。只有把必要的叙述和概括结合起来,表达才能简明。同时,前文已提到的内容,可以用第三人称或"这,这些"等来指代,可起到很好的瘦身效果。还有不少学生完成作文后没有检查、修改的习惯。语言简明,可以说是学生说话、写作的基本要求,需要学习、训练。

课标中关于阅读的"学段目标与内容"中有这样的表述:"养成默读习惯,有一定速度。阅读一般的现代文,每分钟不少于500字。能较熟练地运用略读和浏览的方法,扩大阅读范围。"

课标中关于写作的"学段目标与内容"中有这样的表述:"写作时考虑不同的目的和对象。根据表达的需要,围绕表达中心,选择恰当的表达方式。合理安排内容的先后和详略,条理清楚地表达自己的意思。运用联想和想象,丰富表达的内容。正确使用常用的标点符号。"

据上分析,我们可以提炼出本次读写共生训练的目标:

1. 了解"语言简明"的内涵和基本要求。
2. 了解语言不简明的主要表现,把握使语言简明的方法技巧。
3. 在实际写作中做到语言简明,养成修改的良好习惯,提高写作能力。

二、读写共生美点撷取

1. 词语

凛冽　耀武扬威　姗姗来迟　忧心忡忡　语无伦次　炽热　稠密　千钧重负　蔚蓝　心有灵犀　天涯海角

2. 句子

①我全身用力,肌肉紧张,整个人收缩得像一块铁。

②如果不消除这种倒悬的错觉,就会觉得自己一直在倒着飞,很难受,严重时还可能诱发空间运动病,影响任务完成。

3. 想象

《带上她的眼睛》这篇小说想象奇特,构思巧妙,读来令人兴趣盎然。想象可以使文章具有奇幻、浪漫的色彩,从而增加阅读趣味。想象就像万花筒,每一次转动,经过重组和折射,如百花盛开,令人爱不释手。想象能使读者在神奇瑰丽的精神世界中释放情感、憧憬遐思。

三、读写共生活动设计

教学目标

1. 了解"语言简明"的内涵和基本要求。

2. 了解语言不简明的主要表现,把握使语言简明的方法技巧。

3. 在实际写作中做到语言简明,养成修改的良好习惯,提高写作能力。

教学方法

练习法 讨论法 展示法

教学课时

一课时

教学过程

(一)导入

开门见山摆出问题:语言表达不简明的现象很常见,今天作文主题就是"学会使语言简明"。

(二)技法点拨

1. 了解"语言简明"的内涵和基本要求

简洁(量的要求)+明了(质的要求)。

2. 技法点拨

(1)去次留主法——围绕中心,突出重点

要做到语言简明,每一句话都要围绕既定中心,不要节外生枝,偏离中心和话题的内容应删去。不过仅仅围绕中心是不够的,还应该突出重点。

(2)巧用指代法——善于概括,巧用指代

无论是书面表达还是口头表达,都不能总是具体叙述而不作必要的概括。只有把必要的叙述和概括结合起来,表达才能简明。当话语中提到过的人、事、物,再次提及时,可以用"这、那"等词语回指,上下照应,简洁明了;同时前文提到的复杂句意,可以从中提取最重要、最简洁的要素指代也会使文章语言简明。

(3)消除歧义法——避免含糊,消除歧义

在语言运用中,多义词、语序、标点等运用不当会产生歧义,影响语意表达。所以要注意遣词用句,避免语意含糊,从而消除歧义。

消除歧义可以采取如下方法:

①添加语境法。如"班长说服了我和王佳一起去爬山",后边加"他自己却游泳去了",歧义即刻消除。

②变换词语法。如"同桌好说话",只要把句中的"好"改成"喜欢",就消除了歧义。

③加注标点法。如"中国女排打败了塞尔维亚队获得冠军",加上标点,变为"中国女排打败了塞尔维亚队,获得冠军",意思就明确了。

④调整语序法。如"李明是一位博闻强识的李教授的得意门生",调整为"李明是李教授的一位博闻强识的得意门生",歧义就消除了。

(4)删繁就简法——防止重复,删除多余

要注意辨析语段中的词语是否存在词义包容、交叉或重复的情况,若有,要考虑删除,还要尽量删除语段中可有可无的文字,以确保表达的简明。例如:战胜了挫折,出现在我们面前的将是无限<u>光辉灿烂</u>的<u>无比光明</u>的<u>美好前景</u>。句中画线的词语意思相近,放在一起,给人重复、堆砌的感觉。

(三)分享与体会

具体要求:在本学期使用的七年级下册教材中,选取一篇你喜欢的课文,分享(有感情朗读出来)其中用语简洁的句子或片段让大家体会;各小组以接龙模式轮流派代表分享。

1.示例一:"我常坐老王的三轮。他蹬,我坐,一路上我们说着闲话。"

——杨绛《老王》

2.示例二:"他'说'了。说得真痛快,动人心,鼓壮志,气冲斗牛,声震天地!"

——臧克家《说和做——记闻一多先生言行片段》

(四)课堂练兵

1.文段修改

下面这段话不够简明,请加以修改。

篮球比赛结束后,比赛完的队友们一个个都坐上大巴走了。大巴是学校的车,学校有好几辆大巴和小轿车。我没有上车,而是一个人默默地走回家。我在回家的途中,紧锁着眉头,无奈地叹息,我心里很难受,不禁为比赛的失利感到难过。那个余晖满天的黄昏,我一个人站在家门口,独自伫立在暮色之中。

提示:

(1)抓住叙事的主题,去掉偏离中心的语句。

(2)删掉语义重复的词语,使表达更加简明。

2.实践运用

用简明的语言概括《带上她的眼睛》或《河中石兽》的主要内容,不超过150字。写完后小组内交流、修改,推荐出最优者,让全班同学分享。

提示:

(1)概括主要内容,要做到立足全文,把握中心和要点,删除偏离中心的部分。

(2)概括的主要内容既要简明,也要连贯畅通,避免过度追求简明而造成意思不明确。

(五)写作实践

发挥想象,对某一历史人物或某一历史事件进行想象,写一篇作文,不少于500字。

四、读写共生习作实例

越千年,访圣贤

周末晚上夜深人静,昏黄的灯光照在历史书上,我的大脑似乎停止了思考,眼皮越来越重,"啪嚓"一声,手中的笔滑落在桌上……

睡梦中隐隐约约有人兴奋地推搡着我。"快醒醒!来看看这个好东西!你看,我在这个磨的中轴上安了两个不同类型的齿轮。这个是竖齿轮,要衔接在石杵杆上。这个是卧齿轮,是衔接在石磨上的。水从这儿流下,下冲的力量推动挡板做圆周运动,然后驱动竖齿轮转动,竖齿轮带动卧齿轮给下方的磨盘提供动力。这样就能把谷物磨成粉了,既省时又省力,真是一举两得呀!"我看着眼前这个精巧的器物,心里一惊:"啊!这不是水碓磨吗?"那我面前这个滔滔不绝的人就是推算出圆周率、制造过指南车、千里船和定时器的数学家、仪器制造专家?我差点儿叫出他的名字——祖冲之!

"难道我掉进历史书里来了?"正在疑惑,我又见一个十七八岁的少年,身披金甲,头戴银盔,手提一杆闪亮的银枪。只见他骑着汗血宝马,身先士卒,冲入敌阵,与敌将战在一处,一杆大枪舞动如飞。少时,他瞅准机会果断出手,将匈奴战将挑于马下。我的内心激动不已,眼前这个少年——英雄霍去病,立志驰骋疆场,报效国家。他横枪立马,率领铁骑,冲锋陷阵,占领河西走廊,奔袭祁连山,过焉支山与匈奴战,立下赫赫战功,在中国辉煌历史中留下了浓墨重彩的一笔。

突然风中传来叹息的声音:"此生谁料,心在天山,身老沧州。""身老沧州,陆游?"我急忙转过身来:一个身材瘦削、头戴斗笠、脚踏草鞋、手拄竹杖的老人,蹒跚地走在年久失修的驿道上。陆游虽出身名门、年少聪慧,但一直仕途不顺。他因坚持抗金而遭到主和派的打压,郁郁不已。但正如陆游在诗中所言,"位卑未敢忘忧国"。不管在哪里,也不管身居何位,他始终没有忘记北伐中原、恢复故国的梦想。看着他微驼的脊背,我的眼眶湿润了……

"滴滴,滴滴……"计时器发出的响声惊醒了梦中的我。梦中,我遇见了为民解忧的祖冲之,少年英雄霍去病,壮志难酬的陆放翁。祖冲之的勤勉为人赞许,霍去病的勇猛令人崇拜,陆游报国无门的境遇让人唏嘘感慨。这些有志之士不仅在当时为世人所敬仰崇拜,也在数千年后的今天闪烁着耀眼的光芒。

"男儿当自强!"我默默地在心里下定了决心。

(作者:刘天宇)

教师点评

文章语言简洁,构思新颖,主题突出。文章主体由三个人物构成:为民解忧的祖冲之,少年英雄霍去病,壮志难酬的陆放翁。三个人物虽不在同一时期,却有一条主线将他们串起来。文章结尾两段恰当的抒情议论,起到画龙点睛的作用。

八年级段

1. 对作品的思想感情倾向和作品中感人的情境,能做出自己的评价、说出自己的体验。
2. 多角度地观察生活,捕捉事物的特征,感悟情感的独特,学会把知识体验外化为情感表达,力求有创意地写作。
3. 熟练掌握记叙文写作技巧,进一步优化记叙文写作能力,学会写简单的说明文、议论文。

新闻写作

一、读写单元主题综述

本单元的阅读探究主题是"新闻"。教师要关注新闻阅读教学的独特之处,厘清新闻阅读教学的重点:分清新闻事实与新闻背景,理解新闻事实的呈现方式,辨析客观叙述与主观评价,感受新闻语言的特点。单元提示对本单元的阅读要求有如下表述:"阅读消息、新闻特写、通讯、新闻评论等不同体裁的新闻作品,了解新闻内容,把握各自特点,学习阅读新闻的方法;养成阅读新闻的习惯,关注社会生活和新闻本身的发展。"

写作主题是"新闻写作",分三类任务:一是必做任务,写一则消息;二是自选任务,撰写新闻特写、通讯等,任选一项完成;三是拓展任务,将本组或本班的新闻作品加以整理,编辑制作成报纸或新闻网页。

课标中关于阅读的"学段目标与内容"中有这样的表述:"对课文的内容和表达有自己的心得,能提出自己的看法和疑问,并能运用合作的方式,共同探讨疑难问题。"

课标中关于写作的"学段目标与内容"中有这样的表述:"写作时考虑不同的目的和对象。""写记叙性文章,表达意图明确,内容具体充实。"

据上分析,我们可以提炼出本次读写共生训练的目标:

1.能清晰地感知新闻的语言特点,能结合新闻语言特点叙述新闻事实。(重点)

2.能感受优秀新闻作品体现的价值观、世界观,能在新闻写作中渗透观点立场和思想情感。(难点)

二、读写共生美点撷取

(一)内容

1.词语和句子

(1)词语

溃退 泄气 督战 业已 突破 横渡 要塞 封锁 摧枯拉朽 英勇善战 锐不可当

(2)句子

①长江风平浪静,我军万船齐放,直取对岸,不到二十四小时,三十万人民解放军即已突破敌阵,占领南岸广大地区,现正向繁昌、铜陵、青阳、荻港、鲁港诸城进击中。

②和中路军所遇敌情一样,我西路军当面之敌亦纷纷溃退,毫无斗志,我军所遇之抵抗,甚为微弱。

2. 主题和题材

本单元内容由两部分组成:一部分是学生自主学习所需要的基本材料,包括课文、注释、旁批、补白和技巧点拨;另一部分是学生自主学习所要完成的任务,以及各项学习活动的要求,包括"活动任务单"和任务说明。可以安排学生组成学习小组,依托基本材料,在教师的指导下自主展开学习活动,完成学习任务。

本单元共选入五篇新闻作品,综合考虑新闻体裁和国别,编为四课。它们都是典型的新闻作品,都秉持"用事实说话"的原则,不仅能够体现消息、新闻特写和通讯在结构、写法、语言等方面的不同特点,而且自身具有较高的写作水平和鲜明的风格特征。《我三十万大军胜利南渡长江》《人民解放军百万大军横渡长江》结构清晰,事实准确,言简义丰,同时又恰当地体现出作者的态度。《首届诺贝尔奖颁发》结构堪称"倒金字塔结构"的样本,平实而严谨。《"飞天"凌空——跳水姑娘吕伟夺魁记》是新闻特写中的佳作,它将跳水运动员起跳到入水的瞬间划分为三个画面,语言生动,笔触细腻。《一着惊海天——目击我国航母舰载战斗机首架次成功着舰》报道我国航母舰载战斗机的首次成功着舰,叙述详尽,描写生动,既有全球视野,又有历史维度,充分显示了通讯的特长。

除此之外,这些新闻作品的内容涵盖了军事、经济、文化、体育等多个领域,体现出新闻反映广泛的社会生活之特点。从这些新闻作品的内容来看,既有百年之前的历史事实,也有近些年发生的鲜活事实,展现了新闻既报道当下也记录历史的双重价值。从整体写法的角度来看,教材所选的新闻作品所采用的多为经典写法,这样有助于学生把握不同新闻体裁的一般特点。

除了课文,旁批、补白和技巧点拨也是学生自主学习的重要材料,学生可以利用它们自学课文,学习常见新闻体裁的结构特点和写法等知识。

(二)形式

1. 要素完整,结构清晰

新闻的要素是否完整关系到其传播的消息是否翔实,其结构是否清晰又关涉到其是否具有可读性,是否能为读者提供明晰的阅读架构。因此,新闻写作指导中,要重视让学生交代清楚必备要素,梳理清楚叙述的结构。

(1)《我三十万大军胜利南渡长江》

人物：敌我双方。

时间：一九四九年四月二十日午夜至二十一日。

地点：芜湖、安庆之间。

事件的起因：解放军渡江解放全中国。

事件的经过与结果：三十万大军胜利渡过长江。

(2)《人民解放军百万大军横渡长江》

人物：敌我双方。

时间：一九四九年四月二十日夜起至四月二十二日二十二时。

地点：西起九江(不含)东至江阴的一千余华里的长江战线。

事件的起因：国民党反动派拒绝签订和平协定，人民解放军为解放全中国而发起渡江战役。

事件的经过与结果：中路军首先突破安庆、芜湖线，三十万人全部渡过，占领长江南岸。西路军三十五万人渡过三分之二，已占领广大南岸阵地。东路军三十五万人已渡过大部，经过整天激战，已歼灭及击溃一切抵抗之敌，占领扬中、镇江、江阴诸县的广大地区，并控制江阴要塞，封锁长江，切断镇江、无锡段铁路线。

2.语言准确严密

《我三十万大军胜利南渡长江》一文语言准确严密。消息报道对语言的要求很高，特别是对重大事件的报道，语言必须准确严密。这则消息在这方面是个典范，如"大约"等程度副词的使用增加了语言的严密性和准确性。

《人民解放军百万大军横渡长江》一文语言也准确严密。如在报道我军所遇敌情时，中路军和西路军所遇之抵抗，用"甚为微弱"四个字来概括；而东路军所遇敌军"抵抗较为顽强"。在报道我军战果时，用词也很有分寸，西路军占领的是"广大南岸阵地"，并"正向南扩展中"；东路军占领的则是几个县的"广大地区"，同时着重报道了"控制江阴"和"切断镇江、无锡段铁路线"。用"控制"这个动词，十分准确地表明江阴不仅被占领，而且已被我军掌控，正因为如此，长江才能被"封锁"。

三、读写共生活动设计

教学目标

1.能清晰地感知新闻的语言特点，能结合新闻语言特点叙述新闻事实。(重点)

2.能感受优秀新闻作品体现的价值观、世界观，能在新闻写作中渗透思想情感和立场观点。(难点)

教学方法

练习法　讨论法

教学课时

一课时

教学过程

(一)导入

新闻是我们了解世界的窗口,每时每刻都有各种各样的新闻通过报纸、广播、电视、网络等渠道来到我们身边。通过新闻阅读、新闻采访两个环节,相信大家已经了解了新闻的基本特点、结构和要素,也准备好了新闻素材,今天我们就一起来试着写写新闻。

(二)新闻特点我了解

1. 回顾知识点

师:我们先来说说最常见、最经常采用的新闻体裁——消息。

师生结合"新闻阅读"回顾知识点。

预设:

(1)《我三十万大军胜利南渡长江》

标题:我三十万大军胜利南渡长江

导语:英勇的人民解放军二十一日已有大约三十万人渡过长江。

主体:渡江战斗于二十日午夜开始,地点在芜湖、安庆之间。国民党反动派经营了三个半月的长江防线,遇着人民解放军好似摧枯拉朽,军无斗志,纷纷溃退。长江风平浪静,我军万船齐放,直取对岸,不到二十四小时,三十万人民解放军即已突破敌阵,占领南岸广大地区,现正向繁昌、铜陵、青阳、荻港、鲁港诸城进击中。

结语:人民解放军正以自己的英雄式的战斗,坚决地执行毛主席朱总司令的命令。

(2)《首届诺贝尔奖颁发》

标题:首届诺贝尔奖颁发

导语:课文第一段话。其交代了颁奖的时间、颁发者和颁奖机构以及诺贝尔奖设立的奖项。

主体:详写首届诺贝尔奖获得者的情况,略写颁奖机构、时间和地点,还略写资金来源和两权分离。因为首届诺贝尔奖获得者的国籍、姓名、所获奖项和主要成就这些情况是整篇新闻的重点,所以要一一列举,进行详写;而其他方面,如颁奖机构、时间、地点和资金来源不是新闻的重点,只需交代清楚无须详写。这样安排详略能更好地突出中心。

师生总结,回顾消息的标题、导语、主体、背景、结语及消息的倒金字塔结构。

2.练习巩固,学以致用

师:让我们试着按要求回答问题。

(1)请根据下面新闻内容,拟一个恰当的标题。(不超过15个字)

《重庆商报》讯　在山水环抱的重庆,每个人都摆脱不了江河印记。5月20日,"寻美重庆江河"摄影大赛在武隆正式启动。作为采访首站的武隆迎来了国内近百名知名摄影爱好者。据悉,该系列活动还将走访重庆各个区县,用镜头寻美重庆江河。只要是以重庆江河为拍摄对象,具备自然美、人文美的作品,都可以参赛。即日起至8月31日,摄影爱好者可以发送有关重庆江河的摄影、摄像作品到组委会,评选结果将于今年9月15日在媒体上公布。主办方强调,此次活动意在唤起人们对江河的记忆和感情,激发人们保护生态的热情。

师生分析:新闻标题往往为陈述式短语,末尾不用标点,中间不停顿。拟写标题时应抓住导语和关键词,注意语言的简洁精练,既要把主要内容揭示出来,还要让读者一目了然,同时尽可能使语言生动形象。此题应抓住"寻美重庆江河""摄影大赛""启动"三个关键信息,然后将这些信息进行整合、归纳、概括。

示例:"寻美重庆江河"摄影大赛启动

(2)请根据下面一则新闻材料,拟写新闻的导语。(不超过50字)

无人巴士助力未来交通

"欢迎乘坐'未来号'!"南京市江心洲的环岛路上,一辆"萌萌哒"绿色小车缓缓开到记者面前停下,门自动打开,里面空无一人。上车后,沿着道路蜿蜒前行,车辆遇见拐角自动减速,遇行人会自动绕行通过。"'未来号'支持复杂环境感知、智能决策、协同控制,可以按照调度中心发出的指令,在指定道路上进行自主巡航。如果途中遇到障碍物或行人,可实现自动避障。最多可乘坐7人,最高速度可达40公里/小时。"江苏智行未来汽车研究院院长华国栋说,"'未来号'车身装备的激光雷达、毫米波雷达、摄像头、高精度卫星与惯导组合导航等,可以感知四周环境,给无人驾驶车运行提供周边交通环境感知数据和状态信息。"

华国栋表示,"未来号"融合人工智能、环境感知与执行控制技术,高精度定位导航和三维数字地图技术,V2X网络通信和车路协同技术,从而实现无人驾驶车辆"安全、高效、舒适、节能"的运行目标。"未来号"计划用于旅游景区观光无人车、园区接送等方面,从而解决地铁站与目的地最后一公里的问题。

师生分析：题目已经提示了新闻的主要内容，可以据此来拟写导语。

示例：能主动避让行人、到站自动停靠……近日，记者在南京实地了解智能网联汽车时发现，无人巴士开始助力城市出行，应用前景广阔。

(3)请将下面这则消息的结语补充完整。

近日，教育部、公安部和国家安全监督管理总局组成检查组，对河北、河南、辽宁、重庆中小学安全和管理工作情况进行了联合检查，发现中小学校安全工作状况有了很大好转，但仍存在一些问题。如校舍建设质量标准偏低，体育运动场地普遍紧张，学生食堂、宿舍等设施条件较差，有的学校教学楼或学生宿舍疏散通道不畅，存在安全隐患。检查组强调，_____
_____

师生分析：校园安全存隐患是这则新闻的主要内容，问题出现了就不能视而不见。

示例：各级政府要切实重视中小学校安全问题，采取有效措施加大投入，确保校园安全。

3.新闻之眼——标题

师：标题是新闻的眼睛，标题拟得新颖醒目、准确恰当，能迅速抓住读者的眼球，激发读者的阅读兴趣。那么怎样拟一个好标题呢？

示例：

(1)单一型标题

例1：日本议员空中"视察"钓鱼岛

例2：煤：山西积压 上海短缺

例3："鲇鱼"今登录粤东广州塔或闭塔避风

师：无论是单行还是双行，都是实标题。

(2)复合型标题

例1：工会热心肠 人走茶不凉（主题　虚标题）

锦屏化工厂安排好退休工人的晚年生活（副题　实标题）

例2：我国航天技术又一新成就（引题　虚标题）

试验通信卫星发射成功（主题　实标题）

例3：政协委员批滥用"丝"（主题　实标题）

称并非所有的网络语言都适合在媒体发表（副题　实标题）

例4：知否？知否？应是贱"肥"贵"瘦"（引题　虚标题）

爱吃瘦肉者，请您多付钱（主题　实标题）

本省十几个县市调整猪肉各品种之间的差价（副题　实标题）

师:复合型标题中,至少有一个实标题。

总结:标题按结构可分为单一型和复合型两类。但不管是哪一类,都必须突出新闻中心,必须简洁、准确。

(三)新闻读者我抓准

师:人们常说"新闻每天发生,视角各有不同",这是什么意思呢?

例如,2006年5月20日,三峡大坝坝体封顶,在此之前,新华社和美国《华盛顿邮报》都对此做了展望性报道,下面是这两则消息的导语部分:

全面建成三峡大坝已进入倒计时,大坝混凝土浇筑至185米高程还需最后5天。目前,最后一仓混凝土浇筑的备仓任务基本完成,预计验收后于18日上午开始浇筑,浇筑将历时30至35个小时,至20日完成。(新华社)

经过13年努力,迁移了100多万村民,横跨长江的三峡大坝即将竣工。三峡工程是中国自修建长城以来进行的最宏伟的工程。中国官员说,到2008年工程全部完工后,蓄水能力将超过苏必利尔湖,26个发电机组每年能发电约850亿度。与之相比较,位于美国内华达州和亚利桑那州边界的胡佛大坝每年只能发电40亿度。(《华盛顿邮报》)

师生分析:新华社的这则消息主要面向国内受众,他们对三峡工程普遍比较关注,因此消息导语集中报道施工情况,以满足人们了解这一宏大工程进展情况的要求。《华盛顿邮报》向美国读者报道地球另一端的重要事件,比较全面地介绍了三峡工程的大致情况、历史地位。同时,引出美国的湖泊、大坝,既突出了三峡工程惊人的规模,也使本国的读者有亲切感。

师总结:新闻写作时,一定要有读者意识,新闻内容要合乎读者的需求。

(四)新闻写作我试试

活动:口说新闻。

以本单元任务二"新闻采访"内容为素材,参照消息写作评价标准说说你们组的新闻,比比哪组说得好。

(五)写作任务我选择

师:除了消息外,我们还可以尝试其他新闻体裁的写作。

新闻特写	具体描述新闻事件中的某一场景,生动形象地展现新闻现场
人物通讯	围绕新闻事件中的人物,报道其言行、事迹,展现人物的精神
事件通讯	相对完整地记述新闻事件,展示其发展过程与社会意义

背景资料	调查并呈现新闻事件的社会历史背景、深层原因等
新闻花絮	记录主体事件之外的一些有价值或有趣的零碎新闻

示例：

1. 新闻特写：《"飞天"凌空——跳水姑娘吕伟夺魁记》
2. 事件通讯：《一着惊海天——目击我国航母舰载战斗机首架次成功着舰》
3. 新闻花絮：各种有趣的零碎新闻。人们很喜欢看花絮，因为花絮更真实更有趣。花絮是描写性消息中的简讯，单细胞的新闻特写。它从侧面入手，从重大事件中选取一些小的场景、情节、趣闻进行描述。但要注意新闻花絮是正新闻的副产品，离开了正新闻，花絮报道价值锐减甚至不存。

写作：在小组内分配写作任务，将本单元任务二的新闻素材以不同的新闻体裁报道出来。

结语：家事国事天下事，事事都需要我们关心。关注我们生活的这个世界每天都有怎样的事情发生，才不会与社会脱节，才能紧跟时代的步伐，不负我们的青春。

四、读写共生习作实例

调查显示我校师生课外阅读量逐年提升

学校新闻社10月28日电 我校教务处10月28日公布的"2020年全校师生课外阅读调查"结果显示，与前两年相比，我校师生课外阅读量逐步提升。阅读调查的数据显示，我校师生2020年人均课外阅读图书量为9本，比2019年人均增长1.15本，比2018年人均增长1.8本。调查结果还显示，随着年级的增高，师生的课业负担也同步增加，但在日益紧张的学习生活中，师生的阅读热情不减，各年级人均课外阅读量均高于上一年。课外阅读量呈逐年上升趋势。阅读介质调查数据显示，在师生阅读的课外书籍当中，电子书约占三分之一。阅读的图书种类统计显示，各年级课外阅读比例最高的是文学类书籍。

（作者：张博文）

教师点评

这则消息交代了时间（10月28日）、事件（教务处公布了"2020年全校师生课外阅读调查"结果）、人物（全校师生）、结果（课外阅读量逐年稳步提升），新闻要素齐全。标题简明、醒目，概括了主要事件。导语部分简明扼要地介绍了这则消息的核心要点。正文部分采用的是倒金字塔式结构,把重要的信息放在了前面。文章语言朴实、准确,通俗易懂。

祝你生日快乐
—— 小寿星周宇 13 岁生日掠影

2020年3月28日,初一年级27班的周宇迎来了他的第13个生日,今天他将在27班和大家一起度过这个特殊的日子。

早上,班长魏艺宣带来了自己做的生日蛋糕,蛋糕上"生日快乐"四个巧克力大字格外醒目。大家七手八脚地给周宇戴上生日帽,点燃生日蜡烛,催促他快快许愿。周宇双手合十放在胸前,闭上眼睛,口中念念有词,周围同学忍不住发出善意的笑声。当他许愿后,大家立刻围上前,唱起了《生日歌》,和他一起分享生日蛋糕。周宇的脸上始终洋溢着羞涩幸福的微笑,这发自内心的笑容感染了在场的每一个人。"哈哈哈",欢快的笑声回荡在教室,大家真诚地祝福周宇生日快乐!天天快乐!相信周宇将永远记住这一天,这份同学情将永驻每个人心间。

(作者:陈佳)

教师点评

这则通讯报道了小寿星周宇在学校过生日这件事,较细致地描写了生日当天的情景,周宇的动作、同学们的反应如在眼前,最后还简单评述了这一事件的意义。文章虽然短小,但结构完整,内容翔实。

学写传记

一、读写单元主题综述

本单元的四篇课文均是名家名作。从阅读主题看,它们都与"生活的记忆""重要的他人"有关:或追叙自己人生道路上的难忘经历,或展现敬仰之人的品格和精神。这些作品,情感淳厚,内涵深刻,艺术表达各有特色。单元提示里有这样的表述:"要了解回忆性散文、传记的特点,比如内容真实、事件典型、注重细节描写等。还可以从中学习刻画人物的方法,品味风格多样的语言,提高文学鉴赏能力。"

写作主题是"学写传记",本单元写作指导部分的内容,便对传记写作的基本要求做了提示。教师在进行阅读教学时,要引导学生梳理传记的基本特点:讲求真实;记录典型的事例;适当发挥想象,用一些传神的细节填补事实的空隙,以增强文章的感染力。这些正是学写传记的基本要求。学生从阅读中获得真切体会,教师再在选材、组织、表现手法等方面加以恰当的点拨、提示,这些要求也就不难把握了。

这一次写作训练提出了三个要求:①真实性;②选择典型事例;③注意语言生动。强调真实性,即要做到人真、事真、言真、情真,以真取信,以真感人;强调典型性,即是要引导学生学会取舍,选择最能表现人物精神品质的典型事例来写;强调生动性,是为了使作品更具可读性和感染力。

课标中关于阅读的"学段目标与内容"中有这样的表述:"对课文的内容和表达有自己的心得,能提出自己的看法和疑问,并能运用合作的方式,共同探讨疑难问题。在阅读中了解叙述、描写、说明、议论、抒情等表达方式。"

课标中关于写作的"学段目标与内容"中有这样的表述:"根据表达的需要,围绕表达中心,选择恰当的表达方式。合理安排内容的先后和详略,条理清楚地表达自己的意思。运用联想和想象,丰富表达的内容。"

据上分析,我们可以提炼出本次读写共生训练的目标:

1.指导学生学会选择典型事例来表现人物的个性特点,通过记言述行,展现人物风貌。(重点)

2.引导学生在真实的基础上合理发挥想象,适当描写,增强传记的生动性。(难点)

二、读写共生美点撷取

(一)内容

1. 词语和句子

(1)词语

烂漫 绯红 标致 不逊 诘责 杳无消息 深恶痛疾 器宇 禁锢 正襟危坐 炽热 窒息 景况

(2)句子

①每当夜间疲倦,正想偷懒时,仰面在灯光中瞥见他黑瘦的面貌,似乎正要说出抑扬顿挫的话来,便使我忽又良心发现,而且增加勇气了,于是点上一枝烟,再继续写些为"正人君子"之流所深恶痛疾的文字。

②直到生命的最后十年,他脸上笼罩的厚厚一层阴云才消除了;直到人生的晚秋,俊秀之光才使这块冰凉之地解冻。

2. 主题和题材

无论是选择为别人作传,还是写作自传,首先要面临的问题是:如何选择更能表现传主精神特质的典型事例,以便更生动形象地活画传主。所以首先要引导学生仔细观察人物的言行,对其生活经历、性格特点、精神风貌等进行充分深入的了解,掌握人物的方方面面的材料,做到知人知面更知心。其次,要引导学生分析人物、提炼主题,要让学生对所掌握的材料或素材内容进行提炼归纳,明确人物最鲜明的精神特质,并将其确定为文章的主题。最后,确定主题后,要进行必要的取舍、筛选,选择最能表现人物这一精神特质的典型事例作为传记的中心事例来详细叙写。

比如《美丽的颜色》,文章在概括人物全貌的同时,选择了重大的、有代表性的、最能表现人物特征的事件详细叙写,选材典型。居里夫人一生获奖无数,但是本文着重从镭的发现入手,深入刻画了一位坚忍执着、甘于付出的科学家形象。典型事件往往是表现人物的关键所在,其不仅可以展示人物一生中的主要事迹,而且可以展示人物的性格品质,更加具体地突出人物的形象特点。

比如《回忆我的母亲》,文章确定了母亲精神特质中的三个亮点:勤劳善良的持家能手、坚强不屈的劳动妇女、顾全大局的革命母亲。故而选择材料也有了方向:重点写母亲的勤劳、整日忙碌、聪明能干,那些地主富人家看也不看的粗陋饭食,"母亲却能做得使一家人吃起来有滋味";重点写母亲亲手纺线,请人织成"有铜钱那样厚"的"家织布"来缝新衣服,充分表现母亲是勤俭持家的能手;重点写母亲面对天灾人祸,"母亲没有灰心,她对穷苦农民的同情和对为富不仁者的反感却更强烈了","母亲沉痛的三言两语的诉说"启发了作者去寻找新的生活,突出表现母亲刚毅、倔强、爱憎分明的品格;重点写母亲节衣缩食供作者读书,后来,作者瞒着母亲远走云南,参加新军和同盟会,母亲识大体、顾大局,对这一举动不但不反对,反而给了作者许多慰勉;再往后,随着中国革命继续向前发展,作者接受了马克思主义思想并加入了中国共产党,母亲更加积极地支持他,这些都很好地表现了母亲是一位顾全大局的革命母亲。

(二)形式

1. 顺序与线索

人物传记主要是通过对人物的活动经历进行适当剪裁,来集中表现人物的精神特质的,因此,需要有明晰的叙述顺序,又要紧扣一定的线索。

比如《藤野先生》一文,以作者与藤野先生的交往经历(交往的缘起、交往的经过与别后的怀念)为叙述的顺序和线索,围绕藤野先生的崇高品质这一中心组织材料。开头写东京印象,这是作者去往仙台遇见藤野先生的缘起;然后用设问句自然过渡;接着写初到仙台受到优待(正面衬托藤野先生)以及与藤野先生的相识、相处、离别;最后写离开仙台后对藤野先生的怀念。除回忆藤野先生这条明线外,本文还有一条暗线,就是作者的爱国主义情感。文中很多内容,如东京"清国留学生"赏樱花、学跳舞,赴仙台途中对日暮里和水户的深刻印象,仙台医专日本"爱国青年"寻衅和看电影事件,作者弃医从文等,都是围绕这条暗线展开的。因此,文章篇幅虽长,却脉络分明;材料虽多,却井然有序。

再如《回忆我的母亲》,文章以母亲"勤劳的品质"为明线,选取了一系列有关母亲的事例来表现母亲优秀的品质。在这条明线之外还有另一条线索,那就是"我"的成长经历:"我"幼年时受到母亲的熏陶而养成了一些好习惯,少年时受母亲的激发而发奋求学,青年时获母亲支持参加革命。

2. 详略

成功的人物传记在选材后能处理好材料的详略,比如《美丽的颜色》,文章对居里夫妇的科研、生活情况进行了生动的叙述,过程清晰,同时对他们从事研究的条件也介绍得具体形象,令读者感受真切。素材详略安排得当,如对居里夫人的工作时间之长、工作量之大进行了略写,但对她承担的"男子的职务"及发现镭的过程与喜悦却写得十分详细,这有助于刻画人物、表现中心,从而让文章整体看起来更加条理清晰,容易让人抓住重点。

3. 佳句摘录

(1)中国是弱国,所以中国人当然是低能儿,分数在六十分以上,便不是自己的能力了;也无怪他们疑惑。

(2)小而言之,是为中国,就是希望中国有新的医学;大而言之,是为学术,就是希望新的医学传到中国去。

(3)母亲是一个平凡的人,她只是中国千百万劳动人民中的一员,但是,正是这千百万人创造了和创造着中国的历史。

(4)这是我能做到的,一定能做到的。

(5)直到生命的最后十年,他脸上笼罩的厚厚一层阴云才消除了;直到人生的晚秋,俊秀之光才使这块悲凉之地解冻。

(6)托尔斯泰这对眼睛里有一百只眼珠。

(7)玛丽身体前倾,热切地望着,她此时的姿势,就像一小时前在她睡着了的孩子床头看着孩子一样。她的伴侣用手轻轻地抚摸她的头发。她永远记得看荧光的这一晚,永远记得这种神妙世界的奇观。

三、读写共生活动设计

教学目标

1.指导学生学会选择典型事例来表现人物的个性特点,通过记言述行,展现人物风貌。(重点)

2.引导学生学习在真实的基础上合理发挥想象,适当描写,增强传记的生动性。(难点)

教学方法

赏析法　讨论法　练习法

教学课时

一课时

教学过程

(一)导入

同学们,我们都知道苏东坡是一个秉性难改的乐天派,是悲天悯人的道德家,是散文作家,是新派的画家,是伟大的书法家,是酿酒的实验者。我们和苏轼生活在不同时代,该怎样了解他呢?方法之一就是阅读有关他的传记,比如林语堂先生的《苏东坡传》。今天我们来学习怎么写传记,需要说明的是,这里我们学习的是写简单的人物传记,就是人物小传。

(二)初步感知,了解传记

传记是一种常见的文学形式,主要记述人物的生平事迹,根据各种书面或口述的回忆、调查等相关材料,加以选择性的编排、描写与说明。可以为别人作传,也可以自述生平,称为"自传"。

传记大体分两大类:一类是以记述翔实史事为主的史传或一般纪传文字,如《鲁迅自传》;另一类是文学类传记,如茨威格的《列夫·托尔斯泰》,这类传记抒情性强,文学味浓,尤其是用细节来展示人物的美好品质,体现了巨大的精神震撼与独特的审美感受。文学类传记的作者在记述传主事迹的过程中,有时会渗透自己的某些情感、想象或者推断,但和小说不同,传记一般不虚构,纪实性是传记的基本要求。

(三)写法点拨,探究传记

传记作品要求"真、信、活"。怎样才能写好人物小传呢?

1. 了解体裁特点

一篇人物传记大体包括三方面内容:一是简介人物,包括生卒年、籍贯、身世等;二是叙述人物的主要活动,这是传记的主体;三是简要评述人物的地位或影响。

例如老舍在《著者略历》这篇小传中这样写道:

舒舍予,字老舍,现年四十岁,面黄无须。生于北平,三岁失怙,可谓无父。志学之年,帝王不存,可谓无君。无父无君,特别孝爱老母,布尔乔亚之仁未能一扫空也。幼读三百篇,不求甚解。继学师范,遂奠教书匠之基。及壮,糊口四方,教书为业,甚难发财;每购奖券,以得末彩为荣,亦甘于寒贱也。二十七岁,发愤著书,科学哲学无所懂,故写小说,博大家一笑,没什么了不得。三十四岁结婚,今已有一女一男,均狡猾可喜。闲时喜养花,不得其法,每每有叶无花,亦不忍弃。书无所不读,全无所获,并不着急。教书做事,均甚认真,往往吃亏,亦不后悔。如是而已,再活四十年也许能有点出息!

师生探究归纳:作者不仅介绍了自己的外貌、籍贯、职业、家庭组成等基本情况,而且结合个人主要经历,集中写了自己的特长爱好、性格特点、行事风格等,语言幽默生动,很有表现力。文章很短,内容却全面、充实而又重点突出。

2. 遵守写作原则

(1)真实性。凡是文中涉及的时间、地点、人物、事件等都必须是准确的,有时还要引用一些可靠的资料,保证叙述的真实可信。

如课文《美丽的颜色》多处选自居里夫人的次女艾芙·居里所写的《居里夫人传》。第一处是写居里夫人如何看待当时"极端困难"的工作条件,从中可以看出,居里夫人并未把这种"极端困难"的工作条件当回事,她自己评价为"英勇时期""我们生活中最美好而且最快乐的几年",反映出居里夫人对科学的热爱。第二处引用的是居里夫人对自己具体工作的记录。科研工作对居里夫人而言,不仅是脑力劳动,更是体力劳动,作为女性,承担如此繁重的体力劳动,却无怨无悔,凸显了居里夫人的伟大。第三处引用写出了居里夫妇在科研路上虽然孤独、困难,但二人相互鼓励,为了共同的目标而奋斗,并且和很少的志同道合的科学家交流,体会的是平静专注的快乐。补充历史细节是为了多角度展现传主形象。

(2)**典型性**。小传比较简略,因此要集中写一个人的主要经历,将笔墨着重放在一些典型的、特别能体现人物个性特点的事件上。在记述事件时,要具体表现人物的典型语言和关键行动,让人物"自行"展现他们的思想感情、性格特点等。

如陶渊明的自传《五柳先生传》:先生不知何许人也,亦不详其姓字,宅边有五柳树,因以为号焉。闲静少言,不慕荣利。好读书,不求甚解;每有会意,便欣然忘食。性嗜酒,家贫不能常得。亲旧知其如此,或置酒而招之;造饮辄尽,期在必醉。既醉而退,曾不吝情去留。环堵萧然,不蔽风日;短褐穿结,箪瓢屡空,晏如也。常著文章自娱,颇示己志。忘怀得失,以此自终。赞曰:黔娄之妻有言:"不戚戚于贫贱,不汲汲于富贵。"其言兹若人之俦乎?衔觞赋诗,以乐其志,无怀氏之民欤?葛天氏之民欤?

陶渊明抓住自己的主要特点,如好读书、嗜酒、不慕名利等,仅仅用了173字,就将自己的生平志趣展露无遗。文字精练又生动。

(3)**生动性**。人物小传虽不能偏向华丽的辞藻、烦琐的描写、细致的形容、曲折的情节,但它又不同于"生平简介""履历表",语言可以生动形象,用词可以精当贴切;句子要流畅,层次要分明,布局要合理;还可以发挥想象,生动传神地表现人物,使人物饱含真情,富有感染力。

如茨威格的《列夫·托尔斯泰》对托尔斯泰胡子的细致描写:"他生就一副多毛的脸庞,植被多于空地,浓密的胡髭使人难以看清他的内心世界。长髯覆盖了两颊,遮住了嘴唇,遮住了皱似树皮的黝黑脸膛,一根根迎风飘动,颇有长者风度。宽约一指的眉毛像纠缠不清的树根,朝上倒竖。一绺绺灰白的鬈发像泡沫一样堆在额头上。不管从哪个角度看,你都能见到热带森林般茂密的须发。像米开朗琪罗画的摩西一样,托尔斯泰给人留下的难忘形象,来源于他那犹如卷起的滔滔白浪的大胡子。"这段浓墨重彩的描写,用词贴切生动,运用了比喻、夸张的修辞手法,令读者对托尔斯泰的大胡子印象深刻。

(四)课堂练笔,撰写传记

1. 从呱呱坠地到成长为一个少年学生,你已经有了十多年的人生经历。写一段自我介绍,回顾自己过去的经历,也说说自己对未来的想法。300字左右。

(1)介绍自己名字的由来和含义,写清楚自己的出生日期、出生地等基本信息。

(2)选取自己生活经历中的重要事件,注意记录言行方面的细节。

(3)写完后与家人、朋友交流,并请大家提出修改建议。

2. 在《朝花夕拾》这本书中,鲁迅记录了自己生命中出现的一些人物,有一些给人留下了深刻印象,如长妈妈、寿镜吾老先生、范爱农等。任选一个人物,给他们写一篇人物小传。

学生围绕自己的选题,撰写写作提纲。写作提纲要列出所写人物的典型事例。提纲写好后,重点与同学交流所选事例的典型性,看看其能否表现人物的特征。

交流结束后,根据自己的提纲进行写作。

写完后,与家人、同学或者朋友交流,让他们提提建议,再做修改。

(五)课堂小结,归纳要点

同学们,这节课我们学习了人物小传的写法,明确了在真实的基础上撰写传记,还要选取典型的事例来表现人物特征,这样写出的作品才具有感染力。另外,语言要简明生动,不要写成人物生平简历,要能够激发起读者的阅读兴趣。同学们,学会这些方法之后,希望课后你能为身边的人物写一篇小传,期待大家的作品。

四、读写共生习作实例

鲁迅自传

委实难得这么一点闲静,思来想去,心境芜杂,觉得趁着闲暇为自己的成长立一部小传于世是极好的。

好。那么,写罢!

记得我是1881年生于绍兴城一个大户人家的,有一个美好的名字——周树人。那时祖父尚在,父亲也健康无恙。我作为一个少爷,童年是极简单无事的。我成长在祖母、母亲、长妈妈等一众人的宠爱中。在"百草园"与鸣蝉、蟋蟀玩耍,同"叫天子""张飞鸟"嬉戏,即便是何首乌这样名贵的药材被我牵连不断地连根拔坏了,也不会有人说我的不是。我有一只小小的隐鼠,它可以算是我的宠物了,我极喜欢这小巧的伙伴。可有一天我听说它被猫害死了,虽然最后发现是阿长所做,但这着实培养了我仇猫的情绪。

我是有一个玩伴的——依稀记得他是我家忙月的小孩,叫作闰土。那时的他,有着紫色的圆脸和炯炯的双眼,颈上套着一个明晃晃的银项圈,是很有生气的。他兴致勃勃地向我讲述海边的瓜田、少年与猹,还有雪地上的捕鸟、沙滩上的跳鱼儿,还赠予我一包贝壳和几只好看的鸟毛,可之后便渐渐失了联络。多年后我重回故乡再见闰土,他的脸却早已失了生气和亲近,灰黄的脸,通红的眼,粗笨而开裂的手,可他对我的态度却恭敬起来了,分明喊我一声"老爷",这让我感到十分可悲、心痛——这吃人的天地啊!让我终于失去了儿时的同伴。

说回儿时罢。在我住在外祖母家的时候,曾经乘着小船到赵庄看过一次社戏。如今戏的内容已有些许模糊了,可归途时与同行的孩子偷老六一家的罗汉豆煮来吃的事,却记得分外清楚。任凭航船浮在水面上,我们生火把豆烧熟了,都围起来用手撮着吃。还偷用了八公公的盐,可见儿时的我们是多么无畏……

还记得儿时一个重要的人物,是一个一向带领着我的黄胖而矮的女工,她的姓名无人知晓,只唤她作阿长。她扰我睡觉,教我规矩,害我隐鼠,却送我渴望的《山海经》……我对她的感情很复杂——讨厌?怨恨?然而今天回想起来,却只剩下敬意、祝福和缅怀。

还有一位衍太太。小时候我们是极喜欢她的。她从不责骂我们,无论我们做什么都会给予鼓励。可她却令我讨厌:她对孩子和他们的父母有着截然的两副面孔,她用我不懂的事物来羞辱我,最恨她怂恿我变卖母亲的首饰且传开了如此的流言,让当时年少不经一事的我不堪忍受,成了我离开故乡的缘由之一。现在回想起来她的种种事迹,便只觉得虚伪——倘若是今天的我遭遇了她,是一定要骂的,骂出她的狐狸尾巴。童年也是有讨厌的事的。譬如,阻挠了我拥抱迎神赛会的《鉴略》,拆开了我和百草园的"三味书屋"……这些旧的教育制度和教育方法,都让我烦极一时。

现在忆起童年啊,其实更多的是好奇罢——对闰土口中"四方的天空"以外的世界的好奇;对《山海经》中奇异的景象的好奇;对书本中"怪哉"二字的好奇……

我有时,曾经屡次忆起儿时在故乡的蔬果、玩意儿。凡这些,都是极其可口、有趣儿的;都曾是使我思乡的缘由。后来,我在久别之后尝过、试过了,也不过如此;唯独在记忆上,还有旧来的意味留存。他们也许要哄骗我一生,使我时时反顾。

大概是在十二三岁罢,这是我人生中第一个转折点——家里的大山——祖父周介孚倒了,被捕了;家中的主心骨父亲也病倒了。家道由此中落,而且日渐长大的我也承担起了更多的责任——家里请了"名医"陈莲河,而我自然便担负起了找寻药引、补贴家用等事宜。为此,我整天数次往返于学校、当铺。同样频繁的去处还有鲁镇的咸亨酒店——当伙计补贴家用、百草园——寻药引……

我至今仍记得"陈神医"的荒唐药引,诸如"原配的蟋蟀一对"啦,"平地木十株"啦,还有那古怪的药丸——什么"败鼓皮丸"。

可即便是这样的"神医"也没能医好父亲的水肿,父亲的病还是一天天厉害了起来,直至躺在床上喘气了。

"特拔"亦无济,父亲终于还是去了,并不安详,这或许是我此生最大的遗憾,它在年少的我心中埋下了学医的种子,我人生中的第二次转折也由此生——学西医,学真正的医!

走罢!

为求学,先去到的是"中西学堂",可切身的体味却是"乌烟瘴气"——自是先进,实质却同样荒唐、迷信和封建。

毅然地去了,考了矿路学堂。这回写了许多新的论文,看了许多新的报纸,更重要的是接触了一些先进的思想。譬如《天演论》——物竞天择,适者生存。这对我的一生是极重要的,它使我看到在中国这一片封建、陈旧和落后的土地之外,是怎样一个繁荣美好的世界。

毕业了,我被官僚许可,去了日本留学。从此就看见许多陌生的先生,听到许多新鲜的讲义。最重要的是遇到了藤野先生这样一位好老师。他处处对我照顾着,并不对我这样一个来自落后国家的学生抱有民族偏见。他治学严谨,待人真诚。

那时的我还见识了一帮既要学时髦,又要表示忠于腐朽的清王朝,只好盘起辫子悲哀可笑地行走的留洋学生。又一回,我看到这样的场景,幻灯片里中国人正在被杀害,而周围的留学生却齐呼万岁。我看到了他们腐朽思想的本质和麻木的心灵。这造就了我人生中的第三次转折。我决定弃医从文——学医救不了中国人!

告别老师,回到东京,在这我遇到了一个处处和我作对的可恶的人——他就是叫作范爱农的。回国后经过偶遇、叙旧才发现,其实我们在我作为留学生代表去横滨迎接新生时便相识了。显然,并不愉快。

回国后的我与范兄盼来了绍兴光复,热情似火地投入了学校的工作——我和范爱农被王金发任命为校长和监学。

可一段时间后,几个学生便有了发现——学校还是不行,还是一样的"乌烟瘴气"。于是他们便以我、子英、孙德清之名办报骂王金发,希望能骂醒他。可后果却是报社被捣毁、孙德清的负伤。此时的我,却早已在范兄的劝告下去了南京任教。

此后,范兄的境况却越发穷困和潦倒了,对中国绝望的他终于浑浑噩噩地走到了自尽的地步。

面对朋友的离去,我自觉越发孤独了。或许就是在这时,我觉得自己像一个战士,终于坚定了决心——以笔为刀剑、为良药,斩碎世上一切黑暗与不公,除尽世上所有的麻木与腐朽,救国人之魂!

(作者:佚名)

教师点评

这篇小传颇具启发意义。从选材角度,文章选取了鲁迅从童年到青年这两个时期的典型事例。比如,文中对百草园的回忆,对少年好友闰土的描述。成年之后去日本求学,以及弃医从文的缘由都交代得很清楚。文章的结尾点出先生的不朽,让读者读来会对人物有更为全面的了解,更为深入的认识。

学习描写景物

一、读写单元主题综述

本单元阅读的主题是"自然山水",所选诗文都具有情景交融的特点,情是景的灵魂,景是情的载体。阅读这类作品,可以获得美的享受,净化心灵,陶冶情操。单元提示有这样的表述:"反复诵读,借助联想和想象,进入诗文的意境,感受山川风物之灵秀,体会作者寄寓其中的情怀。"

写作主题是"学习描写景物",教材写道:"东升的旭日,斑驳的树影,陡峭的山峰,潺潺的小溪……世间万物,千姿百态,四季景象,美不胜收。在你的记忆中,哪些景物让你印象深刻?"这实际上指明了描写景物应从认真观察景物入手,善于抓住景物的特征,并能在景物的描写中融入情感。

这次写作训练提出了三个要求:①培养认真观察的习惯;②善于抓住景物的特征;③注意融入情感。这都是写景文章的基本要求,因此本单元的写作教学更要注重读写结合,在引导学生细细品味和感悟选文独到之处的基础上,要求学生善于观察,精于提炼,融情于景。

课标中关于阅读的"学段目标与内容"中有这样的表述:"欣赏文学作品,有自己的情感体验,初步领悟作品的内涵,从中获得对自然、社会、人生的有益启示。对作品中感人的情境和形象,能说出自己的体验,品味作品中富于表现力的语言。"

课标中关于写作的"学段目标与内容"中有这样的表述:多角度观察生活,发现生活的丰富多彩,捕捉事物的特征,力求有创意地表达。

据上分析,我们可以提炼出本次读写共生训练的目标:

1.养成观察的习惯,学习从多个方面观察景物的方法,通过观察抓住景物特征。(重点)

2.体会情景交融的感染力,尝试描写景物时恰当地融入情感,使景物鲜活起来。(难点)

二、读写共生美点撷取

(一)内容

1. 词语和句子

(1)词语

重岩叠嶂 素湍绿潭 清荣峻茂 哀转久绝 清流见底 青林翠竹 夕日欲颓 风烟俱净 天山共色 急湍甚箭 猛浪若奔

(2)句子

①清荣峻茂,良多趣味。

②实是欲界之仙都。自康乐以来,未复有能与其奇者。

③何夜无月?何处无竹柏?但少闲人如吾两人者耳。

④鸢飞戾天者,望峰息心;经纶世务者,窥谷忘反。

2. 抓住景物特征

描写景物,关键是要能抓住景物的特征。抓住景物特征靠的是日常生活中练就的观察能力。学习描写景物,要让学生走进具体情境,细心观察,如此才能"眼处心生句自神"(元好问语)。细心观察的第一步是确立好观察点。在一个固定的观察点上,要学会变换观察角度,或远观,或近看,或仰视,或俯瞰,就像一个摄影师,把镜头一会儿推远,一会儿拉近,一会儿俯拍,一会儿仰拍,这样观察景物才全面。如《答谢中书书》一文中,作者写景时仰观"高峰入云",俯视"清流见底",平视"两岸石壁,五色交辉"。除了在固定的观察点上观察,还可变换观察点,即所谓"移步换景""选点描绘"。

法国大文豪福楼拜说:"对你所要表现的东西,要长时间很注意地去观察它,以便发现别人没有发现过和写过的特点。"每一处景物都有与众不同的特点,即使是同一景物,在不同的季节,不同的时间段里,也会呈现出不同的姿态。白昼、夜晚、早晨、黄昏,景物会展现不同的色彩;雨中、风中、雾中、雪中,景物又会展现不同的风姿;春、夏、秋、冬,不同的季节,又会给景物带来各种变化。写景要写得好,就要通过观察抓住景物的特点,也就是景物的"个性",而"个性"往往就体现在景物的"细微"之处。

3. 融情于景

写景还要注意融入情感。相同的景物在不同人笔下往往是不同的,而同一人笔下的同一景物,在不同的心境下,也会发生改变。描写景物时恰当地融入情感,能使客观的景物鲜活起来,更具有感染人心的力量。如《雨的四季》中,春雨驱走冬天,改变世界的姿容；夏雨热烈而粗犷；秋雨端庄而又沉静，使人静谧、怀想、动情；冬雨自然、平静，给人特殊的温暖。作者用极富情感的描写，既展示了四季的雨的客观特征，又主观地赋予它们不同的"性格"和内涵，使它们更有生命气息，更有感染力。

又如《答谢中书书》，文章结尾以感慨收束全文，"实是欲界之仙都"，将作者在山水之中飘飘欲仙的得意之态表露无遗。"自康乐以来，未复有能与其奇者"，自从谢灵运以来，没有人能够欣赏它的妙处，而作者却能够从中发现无尽的乐趣。言语间带有自豪之感，与谢公比肩之意溢于言表。作者从欣赏景物中发现无穷的乐趣，同时为能与谢灵运这样的林泉高士有志同道合之处感到无比自豪，表达了作者对大自然的热爱之情，也表达了作者沉醉于山水的愉悦之情、归隐林泉的高洁志趣、与知音共赏美景的得意之情，以及对奇景无人欣赏的惋惜之情。

（二）层次和顺序

描写景物要讲究层次和顺序，一般可以采用空间顺序、时间顺序、逻辑顺序。空间顺序的安排一般有两种情况：一是选取固定观察点，按视线移动的顺序，依次描写各位置上的景物；二是不取固定观察点，采用游览顺序，其优势是层次清晰。采用时间顺序的优势在于能描绘出景物的变化。实际的文章写作中，人们往往会把时间顺序和空间顺序结合起来运用，这样写来，景物丰富多彩而又层次井然。采用逻辑顺序的优势是面对较为复杂的写作对象时，能充分彰显作者的写作意图。

比如《三峡》，文章采取由"山"到"水"的先后顺序，布局自然，思路清晰。先描写三峡"山"的特点，再着笔于三峡的"水"，写水，又按不同季节分别着墨。但作者在按季节分述四季之水时又打破常规，并未按春夏秋冬的自然顺序来铺陈，而是按照各个季节水势的不同特色进行布置，将最能体现三峡水势浩大的夏季最先落笔，让人印象深刻。

三、读写共生活动设计

教学目标

1. 养成观察的习惯，学习从多个方面观察景物的方法，通过观察抓住景物特征。（重点）

2. 体会情景交融的感染力，尝试描写景物时恰当地融入情感，使景物鲜活起来。（难点）

教学方法

探究法　讨论法　练习法

教学课时

一课时

教学过程

(一)导入

美丽的大自然是诗人笔下的精灵。三峡的山水在郦道元的笔下四时各异;山川之美在陶弘景的笔下清丽明净;承天寺的月色被苏轼点染得空明澄澈;富春江的奇山异水让吴均纵情于天地的大美之中……面对四季更迭、万物轮回,在我们妙笔生花的描绘中,一花一木皆入景,万水千山总是情。

(二)丰盈想象,再现经典

1. 截取本单元写景文言文中的句段,展开联想与想象,写一段话,再现经典文言文中的奇山异水。

2. 学生展示,师生评析。

(三)归纳方法,探析经典

1. 针对刚才大家所选练笔片段,小组合作探究:通过分析经典写景文章片段,你认为描写好景物的关键有哪些?

2. 小组合作探究,代表发言。

3. 师生归纳。

(1)抓住特征

通过细致的观察,多角度抓住景物的特征来写才能做到言之有物,这是景物描写的基础。我们可以从哪些角度抓住景物的特征呢?阅读下面的语段。

A. 不必说碧绿的菜畦,光滑的石井栏,高大的皂荚树,紫红的桑葚;也不必说鸣蝉在树叶里长吟,肥胖的黄蜂伏在菜花上,轻捷的叫天子(云雀)忽然从草间直窜向云霄里去了。单是周围的短短的泥墙根一带,就有无限趣味。油蛉在这里低唱,蟋蟀们在这里弹琴。翻开断砖来,有时会遇见蜈蚣;还有斑蝥,倘若用手指按住它的脊梁,便会拍的一声,从后窍喷出一阵烟雾。何首乌藤和木莲藤缠络着,木莲有莲房一般的果实,何首乌有拥肿的根。有人说,何首乌根是有像人形的,吃了便可以成仙,我于是常常拔它起来,牵连不断地拔起来,也曾因此弄坏了泥墙,却从来没有见过有一块根像人样。如果不怕刺,还可以摘到覆盆子,像小珊瑚珠攒成的小球,又酸又甜,色味都比桑葚要好得远。

——节选自《从百草园到三味书屋》

B. 夹岸高山,皆生寒树,负势竞上,互相轩邈,争高直指,千百成峰。泉水激石,泠泠作响;好鸟相鸣,嘤嘤成韵。蝉则千转不穷,猿则百叫无绝。鸢飞戾天者,望峰息心;经纶世务者,窥谷忘反。横柯上蔽,在昼犹昏;疏条交映,有时见日。

——节选自《与朱元思书》

①思考：以上的语段写了哪些景物？这些景物有何特征？
②师生互动，归纳明确。
③师总结。

A语段从形（高大、肥胖、拥肿、小球）、声（长吟、低唱、弹琴）、色（碧绿、紫红、黄、绿）、味（又酸又甜）等角度抓住景物特征，也可以理解为从时间的角度抓住景物特征，如：春（桑椹、菜花、小草）、夏（鸣蝉、油蛉）、秋（蟋蟀、覆盆子）。

B语段从山势、山声、山色入手活画出富春江两岸奇山的高峻连绵、幽静灵动、林茂荫浓的特点。

(2)描写有序

在抓住景物特征的同时，我们还要按照一定的顺序安排层次。一般可以按照时间顺序、空间顺序和逻辑顺序来写。

①A语段运用了什么顺序呢？（学生交流讨论）

本段先用两句"不必说……"写百草园的整体，再写局部的"泥墙根一带"，这是由整体到局部的顺序。第一个"不必说"由低到高写静物，第二个"不必说"由高到低写动物，这是空间顺序。

②几种顺序配合起来，使景物不仅有序，而且活泼多姿。在已经学习过的课文中，你还能举出类似的例子吗？

（师生互动，举例分析）

小结：可以按照时间顺序、空间顺序和逻辑顺序来写。时间顺序是按一定的时段依次写景，描绘出景物的变化，如春、夏、秋、冬，晨、午、暮、夜。空间顺序分为两种：一是定点观景，按照视线移动的顺序依次写出各个位置上的景物，或由远及近，或由内而外，或由上到等；二是不取固定的观察点，而是随着观察者位置的转移来描写景物，即移步换景。逻辑顺序主要表现为从局部到整体或从整体到局部。选用哪一种顺序，应视描写对象的特点和描写的实际需要而定。

(3)角度多样

写作时可以采用多种角度。可正面描写，也可侧面烘托。

读一读下面写景片段，分析其中写景方法的妙处。

自三峡七百里中，两岸连山，略无阙处。重岩叠嶂，隐天蔽日。自非亭午夜分，不见曦月。

学生活动：个人思考，小组讨论，选派代表，交流展示。

归纳明确：《三峡》中运用正面描写和侧面描写来描写景物。如用"两岸连山"的正面描写和"略无阙处"的侧面描写来写山的连绵不绝。用"隐天蔽日"正面写山高，而接着用"自非亭午夜分，不见曦月"的侧面描写来突出山高。正面描写与侧面描写相结合,更突出了山"连""高"的鲜明特点。

师总结:灵活多变的写作方法可以使文章的层次感更强。同时,适当运用比喻、拟人、夸张、对偶等修辞手法,能把景物描写得更加生动。

(4)景中有情

一切景语皆情语。写景要做到情景交融。景物是客观的,而写景之人则是有情的,作者对任何景物,总会有自己的感情。没有感情色彩的景物只不过是苍白美丽的"躯壳",难以达到感人的目的。所以我们要想写好笔下的景物,就必须有一颗热爱自然、热爱生活的心,用"有情"的眼睛去看世界,笔下的景物才能真正地活起来。

小练习:读一读下面两个片段,谈一谈景物描写中渗透了作者怎样的情感。

片段一:《记承天寺夜游》(节选)

何夜无月?何处无竹柏?但少闲人如吾两人者耳。

片段二:《闻王昌龄左迁龙标遥有此寄》

杨花落尽子规啼,闻道龙标过五溪。

我寄愁心与明月,随君直到夜郎西。

预设1:月夜常有,竹柏疏影也是寻常景物,为何此次夜游令人印象深刻?只因为有我们两个"闲人"在欣赏啊。"境由心生",景因人异,正是审美的普遍心理表现。寥寥数语,意味隽永:贬谪的悲凉,人生的感慨,赏月的欣喜,漫步的悠闲,种种幽微的情感尽在其中!

预设2:这首诗作者表达的是朋友即将离去的哀伤之情,第一句写景的句子点明了时令,暮春时节的景物有很多,作者偏偏选用"杨花""子规"这两个意象,杨花漫天飞舞,飘泊无定;子规(杜鹃鸟)一声声啼叫,鸣声凄厉。景物的描写,渲染并烘托了暮春的特定时节和环境,也象征着飘零之感和离别之痛。

师小结:写作时要根据情感抒发的需要去选景、写景,面对相同的景物,因为感情不同,描写出来的景物特征是不同的。这种不同主要表现为运用带有特定情感色彩的字、词、句去写景,景中含情。带着感情写作,能给景物涂上一层鲜明的色彩,即使平凡的景物也会变得充满魅力。

(四)自主写作,对标经典

1.你留意过自家窗外的景物吗?或许是车水马龙的道路,或许是花木茂盛的园圃,或许是小伙伴们玩耍的场地,请以"窗外"为题,题目自拟,写一篇作文,不少于600字。

2."春有百花秋有月,夏有凉风冬有雪。"一年四季,每个季节都有独特的景致。选择你最喜欢的一个季节,以"我爱_____季"为题,写一篇作文,不少于600字。

四、读写共生习作实例

窗　外

　　我家在二楼,位于小区边缘的一栋楼里。我卧室窗外这条供附近居民进出的路,这条再普通不过的路,却让我感受到了生活的美好味道。

　　每天清晨,当第一缕阳光透过窗户照进来,我的小卧室霞光一片,美丽温馨。打开窗户,仰头深呼吸,给天空一个笑脸,又是新的一天。朝窗外望去,小路上一派热闹的景象。那边一位大婶过来了,红光满面地说:"哟,这么早就起来锻炼啦!"这边一位大娘呵呵一笑:"哈哈,赶早市买点菜,今天儿子一家回来吃饭呢……"她们用高亢的声音交谈着,爽朗地笑着,惊落了窗外叶片上那圆润的"珍珠",惊醒了枝头上栖息的鸟儿,宁静的早晨一下热闹起来了。

　　傍晚,我伏在靠窗的桌上看书时,总能听到窗外传来各种各样的声音。来往的车辆发出的嘀嘀的喇叭声和轰鸣的引擎声,小孩的嬉闹声和人们的脚步声,自行车的刹车声和熟人之间的寒暄声……每当我耳旁响起这些熟悉的声音时,我总会站起来往下看,那一幕幕热闹的生活场景让人百看不厌。

　　夜幕降临,窗外的景色更加迷人。几盏老旧的路灯发出柔和的淡黄的光,给夜色增添了一丝温暖。远处高楼上的灯光也亮起来了,霓虹闪烁,流光溢彩。海星大饭店的招牌光影流动,显得格外醒目;广电大厦在灯光的照耀下似乎成了透明的物体;从华乐广场射来的五颜六色的光柱,在夜色中交织成一曲生动的乐章。原来城市的夜晚是那么生动,那么有活力。

　　如果是雨夜,眼前的夜景就仿佛一张加上了柔光的照片,光影晕染开来,朦朦胧胧的,美极了。望着一个个撑伞而过的人,橘色的光和着雨水落在了圆圆的伞面上……犹如一支优美的小夜曲在夜空中飘荡。

　　其实,美丽的风景不一定存在于远方。身边有许多美是可以用你的双眼和耳朵去领略和体会的。如果你在忙碌的时候看一眼窗外,你会发现,窗外的一切是那么美好。

(作者:王可馨)

教师点评

作者按照时间顺序,选取一天中最有代表性的三个时间段来描写窗外景色:早晨的生机勃勃、傍晚的热闹喧嚣、夜晚的流光溢彩。一扇窗就是生活的缩影,让人不禁感叹:原来幸福就藏在这一个个平凡的日子中。

语言要连贯

一、读写单元主题综述

本单元阅读的人文主题是"情感哲思",文章都是散文,或写人记事,或托物言志,或阐发哲理,或写景抒情,从丰富多彩的自然和社会生活中取材,传达出作者独特的情感体验和深刻的人生感悟。本单元学习要点:反复品味、欣赏语言,体会、理解作者对生活的感受和思考。

写作主题是"语言要连贯",这是在前三个写作主题"新闻写作""学写传记""学习描写景物"基础上的进一步要求,也是写作的基本要求。散文写作中最容易出现的问题就是"形散神也散",文章内容不连贯、零碎散乱。教师不妨利用阅读和写作交融共赢,让学生提高写作水平。

课标明确要求"写作时考虑不同的目的和对象。根据表达的需要,围绕表达中心,选择恰当的表达方式。合理安排内容的先后和详略,条理清楚地表达自己的意思。运用联想和想象,丰富表达的内容"。其中的"围绕表达中心""恰当的表达方式""合理安排内容的先后和详略"都是针对"语言要连贯"提出的具体要求。

据上分析,我们可以提炼出本次读写共生训练的目标:
1. 了解"连贯"的概念,体会语言连贯在文章中的作用。(重点)
2. 掌握使语言连贯的基本方法,提高语言的运用能力。(难点)

二、读写共生美点撷取

(一)内容
1.词语和句子
(1)词语
颓唐 蹒跚 踌躇 洗涤 蔓延 俯瞰 死寂 婆娑 肆意 密匝匝 触目伤怀 纵横 决荡 妙手偶得 深不可测 不可遏制
(2)句子
①我看见他戴着黑布小帽,穿着黑布大马褂,深青布棉袍,蹒跚地走到铁道边,慢慢探身下去,尚不大难。可是他穿过铁道,要爬上那边月台,就不容易了。
②个人生命不像一件衬衣,当你发现它脏了、破了的时候,就可以脱下它来洗

涤,把它再补好。

2. 主题和题材

本单元的主题是"情感哲思"。《背影》选取作者回家奔丧,与父亲浦口分别时父亲给"我"买橘子这么一件小事和一个简单的背影,刻画了一个家境颓唐却依然关爱孩子的父亲形象。小事有大爱。白杨是西北极普通的树,作者却在普通中发现了白杨的不平凡——它的朴质坚强、傲然挺立和力争上游。作者在白杨身上看到西北军民的抗争精神,这是《白杨礼赞》象征手法的巧妙运用。《散文二篇》中《永久的生命》和《我为什么而活着》主题都是启发学生对生命进行深入思考。《永久的生命》揭示生命易逝却又不朽的本质,鼓励我们以积极乐观的人生态度回报生命。《我为什么而活着》概括人生的三大追求,即对爱情的渴望,对知识的追求,对人类苦难不可遏制的同情。《昆明的雨》中,作者回忆四十年前昆明的雨,介绍昆明的风土人情,表达对昆明的怀念、喜爱之情。

(二)形散神聚

"形散神聚",这是散文的重要特点。所谓"形散",一方面指散文的取材十分广泛自由,不受时间和空间的限制;另一方面指它的表现方法不拘一格,组织材料、结构成篇也比较自由。所谓"神聚",主要是说其要表述的中心思想明确而集中。

叶圣陶先生说,"思想是有一条路的,一句一句、一段一段都是有路的,好文章的作者是决不乱走的"。作者写文章,"思必有路",读者在阅读时就应该跟着作者的思路走。每一个看似"散"的材料都是始终围绕中心意思而设计安排的,表现为文字的"向心性"。

1. 角度宜小,题材宜实

题材不怕小,要敢于写小。它既是克服材料贫乏问题之径,也是创造文章新意之途。

2. 语言宜精,情感宜真

(1)我看见他戴着黑布小帽,穿着黑布大马褂,深青布棉袍,蹒跚地走到铁道边,慢慢探身下去,尚不大难。

赏析:父亲衣着简朴暗示家境的颓唐,穿着又暗示了祖母的离世,作者虽然没有刻画父亲的面部表情,但是一个年迈悲伤的父亲形象已经跃然纸上。再对比上文中在家境如此惨淡情况下还给我买了紫毛大衣,一个为了孩子倾尽所有的慈父让读者动容,让作者垂泪。

(2)生命的道路是曲折的,要经历种种磨难。但它是强大的,永久不朽,不能被任何的艰难困苦所阻挡。

赏析:这是作者对生命本质的认识之一。作者既对生命有着清醒的认识,坦然接受生命中的种种磨难,同时,又对生命的伟大真心赞叹。整句话充满进取精神。

(3)卖杨梅的都是苗族女孩子,戴一顶小花帽子,穿着扳尖的绣了满帮花的鞋,坐在人家阶石的一角,不时吆喝一声:"卖杨梅——"声音娇娇的。她们的声音使得昆明雨季的空气更加柔和了。

赏析:抓住人物的外貌、语言描写。"小花帽子""绣了满帮花的鞋"充满民族风情,再加上娇柔的声音,衬托出昆明雨季的柔美。

三、读写共生活动设计

教学目标

1. 明确语言连贯的要求。
2. 掌握使语言连贯的方法。(重点)
3. 培养学生思维的条理性,促进语言表达连贯性的形成。(难点)

教学方法

讲练结合法　讨论点拨法　对比赏析法

教学课时

一课时

教学过程

(一)导入

文从字顺、表意连贯是一项十分重要的语言能力。"连贯"是指表达的观点、角度、风格一致,读起来自然顺畅。我们在作文时,只有做到语言的通顺连贯,才能准确地表达自己的观点,抒发心中的情感,别人也才能通过文章更好地了解我们的思想。今天,我们就来练习如何使我们作文的语言更加连贯,以提高我们的写作水平。

(二)语言连贯三要诀

连贯,指连接、贯穿。写文章和说话一样,应当做到语言连贯,衔接紧密,而不能前后脱节,条理混乱。连贯,是从句子之间逻辑关系的角度提出的要求。

1. 保持话题的相对统一

一段话中的句子都应围绕共同的话题。话题统一是保持语言连贯的首要条件。它要求陈述的内容相对集中,陈述对象前后一致。

例:填入下面横线处的句子,与上句衔接最恰当的是(　　)

民警及时赶赴现场侦查,中午12时,_____。

A. 在家里犯罪嫌疑人被抓获,全部赃物和赃款也同时起获

B. 在犯罪嫌疑人家里将其抓获,全部赃物和赃款也同时起获

C. 犯罪嫌疑人在家里被抓获,并起获了全部赃物和赃款

D. 在犯罪嫌疑人家里将其抓获,并起获了全部赃物和赃款

解析:从保持话题统一、陈述对象的前后一致考虑,该题后两个分句的主语也应该是"民警",所以 D 选项衔接最恰当。

2. 保持一种合理的顺序

"思有路,语有脉!"表达一个意思总得按照一定的顺序,这样才会脉络分明、语气贯通。可以是空间顺序、时间顺序、逻辑顺序(主次、先后、由表及里、由浅入深、由感性认识到理性认识等等)。

一般情况下,一个段落,特别是一个比较小的段落只能遵循某一种顺序展开,而不能一会儿按照时间顺序展开,一会儿又按照空间顺序展开,否则容易表述混乱,造成语脉阻塞。

例:填入下面横线处的句子,衔接最恰当的一项是(　　)

某校师生野营训练来到村里,＿＿＿＿＿＿＿＿＿＿＿＿＿＿＿＿＿,和村民们一道投入抢收战斗。

①就像勇猛的战士一样　②不顾一天行军的疲劳　③马上扔下背包　④听到大雨来临的广播

A. ②④①③　　　　B. ①④②③　　　　C. ④②③①　　　　D. ④③①②

解析:语段所述的中心是师生帮助村民抢收,其有明显的起因。在所列各语句中,①是对师生抢收时形象的描写,②是得到消息所产生的心理,③是在心理指导下开始行动,④是行动的原因,即得到消息。按时间顺序,正确的语脉为:得到消息——心理活动——开始行动——具体抢收。故选 C。

3. 语言的衔接与呼应

语言的衔接与呼应包括词语的衔接与呼应、句式的统一、语意的呼应、文章结构的衔接与呼应。

(1)词语的衔接与呼应:包括关联词的连贯、指示代词和相关内容的呼应、近义词的互相照应、标点符号的提示等。比如含有指示代词的句子,代词的指代对象一般要在上文出现。

(2)句式的统一:主要看是长短句还是散句,是单句还是复句等,句式应尽量统一,保持语脉贯通、语势畅达以及表达方式的对应等。

(3)语意的呼应:如果前面有伏笔,后面就要在适当的地方加以点明或详述。

(4)文章结构的衔接与呼应:文章结构的衔接要注意过渡和照应。过渡就是在不同的两个层次之间通过过渡词、过渡句或过渡段将二者紧密联结,形成一个整体,共同为表现主题服务。照应就是为了使文章内容衔接紧密,一篇文章中前面写到

的,中间或结尾要有交代;后面提到的,前面要有所铺垫。如果不注意,语言连贯性就可能会受到影响。

(三)写作练习,提升能力

1.下面这段文字不连贯,试着根据提示重写。

爸爸是一个热爱工作的人。爸爸工作出色,经常在单位被评为先进工作者,我们家墙上贴的那些奖状有很多是爸爸的。爸爸单位里有台机器坏了,大家修了一天都找不出问题。爸爸下班回到家里,吃饭时突然想起了国外有过这方面的资料,就马上查阅了资料,并且连夜赶回单位抢修了,终于把机器修好了。爸爸不仅上班忙工作,而且下了班也在惦记工作。爸爸花很多时间陪家人。周末,他常会领着全家人去郊游。我们每次郊游,都看到了很美的风景,玩得非常开心。为此,他还专门买了本地郊区旅游攻略的书,研究了好多条路线。

优秀例文

爸爸是一个既热爱工作又热爱家庭的人。他工作出色,经常被评为先进工作者,我们家墙上贴的那些奖状有很多是爸爸的。爸爸不仅上班忙工作,而且下了班也在惦记工作。记得有一次,爸爸单位里有台机器坏了,大家修了一天都找不出问题。爸爸下班回到家,吃饭时突然想起国外有这方面的资料,就马上查阅了资料,并且连夜赶回单位抢修,终于把机器修好了。工作之余,他也会花很多时间陪家人。周末,他常会领着全家人去郊游。为此,他还专门买了本地郊区旅游攻略的书,研究了好多条路线。我们每次郊游,都看到了很美的风景,玩得非常开心。

教师点评

首先,为了使全段保持话题的统一,在段首增加了能概括本段内容的中心句,统领全段;其次,为了让语言连贯、表达流畅,调整了个别句子的顺序;为了使上下句的衔接更紧密,使用了过渡句、关联词。

2.每逢节日来临,人们欢声笑语,处处洋溢着浓厚的节日气氛。你也一定沉浸在欢乐之中吧。以"节日"为题目,写一篇散文,不少于600字。

四、读写共生习作实例

节日

上坟祭祖是清明节的传统习俗。"清明时节雨纷纷,路上行人欲断魂",那一年的清明,爸爸妈妈带我回老家上坟,虽然没有阴雨绵绵,但我心情也很低落。

石子烂泥夹杂的田野小路上,尽是干枯的杂草。遥远的村落里不时传来两声犬吠,我们走了挺长一段时间的路,太阳也从头顶渐渐西垂。"妈,什么时候才能到?"妈妈抬起手来指着前方。我顺着她的指尖望去,一座高架桥横亘在不远处,洒下一片浓浓的阴影。阴影里,杂草丛生中有几块空地。那便是墓地了。墓碑夺人心魄的黑色,令我窒息。我肃然直了直腰,向前走去。

在最后一块墓碑前,我默默地站在一旁看着大人们除草、烧纸。"来给你爷爷上坟!"爸爸朝我招了招手,我赶忙上前,墓碑上所刻的正是爷爷的名字。据奶奶说,爷爷在我出生之后,就丢了自己热爱的象棋,带我到处玩,常常给我买糖、巧克力,一抓一大把。我当时还太小,对很多事没有什么印象,而无法忘记的只有一件事。那时,爷爷大去之期不远,爸爸把他从医院接回了家里,他天天在床上躺着,脸苍白得可怕,有时偏过头来看着我,不言不语。那一天,我端着药走上前去。他似乎想接过去自己喝,可怎么也抬不起手。我上前,拿起汤匙,一口一口地喂他。我至今也无法忘记他那沟壑纵横的脸上的微微笑容,无法忘记那发黄的指甲和如枯树皮般的手。

心中怀着感伤,我对着墓碑拜了下去,重重地磕了三个头。最是人间留不住的是生命,所以我们要珍惜当下,不浪费生命,不虚度此生。

(作者:吴鑫宇)

教师点评

清明节的伤感不是源于"雨纷纷",而是源于对爷爷的怀念与追思。生命总会失去,但是一份爱却在我们心中留存,让我们温暖,让我们伤怀。作者先用环境渲染出悲伤的氛围,又在祭奠时引出对爷爷的思念,细致的刻画直入内心深处。最后由祭祖的活动引出珍惜当下、不浪费生命的主题。

说明事物要抓住特征

一、读写单元主题综述

本单元阅读的人文主题是"文明的印记",所选的四篇课文中,《中国石拱桥》《苏州园林》介绍的是中国古代建筑,《蝉》说明的是昆虫的习性和成长规律,《梦回繁华》则介绍了《清明上河图》这幅传世名画的主要内容和艺术特点。四篇文章内容不同,各有特色,但都属于说明文。阅读它们,可以了解我国古代人民在建筑、园林、绘画方面的卓越成就,感受他们的非凡智慧与杰出的创造力;引导我们去发现大自然的奥秘,激发科学探索的兴趣。

本单元学习的是说明文,这是一种对事物、事理进行客观说明的文体,它的重点是把说明对象的特征说清楚、说明白。所以,单元的写作主题是"说明事物要抓住特征"。首先,要知道怎么抓住事物的特征,来把握说明的重点。然后要学习和掌握各种说明方法,如下定义、举例子、作比较、打比方、分类别、画图表、列数字、引用等。另外,通过课文学习揣摩说明文语言的特点。在此基础上,加强学生思维能力的训练,增强思维的条理性和严密性。

据上分析,我们可以提炼出本次读写共生训练的目标:

1. 学习说明性文章,了解说明文的文体特点。
2. 了解说明的方法,学会抓住特征来说明事物。(重点)
3. 体会说明文语言的严谨、准确,增强思维的条理性与严密性。(难点)
4. 激发探索自然和社会的兴趣,培养科学精神和科学素养。

二、读写共生方法撷取

(一)说明对象及其特点的把握

本单元的《中国石拱桥》《苏州园林》《梦回繁华》都是典型的事物说明文。事物说明文的说明对象是具体事物。通过对具体事物的形状、构造、性质、用途等做客观而准确的说明,使读者了解、认识这个或这类事物。如《中国石拱桥》,从"石拱桥"引出"中国的石拱桥"。列举单拱桥赵州桥和联拱桥卢沟桥两个例子说明中国石拱桥历史悠久、形式多样、分布广泛、结构坚固和成就突出的特点。《蝉》这篇课文介绍的是蝉的习性和特点。作者采用生动活泼的笔法,将蝉写得活灵活现,生动有趣,使文章具有很强的可读性。

(二)说明方法的使用

1.列数字:苏州园林据说有一百多处,我到过的不下十几处。

2.作比较:我国的建筑,从古代的宫殿到近代的一般住房,绝大部分是对称的,左边怎么样,右边也怎么样。苏州园林可绝不讲究对称,好像故意避免似的。

赏析:中国的园林和欧洲园林有很大不同,中国各处住宅的特点也不相同。作者将苏州园林内亭台轩榭的布局跟宫殿和住宅相比,突出了苏州园林不讲究对称的特点,让读者不仅能理解,还印象深刻。

3.举例子:我国的石拱桥有悠久的历史。《水经注》里提到的"旅人桥",大约建成于公元282年,可能是有记载的最早的石拱桥了。

赏析:怎么证明石拱桥有悠久的历史呢?作者举"旅人桥"为例,一下子就让读者看到原来1700多年前中国已经有石拱桥了,具体可信。

4.摹状貌:如"没有修剪得像宝塔那样的松柏,没有阅兵式似的道旁树","高树与低树俯仰生姿,落叶树与常绿树相间"等,生动形象地说明苏州园林栽种树木着眼于画意的特点。

5.分类别:在介绍《清明上河图》时,作者在第3段先对《清明上河图》的整体做说明,第四段专门对画作的三个主要部分做说明,第五段对画作采用的形式做说明。这样分门别类,从不同方面完成对《清明上河图》的介绍。条理清晰,让人一目了然。

6.打比方:整个长卷犹如一部乐章,由慢板、柔板,逐渐进入快板、紧板,转而进入尾声。

赏析:用音乐的"乐章"来比喻整幅画作,不但准确地说明了《清明上河图》的画面构成,而且给人带来一种艺术感受。

三、读写共生活动设计

教学目标
1.明白什么是事物特征和怎样抓住事物特征。(重点)
2.能抓住特征对事物进行说明。(难点)

教学方法
练习法 讨论法 展示法

教学课时
一课时

教学过程

(一)了解事物特征之概念

"特征",就是这个事物区别于其他事物的标志,也是人们认识不同事物的依据。某事物的形态、结构、变化、成因和功用等之所以跟其他事物不同,是因为这些方面的特点不同。

事物的特征可以分为主要特征与次要特征、一般特征与本质特征、外在特征与内在特征、局部特征与整体特征等。对于初中生来说,能自主提炼其中的若干特征就很不错了。

(二)抓住事物特征之要诀

一篇说明文写得好不好,主要看它有没有抓住事物的特征,是不是使读者对事物有了具体而明确的认识。那么,怎样做才能抓住事物的特征呢?

1. 细致观察是前提

观察是思考的前提。某些事物,我们需要认真观察它的外部特征,如方位、颜色、形状、大小、长短、规模等。

学生习作:从茶楼向外望去,鹊渚廊桥位于小南河上,距今已有1500年历史了,是三河最古老的桥之一,廊桥上由12根柱子撑起的两屋飞檐翘角式的长亭上挂着大红灯笼,朴素典雅中透着喜庆,别具一番韵味。桥下流水碧若翡翠,岸边杨柳娉婷而立,翠绿的叶似轻盈的绿烟,在风中舒展着。石板路两边的商家一个挨一个,鳞次栉比。牛角梳,剪纸,奶茶店,黑漆鎏金的店招匾额悬挂在门楣上,八角玲珑的挂灯挂在匾额的两侧,三角形的旗子上写着老字的番号,现代与古代,艺术与生活全都融合在一起。

点评:作者抓住三河古镇鹊渚廊桥柱子、飞檐、大红灯笼等,按由上而下、由中间至两边的顺序依次写来。细致的描写离不开认真的观察。

抓住事物特征的方法:

①介绍人物:主要抓住人物的主要经历,尤其是成就。

②介绍动物:抓住动物的外形、生理特征和生活习性等。

③介绍植物:着重说明植物的生态和用途。

④介绍器物:着重说明器物的结构、功能和使用方法等。

⑤介绍建筑物:着重介绍建筑物的外形、内部结构以及建筑材料等方面的特征。

⑥介绍地表形态:着重介绍地形地貌的形成。

⑦介绍历史名称及事件:着重介绍名称形成的原因、事件发生的背景及其性质。

2. 善于比较找异同

比较是把握本质、分清是非的重要方法。鸡妈妈孵出的鸡宝宝,看上去好像都差不多,但仔细观察就会发现,从外形到神态到习性没有一对是完全一样的。所以,同学们想准确地把握事物的特征还得学会比较。

例1:《中国石拱桥》中作者为了阐明中国石拱桥的特点列举了中国的两座石桥——河北赵州桥和永定河上的卢沟桥。

结构上:前者是独拱,后者是联拱;桥面上:前者没有陡坡,后者几乎与河面平行;拱的外形上:前者"像一张大弓",后者则是"半圆形"。正是由于作者善于比较,抓住了这些具有特征性的方面,两座桥的特点才给我们留下了深刻的印象。

例2:《苏州园林》中苏州的园林有上百处,各不相同,如何找出它们的共同点是写好此文的关键。叶圣陶先生找到了苏州园林"无论站在哪个点上,眼前总是一幅完美的图画"这一特征。

3.运用合适的说明技巧

如果你前两点都做到了,那就可以考虑如何使用恰当的说明方法和合适的说明顺序将说明对象的特征展现在读者面前。

例:岳麓山自然风光远近闻名,与众不同。奇,林繁草茂,有植物几千种,例如银杏、枫香等名木,千年古树,皂荚、白玉兰等濒危树,漫山遍野的迎春、丹桂等。珍,野生动物兴旺,例如林中歌唱的黄鹂、布谷等,有啄木鸟、鹦鹉等,还有野兔、山鸡等时隐时现。幽,即幽壑千重,幽泉千缕。尤其漫天飞雪,"幽"更让你感同身受,著名潇湘八景之一的"江天暮雪"更佳。美,是四季都美,冬雪、春花、红叶、秋果,眼见美,口福美,美不胜收。

教师点评

作者通过认真观察岳麓山的自然风光,经过分析、比较,用"奇、珍、幽、美"4个字来概括其特点,很准确,有见地,给读者以深刻印象。并且使用了总分的结构让读者对岳麓山的特点一目了然。

(三)抓住事物特征之训练

我们每天都会接触到不少物品,比如毛巾、砂锅、电视机、手机、自行车等,选取你最熟悉的一种物品作为写作对象,查阅相关资料,以"我的生活少不了它"为题写一篇说明文,不少于500字。

四、读写共生习作实例

我的生活少不了它

距离学校较远的学生,像我,一般都有家长接送,但家长没空时,我们也不会走过去,而是骑着"绿色"交通工具——自行车。

自行车是一种依靠齿轮运转的交通工具,它通过脚踩踏板,带动前齿轮转动,再由链条将力疏导到后面的齿轮上,从而使后轮转动。我们学生大多骑的是山地自行车,也可以叫变速自行车,它通过调整手把上的挡位,实现减力、加力以适应各种路径。

山地车外形上相对于普通自行车要更矮一点,把手要更大点,因而更稳定。它的主体材质多是钢质,且中空,为的是让车身更轻,骑起来更轻松。如果骑自行车遇到不平整的路,就易倒,为什么呢?我想这与轮子直径有关,一般山地车轮子直径大概是 24 英寸,最大的兴许是 26 英寸,而普通自行车,像上海的老"凤凰"牌,外号叫"二八杠",轮子的直径达到了 28 英寸。山地自行车轮子小,够宽,且轮胎上的沟壑更深,抓地力强,不易翻车。有了它,风里雨里我都不害怕了。

所以说,我的生活少不了它,我的山地自行车。

(作者:王家睿)

教师点评

男生似乎天生对车有一种偏爱。作者一定爱极了自己这辆山地车。他抓住山地车运转的原理、山地车的外形一一叙述。其中运用了举例子、列数字等说明方法,将山地车和普通自行车进行比较,又加入自己骑车的真切体会,使山地车特征突出。

我的生活少不了它

2020 年,因为新冠疫情,口罩成了我们日常生活中的必需品。口罩是个大家族,它成员众多,各成员有自己的特点。我接触过三种口罩,下面一一给大家介绍。

第一种就是普通的生活用口罩。它一般色彩丰富,形式多样,用若干层薄薄的棉布或者软软的海绵制成,主要的作用就是防寒防冻。我小时候就喜欢在冬天戴一个粉色的口罩,在寒冷的冬天,清晰地看见自己呼出的白气,却不冷,心里美美的。这种口罩很保暖,但是,如果你想用它来防细菌、空气中的杂质,或者病毒之类,那可一点作用也没有。还是另请高明吧!

第二种口罩是医用一次性口罩。这种口罩用三层以上 28 克无纺布面料制作,鼻梁处采用环保型全塑条,不含任何金属,配带透气舒适,尤其适合电子类工厂及日常生活使用。它一般有蓝色和白色两种。大部分医用口罩为蓝色,采用多层非织造布复合而成,具有抗液体、过滤颗粒物和细菌等效果,是一种医疗防护用的纺织品。疫情肆虐,一般大家都会戴这样的口罩,既起了防护作用,也不占用短缺的 N95 口罩。

第三种口罩是 N95 医用防护口罩，为一线医务人员使用。N95 口罩是 NIOSH（美国国家职业安全卫生研究所）认证的 9 种颗粒物防护口罩中的一种。"N"表示不耐油（not resistant to oil）。"95"表示暴露在规定数量的专用试验粒子下，口罩内的粒子浓度要比口罩外粒子浓度低 95% 以上。口罩按形状常分为杯罩式和折叠式两种，有阻隔液体喷溅功能。口罩的外层表面多为一层绿色的疏水防护层，可以防护液体轻微飞溅渗透。随着物资短缺情况的好转，N95 口罩也逐渐来到人民群众的家中。

新年将至，疫情仍然肆虐，我衷心希望在全世界人民的共同努力下，我们能够早日完胜病毒，离开口罩，自由地呼吸！

(作者：陈默涵)

教师点评

这是一个细心的女生，从生活中发现自己离不开的东西是口罩。作者根据功能将口罩分为三类，每一类口罩着重叙述它的构造和功能，条理清晰。

表达要得体

一、读写单元主题综述

本单元的课文都是我国古代的经典名篇,本单元阅读的人文主题是"品格与志趣"。在社会动荡、人民生活痛苦的战国,国与国之间为了统治者的利益"争地以战,杀人盈野",孟子目睹现状以睿智雄辩呐喊出"富贵不能淫,贫贱不能移,威武不能屈"的铿锵话语,用"妾妇之道"类比不讲是非对错、一味迎合统治者的公孙衍和张仪,指出男儿生于天地间应为"大丈夫",逆境出人才,多难能兴邦。这都是孟子仁爱思想的体现,是他的济世情怀的反映。愚公不畏艰难,挖山不止,终于天帝为之感动而把山搬走。故事虽小,却在奇特的想象中寄寓先人们坚韧执着、大智大勇、改天换地的追求。在等级制度森严、皇权至上的封建时期,周亚夫治军严明、刚正不阿,这是"真将军"忠于职守的体现。

除此之外,陶渊明对田园生活、悠然心境的描绘,杜甫对国破家亡、妻离子散的沉痛抒写,李贺对疆场战士浴血奋战的热情赞颂,杜牧对才华无从施展的无奈慨叹,李清照对理想境界的热切向往,都展现了古人对人生命运的感悟和思考。

课标要求"写作时考虑不同的目的和对象,根据表达的需要,围绕表达中心,选择恰当的表达方式"。本单元的写作主题是"表达要得体"。语言表达得体,主要是指使语言体现语境和语体的要求。所谓"语境"包括内容(词语、句子、段落和整体的和谐)、场合(时间、地点、氛围)、说话的对象(称谓、语气)、目的(说什么、怎么说)以及说话人的身份。所谓"语体"主要指口语(谈话、演讲、辩论、广播稿)和书面语(政论语体、科技语体、文艺语体、应用语体)。前者要求通俗易懂,多用短句,不用文言词语,后者须根据所使用的文体而定。

据上分析,我们可以提炼出本次读写共生训练的目标:

1. 多诵读,积累常见文言词语和名言警句,从不同角度感受古人的智慧和胸襟。(重点)

2. 善思考,揣摩在运用书面语言时,应该怎样根据不同的语境条件和语体特征选用恰当的语句来表情达意。(难点)

3. 勤写作,熟练掌握基本的应用文写作方法,语言表达得体。(难点)

二、读写共生美点撷取

(一)内容

1. 词语和句子

(1)词语

妾妇之道　困于心,衡于虑　长息　固不可彻　彀弓弩

(2)句子

①公孙衍、张仪岂不诚大丈夫哉?一怒而诸侯惧,安居而天下熄。

②虽我之死,有子存焉。子又生孙,孙又生子;子又有子,子又有孙;子子孙孙无穷匮也,而山不加增,何苦而不平?

③已而之细柳军,军士吏被甲,锐兵刃,彀弓弩,持满。

2. 主题和题材

孟子是一位杰出的思想家,他的散文立足现实,有很强的社会性。本单元的两篇文章以事实为基础,论辩起来有理有据,而且有的放矢,言必有中。如《富贵不能淫》就是典型一例,作者批驳景春的观点立足女子出嫁时长辈的教导这样寻常的事情,以女子对丈夫的无条件服从来类比公孙衍、张仪对君主的服从。然后引出自己对大丈夫的理解:"居天下之广居,立天下之正位,行天下之大道。得志,与民由之;不得志,独行其道。富贵不能淫,贫贱不能移,威武不能屈。此之谓大丈夫。"

愚公为改变闭塞落后的生存环境,立志移走太行、王屋两座大山,带领全家老少和左右乡邻叩石垦壤、挖山不止的故事,体现了中华儿女艰苦奋斗、坚忍不拔、坚持不懈、开辟创新的精神。愚公的行为看似愚蠢,却鼓励着我们创造了无数的奇迹。

再从本单元的古诗词来看,都展现了平凡人物的济世情怀。陶渊明在对南山的遥望中感悟生命的真谛,杜甫于断壁残垣中忧愁国事,李贺想象自己是如何的奋勇杀敌、保家卫国,杜牧想象如果没有东风赤壁之战结局将是另一番样子,李清照在梦里探寻人生的归宿。深读这些作品,我们可感受到他们的思想情感。斯人已逝,唯情怀永存。

(二)诵读鉴赏,提高审美。

诵读有利于培养语感,语感的养成对学习一门语言来说至关重要。八年级的学生所接触到的文言文实在太少,无法形成较为完整的文言知识体系。对于词语的用法、特殊句式等语法知识一知半解,因此在这阶段要多读多背。

1. 公孙衍、张仪岂不诚大丈夫哉?一怒而诸侯惧,安居而天下熄。

诵读提示:从这句话中,可以看出景春对公孙衍、张仪持什么态度?(崇拜、羡

慕)怎么看出来的?(反问句式、副词"诚"强调他们是"大丈夫",对他们能力竭力渲染)这两句话应该用什么样的语气来读?(赞叹语气)

2.女子之嫁也,母命之,往送之门,戒之曰:"往之女家,必敬必戒,无违夫子!"以顺为正者,妾妇之道也。

诵读提示:此处的语调较缓,举女子出嫁时长辈对其教导一例,实则为了批驳景春的观点,含蓄而幽默。

3.汝心之固,固不可彻,曾不若孀妻弱子。虽我之死,有子存焉。子又生孙,孙又生子;子又有子,子又有孙;子子孙孙无穷匮也,而山不加增,何苦而不平?

诵读提示:在诵读中体会"顶针"修辞手法的作用。一句接着一句,句句铿锵,充分表现出语言的力量,体现出愚公挖山的决心和成功的信心。

三、读写共生活动设计

教学目标
1.了解什么是表达得体,明白怎样做到表达得体。
2.了解倡议书的一般结构,学写倡议书,做到表达得体。(重点)

教学方法
自主学习法　合作探究法

教学课时
一课时

教学过程

(一)导入

良言一句三冬暖。一句得体且恰到好处的话,可以化去心中的寒霜,温暖冰冻的心灵,甚至可以化解一触即发的矛盾。"到什么山上唱什么歌",喜庆的场合要说吉利话,让人高兴;悲伤的场合要说安慰人的话,使人温暖;娱乐场合要说有趣的话,能引人发笑……一个人说话如果不顾场合,不但达不到说话的目的,反而可能会给自己带来麻烦。写作也是这样。

(二)表达得体之内涵

"得体"的"体",包括语体(口语和书面语)、事体(表达的对象、场合和目的等)、自体(身份、职业、尊卑长幼等)。要根据语境使用语言,考虑不同场合、不同时间、不同身份、不同对象、不同目的等要素,选用恰当的语言来表情达意。"语境"有内部语境(指上下文的具体语言环境)和外部语境(指言语交际时的各种情境)之分。

(三)表达得体之妙招

1. 看准交际对象，掌握分寸

"对什么人说什么话"，语言交际总是双向的，既有说或写的一方，也有听或读的一方。因此，说写者要从对象的年龄、职业、思想、性格等出发，说恰当的话，写合适的字。

2. 适应交际场合，巧妙用语

"到什么山上唱什么歌"，语言表达要与环境气氛相协调，这里的环境包括时间、地点、人物、氛围等。在喜庆的场合谈令人伤感的话，在庄重的氛围中说"搞笑"的话，都是表达不得体的表现。

3. 把握不同文体，用语准确

不同的文体应该用不同的语言风格。具体来说，新闻简明扼要，演讲稿要通俗易懂，广告要新颖易记，合同要措辞严密。批评要委婉有据，表扬要真诚热情，邀请要真诚，询问要有礼，等等。

4. 注意谦敬遣词，恰如其分

汉语中不少词语有明显的表意倾向性，用于自谦的，称谦辞；用于对他人表示敬意的，称敬辞。谦辞和敬辞都有其特定的使用对象和使用范围，只有分清了使用对象和使用范围，才能做到准确运用，表达得体。比如，相互来往时，欢迎别人多用"光临""莅临""惠顾"等，自己前往多用"拜访""拜见"等；询问对方年龄，用"贵庚""高龄"问老年人，用"芳龄"问女孩子；问人姓名，用"芳名"（女孩子）；请求对方帮助用"劳驾"；请人指点用"斧正""雅正"；等等。

(四) 写倡议书之格式

倡议书是书信的一种，格式与一般书信大致相同。倡议书一般由标题、称呼、正文、结尾、落款五部分组成。

1. 标题。可直接用"倡议书"三字作题目，也可具体命名为"××倡议书"。

2. 称呼。称呼在下一行顶格写。

3. 正文。正文由两部分组成。

第一，写清倡议理由。倡议书的发出旨在引起广泛的响应，只有交代清楚倡议的原因，以及当时的各种背景事实，并声明倡议的目的，人们才会理解和信服，才会自觉地行动。第二，写明倡议的具体内容。这是正文的重点部分。倡议的内容一定要具体化。开展怎样的活动，做哪些事情，具体要求是什么，活动的价值和意义都有哪些，均需一一写明。倡议的具体内容一般是分条排列的，清晰明确，一目了然。

4. 结尾。结尾处写倡议者的决心和希望。

5. 署名和日期。在右下方写提出倡议的单位名称或人名，在名称或名字下一行写日期。

(五)写倡议书之练笔

1.学生会计划开展"环境保护月"活动,准备邀请领导、专家学者、环保热心人士、家长和其他学校的师生等作为嘉宾参加活动的启动仪式。请你任选一个对象,以学生会的名义写一份邀请函。

提示:

(1)明确邀请函的写作目的,体现书面邀请的正式性和对对方的尊敬。要根据嘉宾的身份,选择恰当的称呼。

(2)应介绍活动的时间、地点、主题等内容,让对方对活动有所了解。如果需要对方在活动中发言,也应该提及,以便对方提前准备。

(3)语言要简洁明了,大方得体。

2.在"环境保护月"活动中,你所在的班级将向全校师生发出倡议,倡导节约、低碳、环保的理念。请以班级的名义写一份倡议书。

四、读写共生习作实例

邀请函

尊敬的××同学家长:

您好!

为了增强我校同学的环境保护意识,推动同学们积极投身到环境保护的实践中去,也为了提倡绿色低碳生活,倡导健康文明的生活方式,以实际行动构建一个绿色整洁的校园环境,我校将于2020年12月26日上午10点在学校操场举行"环境保护月"活动启动仪式。

启动仪式将在学校的统一安排下进行。请您到达学校后,先去孩子所在的班级,然后和同学们一起到学校操场指定的区域就座。启动仪式上,会邀请部分家长谈谈维护校园环境的具体做法。

我们诚挚邀请您出席"环境保护月"活动启动仪式。

祝您工作顺利!

××学校学生会
12月25日

教师点评

这篇邀请函介绍了启动仪式的时间、地点、主题等,还提醒家长们准备发言,写作目的明确。针对家长身份,运用了"尊敬""您""邀请""祝"等礼貌用语,表达非常得体。

保护校园环境倡议书

亲爱的同学们：

  绿树成荫的校园让我们心旷神怡，窗明几净的教室让我们全神贯注。只有在整洁优雅的环境中学习，我们才会倍感心情舒畅。在优美的校园环境中，我们沐浴着阳光，吸取着营养。但是，在我们的校园里，仍然存在着乱扔废纸、乱丢垃圾的不良现象。桌上经常有同学的涂鸦，地板上有嚼过的口香糖。这些都与"文明校园"的称号极不相称。所以，我班面向全体同学发出如下倡议：

1. 以爱护校园环境为己任，自觉维护校园的清洁卫生。
2. 从我做起，做到垃圾入桶，并提醒和制止乱扔垃圾的行为。
3. 提倡"弯腰精神"，随时拾起地面上的零星垃圾，确保地面干净。
4. 不在校园内吃口香糖，不乱扔、乱吐残渣废物。
5. 爱护公共设施，不乱涂乱画，不踩踏花草。

  同学们，让我们从点滴做起，自我约束，相互检查，争做保护校园环境卫生的"绿色卫士"，做文明少年！

初二年级28班
×年×月×日

教师点评

  这篇倡议书面对的是学生，所以用了"亲爱的同学们"，内容上介绍发出倡议的具体背景和倡议的具体内容，条理清晰。语言简洁明了，态度诚恳而有号召力。

学习仿写

一、读写单元主题综述

本单元阅读的人文主题是"民俗文化",课文或表现各地风土人情,或展示传统节日习俗。由于这些课文写作背景不同,内容不同,体裁也不同,因此阅读中并不局限于民俗文化的主题,还应开阔视野,尽力还原作品本身所具有的意蕴。通过民俗现象增进学生对社会生活、社会文化的理解。

单元提示中有这样的表述:"学习本单元,要注意体会作者是如何根据需要综合运用多种表达方式的;还要注意感受作者寄寓的情思,品味作品中富于表现力的语言。"

本单元的写作主题是"学习仿写"。将课内的学习引向课外,建构"三位一体"的阅读教学模式,是教材编写指导思想之一。这一指导思想特别适合本单元的写作教学。这一次写作训练侧重教授两个方法:①指导模仿范文的篇章结构;②引导模仿范文的写作手法。这两种方法都是切实有效的仿写的途径,而学习过的课文则是最好的范例。

课标中关于阅读的"学段目标与内容"中有这样的表述:"在阅读中了解叙述、描写、说明、议论、抒情等表达方式。""对作品中感人的情境和形象,能说出自己的体验;品味作品中富于表现力的语言。"

课标中关于写作的"学段目标与内容"中有这样的表述:"多角度观察生活,发现生活的丰富多彩,能抓住事物特征,有自己的感受和认识,表达力求有创意。""注重写作过程中搜集素材、构思立意、列纲起草、修改加工等环节,提高独立写作能力。"

据上分析,我们可以提炼出本次读写共生训练的目标:

1. 以读促写,研读优美范文,探究和掌握仿写的技巧,提高语言的运用能力。(重点)

2. 能把握作品的精髓进行仿写,在模仿中有所创造,提高自己的写作水平。(难点)

二、读写共生美点撷取

(一)内容

1. 词语和句子

(1)词语

欺侮 宽慰 嘱咐 怠慢 撺掇 踊跃 屹立 皎洁 恬静 亢奋 晦暗 束缚 羁绊 严峻 震撼 磅礴 斡旋 静穆 怅惘 大彻大悟 叹为观止 人情世故

(2)句子

①两岸的豆麦和河底的水草所发散出来的清香,夹杂在水气中扑面的吹来;月色便朦胧在这水气里。淡黑的起伏的连山,仿佛是踊跃的铁的兽脊似的,都远远地向船尾跑去了,但我却还以为船慢。

②骤雨一样,是急促的鼓点;旋风一样,是飞扬的流苏;乱蛙一样,是蹦跳的脚步;火花一样,是闪射的瞳仁;斗虎一样,是强健的风姿。

2. 主题和题材

很多时候学生写作苦于无素材,他们多关注校园生活、学习烦恼、家庭关系,导致题材狭窄,过于重复。写出优秀的作文需要发掘生活中的美,学生在旅行经历、阅读经验或长辈口中都可以获得许多有意思的反映社会生活文化的民俗知识。很多学生担心社会宏大题材驾驭不了,其实不然,如果用自己的所见所闻当作切入点,谈自己的切实感悟,也许体会不是那么准确和深刻,但是贵在视角特别、新颖,而且以小见大的写法也可以降低写作难度。

本单元的读写主题是"民俗文化",文章的题材广泛,可以激发学生对民俗文化的热爱以及对社会生活的理解。《社戏》作者以饱含深情的笔墨,刻画了一群农家少年朋友的形象,表现了劳动人民淳朴善良、友爱无私的美好品德,反映了作者对少年时代生活的怀念,特别是对农家朋友诚挚情谊的眷念。《回延安》全诗以"回延安"的过程为线索,写出阔别十年重回母亲延安的怀抱,以及与亲人相见的喜悦,表现了作者思念母亲延安的一片赤子之心,抒发了对母亲延安的眷恋之情。《安塞腰鼓》是一篇通过描绘西北地域风情来展现人的本质力量和时代精神的抒情散文。文章赞美了安塞腰鼓,也赞美了黄土高原,赞美了朴实、坚韧的劳动人民,更赞美了一种自由坦诚、热烈奔放、豪放洒脱、坚韧顽强的生命状态。《灯笼》这篇文章由点及面,由小时候喜欢的火、光自然过渡到灯笼,由灯笼联想起亲人的关爱,又想到历史上英雄人物的壮烈事迹。文章反映了作者对灯笼的喜爱,对家人的感激,以及强烈的爱国热情。这些课文的写法都很值得借鉴。

(二)形式

1. 以小见大的写法

优秀的散文总是话细微之事,抒细微之情。本单元的几篇课文都源自作者自身经历,而且都以具体的物象作为情感的寄托点,极易引起读者共鸣,情感在字里行间流露,在琐事记叙中不断积蓄,最后升华便水到渠成。比如《灯笼》中以小见大的写法,"灯笼"是作者早年乡村生活中的一个微小事物,作者选取了与"灯笼"有关的细碎事件,抒情也表现在细微处,需要读者静静地品味。大部分段落描写早年乡村生活,充满深情;最后延伸到历史人物和历史事件,表达出激越的爱国热情。课文的抒情切入点小,由小到大,由优雅含蓄到雄放壮烈。在教学中可以引导学生体会现代散文作家笔谈琐事而心系大众和天下的情怀,提升作文的立意高度。

2. 综合运用多种表达方式

表达方式要按需使用,用得恰当。比如《社戏》,文中有对水乡各种人物的描写,有对水乡活动场景的描写,还有对自然风光的描写;有作者的叙述,还有一些议论和抒情的语句等。这些不同表达方式的综合运用,都很好地为表现作品内容、表达作品主题服务。比如《安塞腰鼓》对黄土高原的景物、人物和人的活动有非常生动的描写,包括静态描写和动态描写、真实描写和想象描写。课文中议论和抒情的语句,揭示了高原后生的精神、胸襟、激情,反映了作者对高原后生和高原腰鼓的赞美之情。如"黄土高原上,爆出一场多么壮阔、多么豪放、多么火烈的舞蹈哇——安塞腰鼓",就是议论和抒情相结合的体现;文中反复出现的"好一个安塞腰鼓"就是抒情句。《灯笼》也是将描写、叙述、议论和抒情融于一体,自然而然地交错进行,创造了艺术境界。比如:第一段先议再叙,第二段和第三段都是先叙后议。整篇课文以叙为主,以议为辅,给读者以更多的形象感;点明段意和文意的句子少而精,更能起到画龙点睛的作用。

3. 特殊句式

运用排比和短句描述盛大场面,让文章气势磅礴,节奏感强,情感热烈奔放。

(1)排比句

《安塞腰鼓》运用了大量的排比,有句内的、语句之间的、段与段之间的排比,交错出现,如"使人想起……""愈捶愈烈……"都是一连三个排比句,犹如江河一泻千里,不可遏止。也有的排比层层递进,如"挣脱了、冲破了、撞开了""震撼着你、烧灼着你、威逼着你"等,排山倒海般让人透不过气来。

《灯笼》中的"应该数火把,数探海灯,数燎原的一把烈火"层意递进,表达出壮烈的情感。

(2)短句

《安塞腰鼓》多用短句描写情景,造成回环往复的气势。

"一群茂腾腾的后生",简要点明了年轻生命的热烈奔放。

"忘情了,没命了"有力地表现了生命沸腾不可遏止的情景。

"落日照大旗","只听见隆隆、隆隆、隆隆","愈捶愈烈"等句,无不铿锵激昂。

4. 调动多种感官

两岸的豆麦和河底的水草所发散出来的清香,夹杂在水气中扑面的吹来;月色便朦胧在这水气里。淡黑的起伏的连山,仿佛是踊跃的铁的兽脊似的,都远远地向船尾跑去了,但我却还以为船慢。他们换了四回手,渐望见依稀的赵庄,而且似乎听到歌吹了,还有几点火,料想便是戏台,但或者也许是渔火。

那声音大概是横笛,宛转,悠扬,使我的心也沉静,然而又自失起来,觉得要和他弥散在含着豆麦蕴藻之香的夜气里。

赏析:这两段文笔优美,情景交融,字里行间充满了梦幻朦胧的味道。作者充分调动视觉、嗅觉,表现了自己看社戏途中的愉悦感受。

三、读写共生活动设计

教学目标

1.以读促写,研读优美范文,探究和掌握仿写的技巧,提高语言的运用能力。(重点)

2.指导学生把握作品的精髓进行仿写,在模仿中有所创造,提高自己的写作水平。(难点)

教学方法

朗读法　比较法　练习法

教学课时

一课时

教学过程

(一)导入

中国现代著名作家茅盾曾说过:"模仿是创造的第一步,模仿又是学习的最初形式。"同学们,我们平时写作如果能研习优秀作品的特色,模仿它的精髓,那么在不断的创作中,写作水平一定会有所提升。今日我们共同来由浅入深、循序渐进地学习仿写。

(二)仿句,修辞和句式的临摹

挑出本单元典型句子,模仿其修辞和句式。

1. 比喻

例句：那航船，就像一条大白鱼背着一群孩子在浪花里蹿。

赏析：明喻，把"航船"比作"大白鱼"，形象写出了船行之快，表现孩子们驾船技术高和愉悦的心情。

仿写训练：那……，就像……

2. 排比

例句：骤雨一样，是急促的鼓点；旋风一样，是飞扬的流苏；乱蛙一样，是蹦跳的脚步；火花一样，是闪射的瞳仁；斗虎一样，是强健的风姿。

赏析：排比与比喻的结合，其中比喻的特点是喻体在本体前，没有比喻词，突出了喻体，渲染了安塞腰鼓的"野性"。

仿写训练：……一样，是……

3. 短句

例句：愈捶愈烈！痛苦和欢乐，生活和梦幻，摆脱和追求，都在这舞姿和鼓点中，交织！旋转！凝聚！奔突！辐射！翻飞！升华！

赏析：富有节奏感，具有音韵美，读起来朗朗上口。

仿写训练：结合 2020 年 7 月合肥大雨造成的洪涝图片，用短句写暴雨下的城市。

（三）仿段，多种感官和表达方式的综合

1. 多种感官的综合

两岸的豆麦和河底的水草所发散出来的清香，夹杂在水气中扑面的吹来；月色便朦胧在这水气里。淡黑的起伏的连山，仿佛是踊跃的铁的兽脊似的，都远远地向船尾跑去了，但我却还以为船慢。他们换了四回手，渐望见依稀的赵庄，而且似乎听到歌吹了，还有几点火，料想便是戏台，但或者也许是渔火。

那声音大概是横笛，宛转，悠扬，使我的心也沉静，然而又自失起来，觉得要和他弥散在含着豆麦蕴藻之香的夜气里。

仿写训练：写一段文字，描绘校园春景。

2. 多种表达方式的综合

从《社戏》《安塞腰鼓》《灯笼》中找出多种表达方式相结合的一段或几段话，分析效果。

请学生畅谈自己的见解。

（四）仿篇，写作手法的借鉴

举例：《春》的仿写。

形似,待修改:

乡下的秋天

盼望着,盼望着,凉风来了,秋天的脚步近了。

一切都像要睡着的样子,慢慢悠悠闭上了眼。树叶,飘落了下来,大树低下了头,太阳的脸暗淡了起来。

湖水里的野鸭,偷偷地从水里钻了出来。湖水里,小路边,瞧去,一群一群满是的。坐着,躺着,趴着,游几回泳,比一比,鸭子青青的。

风是最寻常的,一刮就是三两天,可别恼,看,像狮吼,像虎啸,一大片,一大片地刮着。小区房顶上全吹着大风。

树叶子枯黄得发亮,小草也低着头。傍晚时候,开灯了。一片亮闪闪的灯。光,烘托出一片热闹而又祥和的夜。乡下,白天,就热热闹闹的。无论春夏秋冬,乡下总是这么热闹。这是乡下的白天。

到了傍晚,合肥和乡下的秋天,就天差地别。傍晚的合肥是安静的,马路上稀少的人和车都互不相识,也不曾相认。而乡下的傍晚,小路上来来往往的人们,都热热闹闹的,面上,带着笑。

路边有老人,慢慢走的;有地里工作的农夫,披着大衣,戴着草帽的,他们的石砖屋,一间一间的,大片大片的。都各做各的一份事去。

天上的鸟儿渐渐多了,地上玩的孩子也多了,乡里乡下,都出来了,出来舒活舒活筋骨,抖擞抖擞精神。

聊聊天,跳跳舞。看一看水墨勾勒的夜景。

这就是乡下朴实的秋天。

教师点评

模仿较为机械,不少地方牵强附会。

神似,较优秀:

望湖公园的秋天

悄悄地,悄悄地,秋风来了,唤醒了沉睡在大地上的秋季。

人们都说,合肥只有夏和冬,所以这儿的秋是微妙的,也是转瞬即逝、昙花一现的。可是有一个地方,秋似乎格外地青睐它,常在那儿久坐不起,迟迟不愿离开。那儿,就是如玉盘托着青宝石的望湖公园。

望湖公园的树木繁茂,前几日还绿意盎然的叶子被一夜秋风吹过都怕冷似的,披上件橙黄外套。树尖上的鸟巢随着树的波动摇晃着,与树叶的摩擦发出"沙沙"的声响。一片林子中,树们的腰肢,你顶着我,我撞着你,谁也不让谁,都想为自己争取一个容身之地,在挤的过程中,难免会推搡掉好几片金箔样的叶子。松鼠在树与树之间来回蹿着,蹦上蹦下,施展出一年中最后的几分活力。每从树上摘下来一颗坚果,都要塞到它的"口袋"里,并像一支发射出的箭一样,奔向地面的"储藏室"。

地面上的草不再像春日那般生机勃勃了,枯黄了一大片。可似乎并未有人在意,毕竟所有人的目光都被像地毯一样的落叶吸引了。那些因推挤而掉落的叶片,这时候已经成为大地金黄的大衣。踩在这件"大衣"上,脚底会发出"咔嚓"的声响,伴随着最后几丝生机的芬芳传入脑海。每当秋风在此留下足迹,就会打破一地的沉默。

秋日湖畔,尘封了一池的往事。望湖公园的秋水仿佛是一块空灵的蓝宝石,里面不再有鲤鱼、金鱼和乌龟的活动轨迹,只有漂在水面上的红枫叶,如巨大深邃的眼眸,眼波微微荡漾,注视着静穆如祈祷女肩上披巾的黄昏。

立秋之后,风霜和秋雨使得花朵鲜艳的色彩黯淡下来,原本并不算瞩目的树成了主角。那些明艳细小的野花义无反顾地融入大地的怀抱,在坚硬的绿化带边潜滋暗长,有些已经迫不及待地想破土而出。它们竖起小耳朵,熬过冬天,倾听春雷的声音,等待下一个春天,涅槃重生。

秋天像害羞含蓄的少女,有着明亮的眼眸和红润的脸颊,她向我们微笑着。

秋天像有活力的小伙子,边奔跑边回首,向我们致意。

秋天像年迈的老人,安静地坐在长椅上,深邃的眼眸注视着即将由华丽变暗淡的世界。

教师点评

景物描写方法多样,修辞生动,语言优美。

(五)仿文,课内课外的衔接

1. 出示《背影》全文,要求学生小组合作,谈一谈怎么仿写。

2. 布置作业:根据课堂上形成的想法和提纲写一篇作文,要求线索清晰,以小见大。

四、读写共生习作实例

妈妈的手

我很依恋妈妈的手。

幼时,妈妈的手,柔软而光滑。

在尚未懂事的童年时期,我是在妈妈的搀扶和呵护下长大的。高举起小手,把手塞进妈妈的掌心,犹记得无论什么时候,那双大手总是温暖而柔软,有着淡淡的护手霜的香味。记得初学骑自行车时,妈妈先是扶着车把,让我很有安全感。车子缓缓加速,一股花香始终伴着微风,在鼻翼间萦绕,我有一种成功的感觉。不知何时,花香渐渐淡去,我惊讶地回头,才发现那双温暖的手正离我越来越远。"妈……"我无力地喊着,她却坚定地站在离我十来步之处,微笑着朝我挥手。后来,我渐渐发现,我正渐渐脱离那双手、那温暖的呵护,我总是跌倒,无数次向她哭诉,她却说:"加油,你自己可以!"我觉得她不爱我了。现在回想,才发觉自己是多么依恋那双手的呵护。

长大些时,妈妈的手,神奇而灵巧。

每到周末,妈妈就会兴致勃勃地制作各种美食:精致的蛋糕、曲奇、牛轧糖,美味的包子、饺子、馄饨……各色食物令我眼花缭乱,她那双巧手总能做出许多食物。也许,爱的配方从不复杂。有时,她会心血来潮,招呼我和她一起做。厨房的音箱里总循环播放那一首歌:"你给我关怀,让我有点依赖,你教我烧菜,也教我去爱……"我总是感到不耐烦,做做停停,没做两步就放弃了。食物做成后,我总是"挑刺",说:"这么麻烦,还不怎么好吃,不如买现成的!"听到此话,她舒展的眉毛渐渐皱起,嘴巴微张,却只默默地点了点头,双手不自然地在衣角上揉了揉。那时,妈妈的手上早已没有了护手霜的香味,取而代之的是饺馅和蛋清的腥味。现在回想,才发觉自己是多么依恋那带着腥味的柔情。

而现在,妈妈的手,沧桑且布满老茧。

一次过马路,妈妈像往常一样牵住了我的手。那双手一如既往的温暖却有点粗糙。我举起那双熟悉而又陌生的手,仔细端详。那手苍老了不少,布满了各种伤口。被刀划伤的、冻伤的、烫伤的……触目惊心。抬头,妈妈还如往常一样微笑着看我,眼角却爬上了几条皱纹。为了陪我赶时间,她都无暇护理自己了。瞬间,我的心也皱巴巴的。

妈妈的手,陪我长大,让我依恋;又为了我,逐渐变得苍老。妈妈的手,让我明白了爱的真谛。

我爱这双非凡的手!

(作者:毛思源)

教师点评

本文以小见大来写母爱。以"妈妈的手"作为线索,非常清晰地展现出母亲衰老的过程。随着时光流逝,母亲的付出越来越多,以至于忽视了自己,女儿也慢慢体会到母亲的不容易,细节比较感人。情感上,这样深沉而伟大的母爱很容易让我们想起《背影》中的父爱。仿写较为成功。

答案

小时候的我,总是喜欢问许多稀奇古怪的问题,父母不在身边,唯一能给我答案的,就只有爷爷。那时我最佩服的人就是爷爷,无论何种天马行空的问题,他总能对答如流。他也边回答边嬉闹着,六七十岁的人却像比我还小几个月。

可是人总会长大的,我没了天真的问题,反而是老师、是作业向我问问题了。我像往常一样去问爷爷,他没能给我答案,只有尴尬的眼神,但其中似乎蕴含更复杂的东西,只不过当时我不懂,只好自己寻求答案。

爷爷是老了呢,还是一直这样呢?

更多的时候,我无暇思考。有时他来看我,也会带着很多问题关心我,忙碌的我也没有多少耐心给他,就这样,我们相处一室,心却很远。

白驹过隙,我正值青春岁月,渐渐地,知识的世界又扩大不少:增添了扶摇九万里的鲲鹏,增添了千变万化的几何图形,增添了语意复杂的英语句型……不知不觉,少了一个老头子的身影。

今年三月,某一天午餐时,母亲接了个电话,说了句"你爷爷患脑梗了"。我们顾不上吃饭,直奔医院。

病床上,无力的爷爷似一捆陈年的木柴被遗忘在角落,原来黝黑的皮肤更暗淡无光。一看见我,眼睛像两盏重燃的灯泡,映出了生命的光彩,也映出了一个小小的、曾无知的、喜欢缠着他的天真少年。霎时,我终于明白,我从未长大,一直是一个需要被原谅的孩子。

爷爷出院了,万幸发现得早,几乎发病第一时间就被送去了医院。

后来,我扶着他,在公园里散步,对着不相识的花草又问了他几个问题,我知道他是养花草的行家。爷爷口齿不清地回答起来,不知是因为没恢复好,还是因为笑得咧了嘴。

我耐心地听着,听着岁月留给我的——最美好的答案。

(作者:李博涵)

教师点评

本文在写法上借鉴朱自清的《背影》,创作更加自由灵活。以"答案"为线索串联全文,从小时候爷爷耐心回答"我"的问题,到我们日渐没有共同语言,再到后来"我"心智成熟,主动以问题和爷爷交流。"我"的成长变化也让爷孙间的情感更加真实动人。文章有"我"对爷爷前后态度的对比,比起亲情逐渐加深的写作方式,文章更曲折可读。

说明的顺序

一、读写单元主题综述

本单元的课文都是阐释事理的说明文,涉及物候学、地质学、生态学等领域,体现了求真、严谨的科学精神。这些文章,语言优美,带有"科学小品"的特点,在传递科学知识的同时,也带给读者美的享受。

写作主题是"说明的顺序",说明文介绍事物或阐明事理,目的都在于让人获得知识。如何才能把知识讲得清楚明白呢?除了需要准确抓住事物的特征,讲究说明方法外,还要合理安排说明顺序。合理的说明顺序,有助于充分表现事物或事理本身的特征,也符合人们认识事物或事理的过程。

这一次写作训练,要求先了解说明顺序的分类,然后在写作中能够根据说明对象的特征,确定说明内容,安排适合的说明顺序。采用怎样的说明顺序,一方面需要根据说明对象的特点以及说明内容的侧重点来决定,另一方面需要根据读者对说明对象的认识程度来决定。

课标中关于阅读的"学段目标与内容"中有这样的表述:"阅读新闻和说明性文章,能把握文章的基本观点,获取主要信息。阅读科技作品,还应注意领会作品中所体现的科学精神和科学思想方法。"

课标中关于写作的"学段目标与内容"中有这样的表述:"写简单的说明性文章,做到明白清楚。"

据上分析,我们可以提炼出本次读写共生训练的目标:

1.在写作中能够根据说明对象的特征,确定说明内容,安排适合的说明顺序。(重点)

2.学会观察社会生活,查找相关资料。整合相关信息,培养科学严谨的表达习惯和负责任的写作态度。(难点)

二、读写共生美点撷取

(一)内容

1.词语和句子

(1)词语

萌发 次第 翩然 孕育 悬殊 销声匿迹 周而复始 草长莺飞 漂移 流逝 褶皱 携带 劫难 致密 追溯 天衣无缝 雾霭 缄默 迁徙 狩猎 盘旋 喧嚷 凋零 枯燥 稀疏 弥漫 目空一切 偷偷摸摸 踪迹 腐蚀 沟壑 海枯石烂

(2)句子

①立春过后,大地渐渐从沉睡中苏醒过来。冰雪融化,草木萌发,各种花次第开放。再过两个月,燕子翩然归来。不久,布谷鸟也来了。于是转入炎热的夏季,这是植物孕育果实的时期。到了秋天,果实成熟,植物的叶子渐渐变黄,在秋风中簌簌地落下来。北雁南飞,活跃在田间草际的昆虫也都销声匿迹。到处呈现一片衰草连天的景象,准备迎接风雪载途的寒冬。在地球上温带和亚热带区域里,年年如是,周而复始。

②不要认为岩石是坚固不坏的。它无时无刻不经受着从各方面来的"攻击":炎热的阳光烘烤着它,严寒的霜雪冷冻着它,风吹着它,雨打着它……

2.主题和题材

本单元四篇课文都是事理说明文,主要谈的是物候学、地理(地质)学、生态学和古生物学的问题。虽然是比较晦涩难懂的知识,可是作者善于将各自然科学学科的相关知识联系起来,综合地阐明现象背后的科学道理,逻辑周密,说明准确,容易让普通读者接受。在这当中,合理安排说明顺序就显得尤为重要。

本单元的读写主题是"事理说明文"。文章所涉及的科学知识都比较宏大艰深,如何巧妙地让读者理解和接受,是我们将要探讨的。这四篇文章可以作为事理说明文的优秀范本。比如《大自然的语言》介绍"物候学",这门学科本身是一门综合运用气象、地理、生物、农学等方面知识的学科,作者在介绍这门学科时,也特别善于多方联系,运用众多的事例来展现物候学的研究对象和基本方法,从而将这门学科的特点介绍得清晰、完整。阿西莫夫的两篇短文都以"恐龙"为话题切入,讨论的角度各不相同。《恐龙无处不在》中,"恐龙灭绝"是证明"板块构造理论"的新的有力证据。《被压扁的沙子》中,"恐龙灭绝"的"撞击说",与对被压扁的沙子的科学发现和科学研究密不可分。这两篇短文可以让学生更好地领悟"不同科学领域之间是紧密相连的"科学原则。《大雁归来》是一篇生态学"观察手记",不仅展现了大雁季节性迁徙的过程,而且形象地阐明尊重生命、热爱自然的道理。《时间的脚印》主要介绍岩石记录时间的奇异功能,目的是说明认识岩石这一奇异功能所具有的重要意义,激发青少年探索自然奥秘的热情。

(二)形式

主要掌握三种说明顺序:时间顺序、空间顺序和逻辑顺序。

1.时间顺序

按照时间推移,介绍事物的发展变化过程、制作工序等。

比如《大自然的语言》第1段文字将大自然一年四季的物候景观写得生动形象,寓说明于描写之中,如同一幅四季风光画,运用了时间顺序。

2. 空间顺序

按照由上到下、从前到后、从中间到两边等方位顺序,介绍建筑物或者物品等。

本单元没有明显采用空间顺序的文章,但之前学习的《梦回繁华》一文对《清明上河图》画面内容的介绍,就采用了空间顺序。

3. 逻辑顺序

按照由总说到分说、从概括到具体、从现象到本质、从主到次等顺序介绍事理。

本单元都是事理说明文,主要采用逻辑顺序。比如《大自然的语言》第6到10段告诉我们物候现象来临的四个影响因素,按照影响程度由大到小的顺序排列。比如《恐龙无处不在》,用在南极发现恐龙化石这一事实佐证"板块构造理论",就采用了从现象到本质的顺序。

当然有些文章包含多种说明顺序,比如《大自然的语言》《大雁归来》都包含时间顺序和逻辑顺序。

三、读写共生活动设计

教学目标

1. 掌握说明文写作的三种基本顺序,并根据说明对象的特征合理安排写作顺序。(重点)

2. 学以致用,在言之有物的基础上做到言之有序。(难点)

教学方法

游戏法　比较法　讨论法

教学课时

一课时

教学过程

(一)导入

同学们好!我们在第二单元了解到不少现象背后蕴含着科学道理,这些阐释事理的说明文是如何把知识讲得清楚明白的呢?除了准确抓住事物的特征,讲究说明方法外,还要合理安排说明顺序。日本著名作家村上春树说:"大凡事物必有顺序。"试想一下,如果说明文缺少说明顺序会怎么样?

(二)比较阅读,哪段文字更好

1.大殿中有一个约两米高的朱漆方台,金漆雕龙宝座,雕龙屏。还有六根高大的蟠龙金柱,每根大柱上盘绕着矫健的金龙。殿顶有一条巨大的雕金蟠龙。从龙口里垂下一颗银白色大圆珠,周围环绕着六颗小珠,龙头、宝珠下面是宝座。梁枋间彩画绚丽,有双龙戏珠、单龙翔舞,有行龙、升龙、降龙,多态多姿,龙身周围还衬托着流云火焰。

2.大殿正中是一个约两米高的朱漆方台,上面安放着金漆雕龙宝座,背后是雕龙屏。方台两旁有六根高大的蟠龙金柱,每根大柱上盘绕着矫健的金龙。仰望殿顶,中央藻井有一条巨大的雕金蟠龙。从龙口里垂下一颗银白色大圆珠,周围环绕着六颗小珠,龙头、宝珠正对着下面的宝座。梁枋间彩画绚丽,有双龙戏珠、单龙翔舞,有行龙、升龙、降龙,多态多姿,龙身周围还衬托着流云火焰。

明确:第一段文字缺少说明的顺序,从文本信息中只能知道故宫博物院的太和殿有哪些事物,却不清楚它们的空间位置,因此不是一段好的事物说明文字。

(三)学习新知,认识三种顺序

1.三种说明顺序

(1)时间顺序:按事物发展的时间先后顺序写。

①年代:古→今;季节:春→冬。

②事物的发展变化过程:法布尔《蝉》。

③制作工序:如"不倒翁的制作过程"。

(2)空间顺序:按照事物的空间位置关系依次说明。

近→远、前→后、左→右、南→北、低→高……(表方位、立足点、行踪变化等词语)

(3)逻辑顺序:按事物的内部联系来说明。

①从现象到本质;②从原因到结果;③从整体到局部;④从概括到具体;⑤从主要到次要;等等。

2.选择说明顺序

一篇说明文采用何种说明顺序,一般应考虑以下两点:

(1)与说明对象有关。如果介绍一座建筑物或者一处景点,我们一般采用的是空间顺序;如果介绍事物的发展过程,我们主要采用时间顺序;如果介绍事物的道理,一般采用的是逻辑顺序。具体采用什么样的说明顺序,要根据说明对象而定。

(2)与说明对象的特点有关。说明文是介绍事物或事理的文章,要想写好一篇说明文,就要抓住说明对象的特点。选用合适的说明顺序有利于凸显说明对象的特点。

(四)举一反三,把握说明顺序

1.考考你

(1)旅人桥(282年)→赵州桥(605年)→卢沟桥(1189年)→长虹大桥(1961年)

(2)介绍三人:东坡(中)→鲁直(左)→佛印(右)

(3)右边、往上、眼前、左右两边、左边、外面、屋顶上;往……走去、出了、来到、一进去、出了、路过、从……爬上去、走近……

(4)(中国)石拱桥→赵州桥、卢沟桥

(5)光辉成就→首先;其次;再次

明确:

(1)时间顺序

(2)空间顺序

(3)空间顺序

(4)逻辑顺序(一般到个别)

(5)逻辑顺序(结果到原因,主要到次要)

2.判断下面两段文字采用了哪种说明顺序

(1)大殿正中是一个约两米高的朱漆方台,上面安放着金漆雕龙宝座,背后是雕龙屏。方台两旁有六根高大的蟠龙金柱,每根大柱上盘绕着矫健的金龙。仰望殿顶,中央藻井有一条巨大的雕金蟠龙。从龙口里垂下一颗银白色大圆珠,周围环绕着六颗小珠,龙头、宝珠正对着下面的宝座。

(2)早在3000多年前,我国就有了文字。这些文字是刻在乌龟壳和扁平的兽骨上的,所以叫做甲骨文。

正式的书籍,是在两千多年前春秋战国时代出现的。起先,人们把文字写在竹片或木片上,这些木片或竹片叫做简或牍。

春秋末年,还出现了写在绸子上面的书。这种书叫做帛书。

明确:(1)空间顺序;(2)时间顺序。

(五)片段写作,训练表达能力

1.介绍自己最喜爱的一道菜,按先后顺序,写清制作工序。

2.以"我的小天地"为题,介绍自己的生活空间,注意使用方位词,以介绍得更清楚。

(六)学以致用,完成写作训练

生活在城市还是农村?这几年来,你觉得周围的环境有了哪些变化?原因是什么?以"我周围的环境"为主题,写一篇事理说明文。不少于600字。

提示:

1.首先,确定说明对象,如空气、水质、植被、交通状况等,写出它的变化。

2.查找相关资料,分析变化的原因。

3. 注意安排好说明顺序。

四、读写共生习作实例

青山常在,绿水长流

水是生命的源泉。近年来,合肥水质得到明显改善,这样的成果不仅因为合肥政府的努力,也因为合肥人民保护环境意识的提高。

前几年的一份民意调查结果显示,64.58%的市民觉得合肥水污染严重,而觉得大气污染与固体颗粒物污染严重的则分别为56.25%和37.50%,由此可见合肥水污染的形势还是较为严峻的。

为了保护水资源,促进可持续发展,合肥人贡献了自己的智慧。首先,政府出台了《合肥地表水水质水量自动监测体系建设实施方案》《合肥市水资源管理办法》《合肥市水环境保护条例》等政策性法规,既形成了比较完整的水资源保护体系,又在社会上营造了保护水资源的良好法治环境。其次,政府加大检查监督力度,严肃惩处造成水污染的行为,集中整治一批违规企业。通过开展一系列持续专项行动,全市废水实际排放达标率由70%升至95%左右。与此同时,政府还加大保护水资源的投资力度。全市累计投资大概4.87亿元用于工业污染防治,使80%以上的企业处理废水设施得以改进和完善。目前,我市生活污水处理能力达每日43.7万吨左右,城市生活污水处理率达77.79%。

我们还可以从河道整治方面来看合肥水质的改善。至今,合肥城市河道整治成效显著。一是投资8亿多元,完成南淝河河道清淤、裁弯取直、绿化造林、护坡、沿岸净化及橡皮坝等水利工程建设,主要排污口实现截流,河道生态环境得以保护,使得南淝河"黑臭"现象得到很大程度的改善。二是实施十五里河排污口垃圾清运,建设垃圾站,两岸加大绿化面积,基本完成保护南淝河的水利工程建设。三是实施了环城保卫银河、包河、雨花塘水体清淤驳岸工程。王小郢中水回用工程运行后,深度处理的污水进入护城河,实现了环城水系活力循环。

从"臭水"到清水,从量变到质变,合肥水质正在慢慢改善,但我们不能掉以轻心,在"绿水青山就是金山银山"理念的指引下不断努力,携手共进,让合肥的明天青山常在,让合肥的未来绿水长流!

(作者:陈必武)

教师点评

作为一篇说明文,本文中心突出,语言简明准确,引用和列数字的说明方法运用恰到好处,材料具有说服力。在写作前,小作者充分调查研究水污染情况,然后从合肥政府制定的法规以及整治河道的行动进行说明,内容周详,有理有据,逻辑清晰。

我周围的环境

蜀山春晓,杏花娇羞,环城细雨,巢湖泛舟。合肥,一座承藏着我记忆的城市,蓝天、白云,在合肥抬头便能望见;红花、青草,在合肥随处都能欣赏。可曾想过几年前的这里?每至立秋,天空几乎是昏沉暗淡,阴霾给人以压抑之感,如同一个灰蒙蒙的塑料袋罩在合肥的上空。引起这般巨变的原因究竟是什么?经调查走访了解到,为实现空气质量明显改善,合肥市政府和市民做出了巨大努力。

首先,从根本上进行治理,作好污染物减量文章。用煤项目实行煤炭减量替代,禁止新增化工园区,加大现有化工园区整治力度。加快淘汰柴油货车,采用稀薄燃烧技术和"油改气"的老旧燃气车辆。

其次,聚焦重点污染领域,开展各类专项治理工作。攻坚移动源管理,提前实施国家第六阶段机动车排放标准,查验柴油货车1.1万台,遥感监测柴油车34.8万台次,处罚超标柴油车64台次。攻坚挥发性有机物治理,运用走航监测、人工监察等综合手段进行重点巡查。

为了保证治理的效率,积极引入各类监测新技术,探索智能防治模式。为了加大秸秆禁烧的力度,相关部门在全市建立226个视频监控点,每个监控探头覆盖面积约80平方公里;架设3台激光雷达,探测大气颗粒物,准确掌握大气污染状况,实现了全市无新增国家和省卫星通报点。

合肥市政府与市民经过三年的努力,终于打赢了这场蓝天保卫战。据安徽省生态环境厅报告,2020年6月份,合肥市空气优良天数30天,在重点地区及苏皖鲁豫交界地区95个城市中最多。

缕缕阳光穿透过云层将金子洒向大地,阵阵清风伴着花香吹进人们的心房。合肥,一座努力改变的城市,环境在变化中更优美,生活在努力中更美好。

(作者:孔维奕卿)

教师点评

本文探究的是合肥空气质量变化的原因,思路非常清晰。开头通过合肥空气质量前后的对比自然过渡到改变的原因,语言优美,同时设置问题引人入胜。紧接着按照从主到次的说明顺序呈现变化的原因,层次井然,较好地完成了本单元的说明文写作要求。另外,列数字的说明方法也使得本文更加真实可信,原因解释具有说服力。

学写读后感

一、读写单元主题综述

本单元的文章既涉及自然美景和幸福生活,也涉及艺人的精湛技艺,主题丰富。前三篇古文都是以"记"为题,但是有的记事,有的记游,有的状物,最后一篇是《诗经》二首,侧重抒情,表达方式也是非常丰富。对于这些古诗文,一定要反复诵读,品味精美语言,才能够了解古人的思想、情趣,感受他们的智慧,受到美的熏陶和感染。

写作主题是"学写读后感"。读后感,是读了一篇文章或一本书后,在深入领会精神实质的基础上,对作品的主题、人物、表现手法或某一感兴趣的问题等提出自己看法,表明自己见解的一类文章。在初中三年的学习中,我们会接触很多优秀的文章和名著,不仅需要读懂读通,读深读透,还需要对所学知识能有丰富而深刻的感悟。

写读后感要注意以下几点:①适当引述;②感受力求深入;③联系阅读积累及生活经验。写读后感,要以"感"为主,"感"是作文的重点。写读后感时,容易犯引述原文过多的毛病,"感"的内容单薄,被淹没在引述当中,这是要避免的。看电影或电视剧时,也会有一些感受和想法,写下来,就是观后感。观后感的写法和读后感相似。

课标中关于阅读的"学段目标与内容"中有这样的表述:"欣赏文学作品,有自己的情感体验,初步领悟作品的内涵,从中获得对自然、社会、人生的有益启示。对作品中感人的情境和形象,能说出自己的体验;品味作品中富于表现力的语言。""诵读古代诗词,阅读浅显文言文,能借助注释和工具书理解基本内容。注重积累、感悟和运用,提高自己的欣赏品位。"

课标中关于写作的"学段目标与内容"中有这样的表述:"写作要有真情实感,力求表达自己对自然、社会、人生的感受、体验和思考。""多角度观察生活,发现生活的丰富多彩,能抓住事物的特征,有自己的感受和认识,表达力求有创意。"这段话虽然没有直接提到读后感这种形式,但是二者实质是一样的。

据上分析,我们可以提炼出本次读写共生训练的目标:

1. 研读作品,获得丰富而深刻的感悟,并能清晰而有条理地表述出来。(重点)
2. 写读后感,做到感从读出,有深度,有新意,并能用阅读积累和生活经验验证。(难点)

二、读写共生美点撷取

(一)内容

1. 词语和句子

(1)词语

芳草鲜美 落英缤纷 豁然开朗 屋舍俨然 鸡犬相闻 黄发垂髫 怡然自乐 清冽 蒙络摇缀 参差披拂 凄神寒骨 水落石出 历历可数 窈窕淑女 寤寐 在水一方

(2)句子

①忽逢桃花林,夹岸数百步,中无杂树,芳草鲜美,落英缤纷。

②窈窕淑女,君子好逑。

③所谓伊人,在水一方。

2. 主题和题材

本单元的题材多样,主题丰富。有的文章描写理想中的美好生活,有的文章记述自己徜徉于自然之境时的所见所思所感,有的文章赞叹古代艺人的精湛技艺,有的吟咏个人的情感追求。诵读这些诗文,能让学生感受古人的生活、思想和志趣,陶冶自己的情感和胸怀,增强对中华优秀传统文化的认知以及民族自豪感和自信心。

本单元每篇文章都值得深度阅读,也是写读后感极好的素材。《桃花源记》以优美的文字虚构了一个没有剥削和压迫,人们安居乐业的理想世界。它对后世文学影响深远,桃花源也成为文人的精神家园。《小石潭记》不足二百字,却清晰地记叙了作者出行、游览、返回的全过程,生动形象地描绘了小石潭清幽的环境,优美的景色,作者将自己的情感融入景中,借此抒发了自己孤寂凄凉的心境。《核舟记》用生动简洁的语言描绘了"核舟"上栩栩如生的人物形象和景物的特点,反映了我国古代雕刻艺术的伟大成就,体现了中国古代劳动人民的智慧。《关雎》和《蒹葭》是两曲惆怅的恋歌,那若隐若现、缠绵悱恻、哀而不伤的情调令人陶醉,而作品给人的美感也是丰富的,比如含蓄美、意境美、音乐美等。本单元的文章都是传统文化的经典之作,可以适度挖掘思想内涵,借鉴写作手法,赏析优美词句,让学生在鉴赏后写成读后感。

(二)形式

1. 记

"记"是古代的一种文体,它可以记人和事,可以记山川名胜,可以记器物建筑,故又称"杂记"。写法上大多以记叙为主而兼有议论、抒情成分。从这些来看,"记"的范围非常广泛,就是中国古代散文。本单元除了《诗经》二首,其余都是"……记",有叙事散文《桃花源记》、游记散文《小石潭记》、状物散文《核舟记》,它们都可以作为相关散文类型的典范。

2.情景交融

《辞海》中这样解释"情景交融":"情景交融,是指文艺作品中环境的描写、气氛的渲染跟人物思想感情的抒发结合得很紧密。"例如《小石潭记》,小石潭虽地处荒僻,但小巧玲珑,宁静雅致,它虽不为世人所知,但充满情趣,遗世独立。遭受贬谪冷遇之苦的柳宗元来到此处,情和景达到了高度的统一,幽深冷寂的小石潭和孤凄悲凉的柳宗元仿佛是知音,相互慰藉。正如王国维所说:"以我观物,故物皆着我之色彩。"情景交融的写作手法有助于培养学生的形象思维,引导学生带着思考来观察景物,启发学生多角度多侧面观察,把景物写得生动形象,有助于情节的发展、人物的塑造和主旨的深化。

3.重章叠句的表现形式和"赋比兴"的表现手法

重章叠句,即上下句或上下章基本相同,只是更换了几个字。如《蒹葭》,全诗三章,每章只几个字不同,这不仅发挥了重章叠句、反复吟咏、一唱三叹的艺术效果,而且产生了将诗意不断推进的作用。其实在记叙文写作中,"重章叠句"是一种很好的写作方法,结构上模仿《诗经》的"重章叠句"会营造一种氛围,层层加深情感和深化主旨。

"赋比兴"是《诗经》常用到的三种表现手法。赋:平铺直叙,铺陈、排比,相当于现在的排比。如《诗经·七月》叙述农夫在一年十二个月中的生活,就是用赋。比:即比喻。兴:托物起兴,先言他物,然后借以联想,引出诗人所要表达的事物、思想、感情。其相当于现在的象征,以情寓于"象"中。例如《关雎》第一章以河洲上鸣叫求偶的雎鸠为比的对象,兴起淑女为君子的佳偶,借助鸟的行为来引出抒情主人公对淑女的殷切盼望之情,以此情总揽全诗。次章以水中左右飘摇荡动的荇菜为比的对象,兴起君子欲求淑女动荡渴慕的心,当主人公求之不得,付出暂时没有得到回应的时候,甚至"寤寐思之""辗转反侧"。在写作中赋比兴手法的使用可以让文章文采斐然,为读者展现美好的画面,同时,优美的语言让读者在浪漫的情境中沉醉,丰富的修辞让读者在语言的绚丽中徜徉。

三、读写共生活动设计

教学目标

1.研读作品,获得丰富而深刻的感悟,并能明晰有条理地表述出来。(重点)

2.写读后感,做到感从读出,有深度,有新意,并能运用阅读积累和生活经验验证。(难点)

教学方法

练习法　讨论法　比较法

教学课时

一课时

教学过程

(一)导入

同学们好,我们看一些跟读书有关的名言:

读书之法,在循序而渐进,熟读而精思。——朱熹

用笔记本一方面把重要的记下来,另一方面,某些地方我不同意书里的讲法,可以写上一段自己的看法,表示自己的意思。——鲁迅

在读书上,数量并不列于首要,重要的是书的品质与所引起的思索的程度。——富兰克林

古今中外的名人都谈到了阅读需要思考,而我们把思考的结果记录下来就形成读后感,今天我们共同学习"如何写读后感"。

(二)初步感知,认识读后感

回顾学习过的《桃花源记》,谈谈你的阅读感受。

刚才同学们谈的感受,如果有条理地表述出来,就是今天我们说的读后感。

读后感,是读了一篇文章或一本书后,在深入领会精神实质的基础上,对作品的主题、人物、表现手法或某一感兴趣的问题等提出自己看法,表明自己见解的一类文章。

感想可以是多方面的:

1. 对作品主题的思考

2. 对某部分内容的理解

3. 对作品中某个话题的思考

4. 对某个细节或某些语句的感悟

5. 对文章写作特色的领会

……

(三)方法指导,理解读后感

1. 写读后感的基本思路

(1)引:围绕感点引述材料,简述原文有关内容。

(2)概:概括原文的主要内容,要简练,而且要把重点写出来。

(3)议:分析材料,提炼感点,亮明基本观点。

(4)联:联系实际,纵横拓展。

(5)结:总结全文,升华感点。

切记读后感的内容不可以过于形式化,熟练掌握读后感写作方法之后不要拘泥于固定的格式。

2.写读后感的注意点

(1)确定一个题目。可以是正副标题相结合的形式。

(2)适当引述原文。直接引述与间接引述相结合。

(3)"感"点集中明晰。作者的观点要明晰、有条理地表述出来。

(4)联想拓展。学会联系阅读积累、生活经验、社会现实。

(四)范文引领,欣赏读后感

陪伴,是最明亮的温情
——读《傅雷家书》有感

偶然阅读到《傅雷家书》中的选文,我被作家傅雷那情深意切的语言深深打动了。

"这种精神消沉的情形,以后还会有的。我是过来人,绝不至于大惊小怪,你也不必为此担心,更不必硬压在肚里不告诉我们",这哪里是对身处异国他乡长久不能见面的儿子说话,倒更像是对近在身前的儿子掏出一颗心来,那质朴的语言中蕴含着一份如山的父爱。我爱不释手地读完了节选的这封信。

然后我就迫不及待地想进一步认识这位伟大的父亲,想了解他是如何通过写信的方式传递出一段跨越千山万水的深情!

我很快找来《傅雷家书》,如饥似渴地读起来。随着阅读越来越深入,"良师益友"和"多年父子成兄弟"的词句在我的脑海里不断地蹦出来。记得傅聪在克拉可夫举行的两场音乐会结束后,面对听众的热情拥抱与高度赞誉,不禁心潮澎湃,在信中道:"能够使人家对我最爱的祖国产生这种敬仰之情,我真觉得幸福。"仅仅是简单的抒发感情,却引起了傅雷深切的思考:"赤子孤单了,会创造一个世界。"傅雷对孩子苦心孤诣的教导态度,也正如傅雷对待工作一般,以高度负责的精神与心力,对社会、祖国和人类世界尽自己的责任。"永远保持赤子之心,永远能够与普通天下的赤子之心相接相契相抱。"这是对中国音乐事业的诠释,是对浓烈的爱国情感的抒发,也是对人生真理的阐明。

读着那一封封书信,读着那一句句睿智理性的问候,一幅幅温馨的画面如电影镜头般在我的眼前闪现。在傅聪二十多年的海外生活中,他经历了喜怒哀乐,历经了低谷和辉煌,作为父亲的傅雷一直用写信的方式和儿子交流,谈生活、谈音乐、谈交友、谈爱情、谈做人……

万水千山也无法阻隔这种陪伴,直至傅雷离开这个世界。其实,他并没有离开,至少在傅聪心中,至少在喜爱他的读者心中,他从未离开。那一封封书信给我的震撼如同海上涨起的潮水——汹涌澎湃,经久不息。

这也让我想到了史铁生的母亲,当儿子遭遇不幸时,当儿子的命运被紧紧地攥在黑暗中时,她承受着常人难以承受的不能说出的痛苦,总是陪伴在儿子身后,以静默的方式,尽最大的努力陪伴儿子走出人生的低谷。史铁生终成著名作家,他的每一处车辙里,都有他母亲的脚印;他的每一次眺望,身后都有一个身影,身影的背后写着"陪伴"。

这让我想到了《父亲的油菜花》这篇小说。在物资匮乏的年代,面对即将失学的儿子,老父亲用油菜开花结籽暗示儿子不要放弃读书。刹那间,我脑海中浮现了瘦弱却又坚强的父亲,他无声的陪伴,丝丝缕缕,点点滴滴,如阳光雨露,从未离开。

愿天下的父母儿女们都来读一读《傅雷家书》,让陪伴的温情在两代人之间明亮起来,在我们每一个人的心中明亮起来!

评析:作者把读《傅雷家书》这本书的缘由作为这篇读后感的开头,娓娓道来,亲切自然。作者既对这本书的内容进行概括性的介绍,也对一些精彩细节加以复述和引用,不仅让读者对这本书有了大致了解,也从中提炼出了"陪伴,是最明亮的温情"这样深切的感受。作者所感深刻独到,文章内容也十分丰富,自然生动。

(五)自由练笔,畅谈读后感

我们已经学习了三个单元,你对哪篇课文或哪段文字感触比较深呢?任选一篇课文或一段文字,写一段读后感,然后读给大家听听。

(六)结合教材,写好读后感

布置作业:从七年级上册到八年级下册的"名著导读"中任选一本著作,写读后感,要求运用本节课所学知识,有感而发,力求有深度,有新意。

四、读写共生习作实例

时代铸造就的鲁迅
——读《朝花夕拾》有感

清末,一个多灾多难的时代,中国于此之上脱胎换骨是靠着一群有担当的民族魂,靠着他们的呐喊与反抗,铸就了这铮铮铁骨之中华。

鲁迅便是其一。

鲁迅的童年是幸运的。他从少年开始不断遭遇变故，再加上那个动乱的时代，造就了他的铮铮铁骨。

儿时的鲁迅因其殷实的家境，生活无忧，百草园和三味书屋中都留下他的欢声笑语。偶尔去乡下玩耍，结识一帮乡村孩子，感受他们的淳朴天真，这也许是鲁迅先生认为孩子才是中国的希望与未来，对下一代寄予厚望的缘由吧！

然而好景不长，父亲的病使得家道中落，鲁迅的人生便自此走上了一条曲折艰辛的道路。他在那以后就变得比同龄人更加成熟，更早地经受了黑暗社会的许多艰苦。就在这段时间里，一些熟人的冷眼使他看清了国民的劣根性；人们的唯利是图，又使他看清了整个人世间的炎凉。这些迫使他独立起来，渐渐形成一种敢说敢做、直言不讳的性格。

从可以在乱世苟且偷生、忍气吞声、与世无争，到忧国忧民、疾恶如仇的巨变，改变鲁迅的因素不只有他人生的变故，更有那个时代的变化。

时代铸就了这样的鲁迅。

中法战争、百日维新、"三一八"惨案、"九一八"事件，在那时处于水深火热中的中国，一批批爱国青年涌现，为中国的新生献出了鲜血，而鲁迅，在精神上给"东亚病夫"换血。

《朝花夕拾》这本书中的"小鲁迅"是天真有趣的，而现实中那个熟悉的"大鲁迅"呢？他是一个服务者，又是一个领导者，更是一个精神的领袖。他以笔为戎，用犀利的笔锋，毫不留情地怒斥了那一群残害中国的人，唤醒了那些沉睡的爱国之心。他不畏惧敌人的威胁与恐吓，以刚正不阿的姿态屹立于敌人之前。

这就是我们所熟悉的，为中国为人民鞠躬尽瘁的鲁迅！

（作者：吴浩宇）

教师点评

《朝花夕拾》这本书虽然是散文集，但是鲁迅当时处于动乱颠簸之中，又受到"三一八"惨案打击，他的心绪难以平静，难免使散文中出现杂文的笔调，对时事和所谓"正人君子"进行批判。小作者角度独到，从书中读到有民族担当的鲁迅形象，这既源于书中的知识，也联系当时的现实。中心突出深刻，语言也比较简练，较好地展现鲁迅的形象。

三性融合互补，终于立地成佛
——浅析孙悟空的兽性、人性和神性

名著凝聚了人类思想的精华，给人以深邃的思想启迪，名著中，每一个故事都是

一座矗立的丰碑。《西游记》就是这样的不朽名著。这个充满神魔色彩的长篇巨著，主角就是孕育于花果山上仙石之中的孙悟空。

孙悟空是一个经典英雄，他机灵聪明，他神通广大，他英勇乐观。每一个读过《西游记》的读者都对他印象深刻。我读《西游记》，感觉孙悟空的身上有三性：兽性、人性和神性。

为什么这么说呢？孙悟空起初是一个被众猴拥戴的猴王，无所畏惧。他过着无拘无束的自由生活，兽性暴露无遗，那时候的他是一个可以与天神较量、与妖魔鬼怪战斗的神通广大的猴王。他法力高强，大闹天宫时众神拿他没办法；取经路上，妖怪看到他也不敢正面交锋。他拥有七十二变、筋斗云、火眼金睛等本领，这些都为他桀骜不驯增添资本。从大闹天宫时的暴怒冲动、降妖除魔时的勇敢无畏中，都可以看到石猴的兽性。

在取经路上，他的兽性慢慢被磨去。三打白骨精中，唐僧将打死白骨夫人的悟空赶走时，悟空还不忘变着法向师父下拜行礼，以报答救命之恩，落泪离去。这一有情有义的举动，是他人性一面的体现，令他的英雄形象更加丰满。慢慢地，他也知晓人情世故，懂得借助外力，有时忍辱负重，不计较个人得失。这种胸襟和气度，是他作为"齐天大圣"时绝对没有的。

他的神性不仅仅体现在神通广大的本领上，更体现在他有了神的品性上。我认为孙悟空是古今中外最自由的神仙：他吸收天地灵气，享日月精精华，从石头缝里蹦出来，无父无母，不受天宫管辖；他拜师学艺，练就七十二般变化和"筋斗云"本领，自此可以上天入地，日行千里，不受时空限制；他为了花果山上的猴子猴孙，大闹地府，划掉生死簿上猴属姓名，从此不受地府约束。再加上闯龙宫得到如意金箍棒，在太上老君炼丹炉里练就火眼金睛，一切冥冥之中自有天定，这为孙悟空的神性又增添了神秘色彩。大闹天宫时，他敢于反抗，神通广大，诸神都拿他没有办法，更是孙悟空神性的光辉时刻。最后孙悟空保唐僧西天取得真经，被封为"斗战胜佛"，也是实至名归。

看完《西游记》我经常在想，孙悟空为什么可以成佛呢？用一个贴切的比喻，这三性是他攀登成功之峰的拐杖，一路伴随，一直辅助。骨子里的兽性让他无畏无惧，敢冲敢干。虽然有时候犯下错误，但获得了成长。他的神通支撑着他冲在最前线，一路斩妖除魔，开辟通往西天之路。人性是悟空取得成功的关键。这一路，九九八十一难，他学会了许多。如果缺少人性，他为何会在师父师弟被抓走时不远万里搬救兵、拼了命地救他们？他为何会在被师父赶走后内心五味杂陈？他为何会在师父屡次误会自己后仍不离不弃？正是人性中的善良正直，知恩图报，让他坚持一路护送师父直到取得真经，终成斗战胜佛。

这三性在悟空的取经路上相融合,它们对于悟空来说缺一不可。同时兽、人、神分别象征着自然、现实和幻想。这本名著展现出一个绚丽的神魔世界,同时又熔铸进社会生活的内容。

　　《西游记》讲述了唐僧师徒西天取经的故事,但对于孙悟空来说,则是兽性、人性和神性相融合,最终立地成佛的奋斗史。

(作者:徐若曦)

教师点评

　　这篇读后感分析的是孙悟空,可是没有流于一般的性格分析,而是挖掘出了孙悟空身上的兽性、人性和神性,角度新颖独特,有一定思想深度。虽然文笔略显稚嫩,但可贵的是小作者做到了有感而发,有自己的观点,论述有理有据。文脉清晰,结尾点题,中心也比较突出。另外,这篇读后感正副标题让人眼前一亮。

学写演讲稿

一、读写单元主题综述

　　演讲,即演说与讲话。它是在公开场合,面对听众,就某个问题或围绕某个中心发表意见、阐明道理、抒发感情,从而影响和感召听众的一种说话形式。在公共场合,有的人说话,旁征博引,幽默风趣,魅力四射,能牢牢地抓住听众的注意力;有的人则结结巴巴,紧张不已,甚至词不达意。其实,这种当众讲话的能力,便是演讲水平的一个重要体现。许多伟大的思想家、政治家、军事家、科学家和社会活动家,都曾为传播进步思想、伸张正义、抨击黑暗、唤醒民众和宣传科学而进行过彪炳史册、感人至深的著名演讲。一次成功的演讲,能使演讲者有效地与听众交流,引发听众思想和感情的共鸣。成功的演讲离不开好的演讲稿。本单元我们将跟随演讲者走入演讲的现场,去感受他们的不同演讲风格,汲取自己需要的营养,学写演讲稿。

　　首先,演讲稿要有针对性。撰写时,要充分考虑听众的年龄、身份、文化程度、心理需求等,以此来确定演讲稿的主题、内容和语言风格。其次,要做到观点明确,思路清晰,内容充实。演讲的目的在于说服或感染听众,因此观点一定要鲜明,赞成什么或反对什么必须明确,不能含糊,这样便于听众迅速抓住观点,进入情境;另外,由于口头表达稍纵即逝,如果思路不清晰,东拉西扯,就会让听众感觉不知所云,难以留下深刻的印象;同时,充实的内容能让自己的演讲言之有物,让自己的观点具有说服力,从而使听众产生共鸣。最后,要讲究语言表达技巧。演讲稿的语言可以有不同的风格,总体来说应该尽可能规范、易懂、生动、形象。

　　据上分析,我们可以提炼出本次读写共生训练的目标:
　　1.掌握演讲稿的特点和写作方法。(重点)
　　2.培养演讲的热情、沟通的能力。(难点)

二、读写共生方法撷取

本单元演讲稿主要有四大优点可供我们学习:
(一)有的放矢,针对性强
　　《应有格物致知精神》是丁肇中先生在人民大会堂举行的"情系中华"征文颁奖大会上进行的演讲。首先表明接受《瞭望》周刊授予自己特别荣誉奖的荣幸,由自己说到学习自然科学的中国学生应该怎样了解自然科学。言辞得体，亲切随和，针对性强，引人入胜。

演讲稿是讲给人听的。因此，写演讲稿首先要了解演讲对象，即听众，了解他们所关心和迫切需要解决的问题是什么，从中挖掘主题，选择合适的语体。对症下药，才能立竿见影。

(二)中心明确，观点鲜明

《庆祝奥林匹克运动复兴25周年》一文中，作者回顾奥林匹克运动会的历史，阐述奥林匹克精神的特点及其内涵，最后盛赞奥林匹克大会，憧憬未来。主题突出，清晰易懂。

演讲是面对面的交流，听众不能长时间思考，所以演讲内容以直抒胸臆为宜，演讲者赞成什么，反对什么，要让听众一听便懂，即"上口入耳"。

(三)逻辑严密，条理清晰

闻一多先生的《最后一次讲演》言出于心，顺理成章。全文分三部分：

第一部分(1—3)：斥罪魁，颂英烈。针对会场的特殊情况，演说一开始，闻一多先生就义正词严地痛斥国民党反动派暗杀李公朴之事。紧接着逐层深入地痛斥国民党反动派的卑劣无耻，对比突出为了真理、为了和平而献身的李公朴先生以及昆明人民的光荣。

第二部分(4—5)：揭露了敌人色厉内荏的虚弱本质，说明反动派必败，人民必胜。

第三部分(6—12)：闻一多先生深情讲述烈士牺牲的意义，赞扬云南人民光荣的斗争史，严正地警告反动派，号召爱国青年继承先烈的遗志，为完成历史赋予的任务而斗争。最后，他豪迈地表达了自己的决心。

演讲只有感情真挚、充沛，才能打动听众、感染听众，有鼓动性。写演讲稿时，在亮出自己的观点后，接下来是如何论述或证明自己的观点，可以讲一个(或几个)身临其境的故事，也可以列举能够说明观点的生活事例或名人典例。只有做到层次分明，条理清晰，才能说服听众。

(四)感情充沛，语言形象

王选在《我一生中的重要选择》中化用了毛主席的话。毛主席在接见留学生时讲："世界是你们的，也是我们的，但是归根结底是你们的。你们青年人朝气蓬勃，正在兴旺时期，好像早晨八九点钟的太阳。希望寄托在你们身上。"王选先生化用了这句名言，以不同时间点的太阳来比不同学位和不同身份人的精气神特点，生动形象，通俗易懂；把自己比作"快落山的太阳"，巧妙地引出演讲的中心话题——我一生中的重要抉择；化用伟人语言，即景设喻，自我讽喻，拉近了作者与听众的距离，又给青年人以极大的鼓舞。

如果是讲故事,就要讲得生动有趣,给人身临其境之感;如果是列举事例,就要把事例讲得有感染力。感情激昂时,多排比句、对偶句、呼告语和短句;感情平缓时,多用整散结合句。想使语言生动形象,要灵活运用多种修辞手法,如比喻,特别是博喻。

三、读写共生活动设计

教学目标

1.了解演讲稿的写作格式。

2.围绕演讲的特征撰写演讲稿。(重点)

3.培养学生恰当表达、大方演讲的能力。(难点)

教学方法

讨论法　归纳总结法

教学课时

一课时

教学过程

(一)走进课文

学生回忆本单元所学的四篇演讲稿:《最后一次讲演》《应有格物致知精神》《我一生中的重要抉择》《庆祝奥林匹克运动复兴25周年》,畅谈自己比较喜欢哪一篇演讲稿,并分析原因。

(二)走近演讲

1.教师展示演讲的有关知识

(1)何谓演讲稿

演讲稿是人们在工作和社会生活中经常使用的一种文体。它可以用来交流思想、感情,表达主张、见解,也可以用来介绍自己的学习、工作情况和经验等。演讲稿是为演讲者准备的书面材料。一篇好的演讲稿,可以帮助演讲者提前理清演讲的思路,完善演讲的内容,对演讲的成功起着至关重要的作用。

(2)演讲稿的特点

①演讲稿有极强的针对性。演讲的主题和语体要针对听众的年龄、身份、文化程度、心理需求等来确定。

②演讲的类型很多,但都要有鲜明的观点、明确的态度、清晰的思路、充实的内容。

③演讲者需借助一些语言技巧增强演讲的感染力、说服力。

2. 小组合作,总结撰写演讲稿的技法(教师归纳指导)

(1)写前三思,"心中有听众"

写作前要对演讲的主体和对象有所了解,要充分考虑演讲者的能力、风格、身份,考虑听众的年龄、身份、文化程度、心理需求等,从而确定演讲的主题、内容和语体,这样才能做到有的放矢、事半功倍。

(2)写好开头,吸引听众关注

演讲开头的方式有很多种,可以从问候或感谢开始,拉近与听众的距离;可以由演讲的缘起、现场的氛围等引入正题;可以开门见山,直奔主题;还可以提出问题,引发思考;等等。

(3)观点明确,展现思路

听现场演讲与读文章的不同在于,听众无法像读者那样反复阅读,慢慢思考。因此,写演讲稿时要注意提高自己观点和思路的"辨识度",除了观点要明确外,尤其要注意用提示性词语、关联词语和过渡性的语句来提示自己的思路,将其更直接、更清晰地呈现出来,不要过多地让听众去揣摩、分析。

(4)精设结语,增强感染力。

演讲稿结语是整篇演讲的收口之作、点睛之笔,重要性不言而喻。可以采用幽默式、高潮式、抒情式、号召式、点题式等多种形式结尾。如,利用幽默语言结束演讲,可使演讲更富有趣味,让听读者在笑声中深思,留下一个愉快的印象;或把演讲的高潮设计在最后,在高潮中结尾,拨动听众的心弦;或感慨万千,情真意切,给听众以极大的鼓舞和力量;或用精炼的语言,对演讲内容和思想观点作一个高度概括性的总结和号召;或再次点题,对听众产生振聋发聩的冲击力,用深刻的认识和独到的见解向听众提希望、发号召,具有动人情、促人行的作用。这样结尾可以起到突出中心、强化主题、首尾呼应、画龙点睛的作用。

(三)走上讲台

教师展示题目,由学生代表上台讲说自己的构思。

1. 以"我的梦想"为题写演讲稿

(1)认真审题

写作范围:"我";写作内容:梦想。

(2)内容选择

故事导入——事例论证——阐述梦想。

(3)确立中心

"我"的梦想是什么。

(4)明确写法

开头激趣导入——主体论证阐述——结尾鼓动号召。

2.以"让爱永驻心中"为题写演讲稿

(1)精心选材

家人疼爱——同学友爱——社会关爱。

(2)写作思路

开头引用故事或歌词——主体列举典型事例——结尾号召人人奉献爱心。

(3)写法

注意演讲稿的格式,灵活运用多种手法,注意故事的生动性、完整性。

3.以"书香伴我成长"为题写演讲稿

(1)审题:读书与成长的关系。

(2)选材:个人与书的故事,名人与书的故事。

(3)写作思路:读书的好处,自己从哪些书中获得哪些成长,号召大家读书。

(4)写法:夹叙夹议,引用。

4.写一篇竞聘班内某职务的演讲稿

(1)审题:为竞聘职务写演讲稿。

(2)要求:气势要先声夺人,态度要诚恳,内心要充满自信。

(3)写作思路:开头简介自己,竞聘职务;主体包括竞聘条件、自身不足、任职打算;结尾表明对成败的态度,希望得到支持。

(四)课下写作,尝试演讲

1.从以下题目中选择一个写一篇演讲稿,不少于600字。

①我的梦想

②让爱永驻心中

③书香伴我成长

2.假设班内组织竞聘班长、体育委员、音乐委员、生活委员、劳动委员的活动,你准备竞聘其中某个职务,试着撰写一篇演讲稿,阐述你的竞聘主张。

四、读写共生习作实例

让爱永驻心中

亲爱的同学们:

大家好!

印度诗人泰戈尔说过:"爱就是充实了的生命,正如盛满酒的酒杯。"爱不可磨灭,深入骨髓,爱永驻在每一个角落。

我的父亲是个沉默寡言的人,不仅要忙着工作挣钱补贴家用,还要顾着给自己买药治病。高血压和高血糖不断折磨着他,但和他疏于交流的我并不知道这些,直到一年前的一个晚上。那晚我睡得迟,偶然推开房门,看见父亲独自蜷缩在小板凳上,上身向前倾,双手紧紧地按住小腹,脸上渗出一层细密的汗珠。父亲见我立马仰脸笑了一下,可惜笑得有点勉强。嘴角不自然地抽搐着,痛楚从紧皱着的眉头间溢出。他抬起头问我:"怎么还不睡?我给你买了牛奶,要不要热一杯暖暖胃?"声音微弱,但充满了关切。那时,我突然明白,父亲在经历着一个人的狂风暴雨时,还想为我撑起一把伞。

于是,我开始有意识地观察父亲。我发现,每次大考的成绩报告出来,父亲总会登录网站一遍遍分析我的成绩,了解我的错题。我的历史成绩一直不太好,他突然变成了一个"话痨",经常借机和我讨论历史知识。看到操场的红旗,他脱口而出一段浴血抗战的传奇;看到戏剧节目,他饶有兴致地讲徽班进京的故事;就连我家的姓氏,都被他结合历史知识做了一番分析……没有枯燥的概念,没有刻板的任务,他用自己的方式让我沉迷于历史。为了跟上他的步伐,我把历史课当作故事课去细听,把历史书当作小说去细品。不知不觉中,我的历史成绩名次就从年级500名冲到130名。这背后,他抽出了多少时间去准备说辞,耗费了多少心力去和我沟通啊!

父爱不露于声色,却是无价之宝。光阴染白了头发,却抹不去关怀;时间压弯了脊背,却挡不住付出;岁月改变了容颜,却褪不去疼爱。让我们深入生活,体会爱,学会爱吧!

(作者:王梦涵)

教师点评

父爱如山,沉默厚重。小作者慧眼识爱,并以爱为动力不断进步!演讲内容平实质朴,语言流畅自然,主题明确清晰。

让爱永驻心中

亲爱的同学们:

大家好!

我认为这世间的爱有三种,一种是自己对他人的爱,一种是他人对自己的爱,还有一种是自己对自己的爱,即自爱。于我而言,自爱是最珍贵的。因为自爱如警钟,时刻警醒我们放纵的后果;自爱如笔,时刻记录我们取得的成就;自爱如指南针,时刻引导我们前行。

自爱需要自知。老子说过"知人者智,自知者明"。孙武有言"知己知彼,百战不殆"。常言道:"人贵有自知之明。"陶渊明深知自己对官场纷扰的厌恶、对卑躬屈膝的不适,退居田园,寄情自然,从而收获"悠然见南山"的惬意舒适和流传千古的美誉。知道自己究竟是什么人、想要什么,才能更好地满足自己、爱护自己、成就自己。

自爱需要自信。自信是发自内心的自我肯定与相信。如果说自爱是成熟的果实,那自信就是坚实的果树;如果说自爱是富丽的殿堂,那自信就是开门的钥匙;如果说自爱是香醇的浓茶,那自信就是泡茶的甘泉。若没有了自信,人会变得软弱。缺乏自我信任,怀疑自己的能力和素养,否认自己的意义和价值,何谈自我喜爱呢?

自爱需要自律。毕达哥拉斯说,不能约束自己的人不能称他为自由的人。自律并不是让外在规章制度来层层地束缚自己,而是用自己的行动创造一种井然的秩序来为学习和生活争取更大的自由与舒适。遵循规则,约束自我,短期内可能会带来痛苦。但从长远来看,这是对自己负责的表现,也是获得爱自己的资本的必经之路。

我们应珍惜自己的优点,改正缺点,努力成为更好的自己,为实现梦想而时刻准备;应珍惜时间,提高能力,努力学习更多的知识,为建设祖国而时刻准备。

自爱是我们人生路上可靠的精神支柱,让我们了解自己、管好自己、相信自己,心怀自爱,向明天出发吧!

(作者:卫阳羽彤)

教师点评

演讲的主旨是号召大家学会"自爱"。开篇点题,然后分三个层次阐释如何自爱,再引申到当代青少年的具体做法,最后再次点题,发出呼告,结构圆合,思路清晰。其中的引用、排比、比喻等修辞,增加了演讲的感染力。

书香伴我成长

亲爱的同学们:

你们好!

大家对书都不陌生,那你们知道书的气味如何吗?对我而言,书香是浓浓的墨香,书香是醇厚的茶香,书香是淡淡的花香。书香飘散在我的生活中,氤氲在我的记忆里。

我的父亲是一名古典文学的爱好者,时常泡在书房里。幼时的我问他:"爸爸,你怎么不出去玩儿呀?做游戏多快乐呀!"爸爸回答道:"快乐不只是玩耍才能得到的,在中国历史上有许多文人墨客书写过很多不同的快乐。'指点江山,激扬文字'

是一种豪迈的快乐;'天生我材必有用'是一种自信的快乐;'独钓寒江雪'是一种高洁的快乐;'不破楼兰终不还'是一种悲壮的快乐;在墨香中读到这些的我们,也可以很快乐呦!"爸爸点了点我的小鼻子,我咯咯地笑了起来,耸耸鼻子,在一片墨香中爱上了读书。

读初中后,我发现书里还有爸爸泡的茶香。每天晚上,我写作业,爸爸就泡上一杯茶在一旁陪伴,时不时抿上一口。每次看我睡虫上头时,他就轻轻提醒我。原本手里快要掉下的笔被我再次紧紧地攥住,睡意也被赶跑了。爸爸以前是不熬夜的,现在喝茶熬夜陪我读书,久而久之,我的书也染上了茶香。苦涩而又甘甜的香味陪我解开一道道数学题,学会一个个公式定理。这茶香的背后是爸爸对读书的我无微不至的关怀和期望。

后来,我泡在书房的时间也越来越多。我羡慕古人伴花读书的雅致,种下几颗茉莉花种子,渴望在花香中阅读。可是,怎么都不见开花。爸爸知道了,让我翻开植物学书籍,学习书中的栽培方法。果然,茉莉花开了!淡淡的幽香,沁人心脾,成了书房一景。我摘下它洁白、淡雅的花瓣做成书签,偷偷夹在爸爸的书里。当爸爸打开书时,闻到恬淡幽静的花香,向我会心一笑。

书本就像一座桥梁,连接起我和爸爸的点点滴滴。愿同学们也能与书香相伴,岁岁不相离,年年不相别。

(作者:宫倩倩)

教师点评

好一位善教的爸爸,好一个乐学的孩子!阅读此文,我们获得的不仅有心里的慰藉,还有鼻间的享受。作者以气味为线索展现读书的意义和亲情的美好,视角独特,引人入胜。这启示我们在日常生活中,学会记录片段、整理材料,不断丰富知识储备,才能在演讲时言之有物、言之有趣。

学写游记

一、读写单元主题综述

　　古人说,读万卷书,行万里路。旅行其实也是一种"阅读",是认识世界的一种方式。本单元所选的课文都是游记,或描摹山水风光,或吟咏人文胜迹,作者借此抒发情思。随着作品去想象和遨游世界,可以让我们丰富见闻,增长知识,开阔眼界。学习本单元,要把握游记的基本要素和文体特点。游记在内容上至少应该包括三个要素:第一,所至,即作者的游踪;第二,所见,即作者在游程中目睹的风貌,包括山水景物、名胜古迹、风土人情、历史掌故、现实生活等;第三,所感,即作者由所见所闻而引发的所思所想。从结构上来说,所至是骨骼,所见是血肉,所感是灵魂。无骨不立,无肉不丰,无魂不活,三者缺一不可,构成一个完整的格局。

　　本单元写作主题是"学写游记"。初中生通常按照游览路线写,泛泛而叙,抓不住重点,缺少独特感悟和个性情感,千人一面,缺乏趣味。因此,新颖别致的视角,细腻真切的描写,真实感人的思想情感,是学写游记时要抓住的关键要素。

　　据上分析,我们可以提炼出本次读写共生训练的目标:

　　1.抓住景物特点,记叙清楚,重点突出。(重点)

　　2.寓情于景,融理于景,呈现艺术色彩。(难点)

二、读写共生美点撷取

(一)内容

1.词语和句子

(1)词语

仰观 俯视 深不可测 千军万马 前后呼应 震耳欲聋 秋高气爽 风云变幻 气势磅礴 接踵而至 历历在目 川流不息 环顾 美不胜收 巍峨 皑皑 妩媚 瞬息万变 名副其实 矗立 眺望 目眩神迷 五彩斑斓

(2)句子

①果然,车还在半山腰就听见涛声隐隐如雷,河谷里雾气弥漫,我们大着胆子下到滩里,那河就像一锅正沸着的水。

②它们在龙槽两边的滩壁上散开来,或钻石觅缝,汩汩如泉;或淌过石板,潺潺

成溪；或被夹在石间，哀哀打漩。

③的确，阳光使这位身披白色披风的巨人变化多端：融雪处裸露出大山黧黑的骨骼，有如刀削一般，棱角与层次毕现，富有雕塑感。

④我们拾阶而上，威严的穹顶也随之愈升愈高，耸入蓝天，最后仿佛独据苍穹。

⑤洁白轻薄的云朵，微光闪烁，仿佛身披霓裳羽衣的纯洁天使。

2. 主题和题材

本单元第一课《壶口瀑布》，作者通过写壶口瀑布气势雄浑、壮丽开阔之境，表达对黄河的热爱、对历经磨难的中华民族的赞美。第二课《在长江源头各拉丹冬》记述了作者在各拉丹冬游览的经历，描绘了雪域高原的壮美景色，使人震撼于无限的生命力量。第三课《登勃朗峰》带我们进行了一次愉悦的旅行，展现了雄壮奇伟、变幻多姿的山中美景，也让我们感受到人生的惊喜。第四课《一滴水经过丽江》写风景、建筑、民俗，彰显丽江的神奇，也蕴含着作者对诗意与美好的追求。总而言之，游记通过作者在游程中目睹的风貌，包括山水景物、名胜古迹、风土人情、现实生活等，展现由此引发的所思所想。

八年级的学生写游记不能只停留在"表达对大自然的赞美和喜爱之情"这样的基础层面上，要学会在记叙、描写的基础上，运用抒情、议论等方式表达自我，要使作文具有深度和温度。带着心去领略四时之景、朝暮之景、阴晴之景的妙处和情趣，洞察风景的独特之美；带着脑去看风景，总结自然的规律，感悟无言的智慧，产生思维的火花，抒发自己的见解。

(二)形式

1. 结构与顺序

《壶口瀑布》一文的作者进行了精心的剪裁，详写了枯水季的景色，略写了雨季的景色。作者在写枯水季的景色时，同样也有详写和略写之分，详写了水，略写了河底巨石。我们要选择对表现文章主题有重要作用的景物进行重点描绘，其他的景物则应该略写或者干脆不写。

《在长江源头各拉丹冬》的作者游览东南阳坡，从"草坝子"到"冰河砾石堆上"，再"走下砾石堆，接近冰山"，移步换景，有层次地展现冰塔林的雄奇与壮美。按照时间的推移、地点的转换来组织材料（以游踪为线索组织材料），使文章内容清晰易懂。

2. 叙述视角

一般的游记作品以人的游踪为线索，但是在《一滴水经过丽江》中，作者以一滴水的踪迹为线索。这是因为丽江境内水资源丰富，玉龙雪山、落水洞、黑龙潭、玉河，无一不与水有关。城内四方街上要开闸放水，用水车引水，东巴的象形文字亦有"水"。人们要用水浇花、灌溉果园田地，连茶楼、酒吧的五彩灯光都要与穿城的水流相辉映。"水"既串了丽江的主要景点,也串起了这座城的历史变迁、白日黑夜,更串起了古城的文化与人情;既有空间维度,又有时间维度,更有文化厚度。水先从高而下,从雪峰直入地下,后在平地起伏,就像一般游人,使读者兴味盎然。阿来用一滴水的游踪全方位地展现丽江风采,既巧妙又再恰当不过。

大家不妨尝试多种多样的叙述视角,给文章打上自己的烙印,同时使文章凸显地方特色。

3.写景语言

(1)黄河博大宽厚,柔中有刚;挟而不服,压而不弯;不平则呼,遇强则抗;死地必生,勇往直前。正像一个人,经了许多磨难便有了自己的个性;黄河被两岸的山、地下的石逼得忽上忽下、忽左忽右时,也就铸成了自己伟大的性格。

赏析:作者由脚下的巨石引出对黄河个性的解读。作者的思考有两个层次:第一,黄河的个性是柔中带刚的,蕴蓄着无尽的力量,所以才能穿凿巨石,改变地貌。第二,未经磨难难成才,黄河的个性也是在巨石的逼迫、抵拒巨石中铸就的。这两层思考与古人"山水比德"的思想相通,使文章富有理性色彩,也使文章具有深度和质感。

(2)远方白色金字塔的各拉丹冬统领着冰雪劲旅,天地间浩浩苍苍。

赏析:"白色金字塔"暗示雪山犹如帝王一般,"统领"一词又赋予雪山以帝王的行为,表现了各拉丹冬雪山的高大威严,令人敬畏。这让读者跟着作者一起感受了各拉丹冬雪山的神异壮美,也感受到了造物主的伟力。

三、读写共生活动设计

教学目标

1.要抓住景物的特点,记叙清楚,重点突出。(重点)

2.要寓情于景,融理于景,呈现艺术色彩。(难点)

教学方法

练习法 讨论法 展示法

教学课时

一课时

教学过程

(一)导入

古语云:"读万卷书,行万里路。"随着生活水平的提高,同学们外出旅游的机会多了,城市的繁华、乡村的秀美、名胜古迹的魅力,无不给大家留下深刻的印象。如果能把这些印象变成文字,写成游记,那是很有意义的事。

游记是描写游览中所见所闻,表达自己思想感情的记叙文。游记的题材非常广泛,凡是游览中见到的社会生活、风土人情、山川景物、名胜古迹以及听到的神话传说等,都可能作为游记的材料。但怎样才能把游记写好呢?

(二)初析写法

学生分组讨论,选派代表,结合文章说说游记的写法,教师做总结。

1. 抓住特点,表情达意。只有把握住景物各自的特点,笔下的景才会有独特性,引人入胜。散文讲究借物寓意、托物言志,把人们的思想引向一个丰富而深邃的境界,游记散文也应如此。有些游记散文主要描写祖国的壮丽山河,以激发人们热爱祖国的感情;有些游记散文则通过一定的事物或游历传达作者的某种思想情感或某种人生哲理。我们在写游记时应该做到通过景物表达一定的情感,寄寓一定的思想。

2. 记叙清楚,重点突出。可选择有代表性的景物观察,也可按移步换景顺序,时空融合在一起,以游踪为线索,走一程,写一物。要多角度、有层次地写景:不同方位(由远到近、由上到下、由中间到四周)、不同感官(视觉、听觉、嗅觉、触觉相结合)、不同手法(发挥联想与想象,虚写与实写相结合)。再者,在所记的景物中,要分清主次详略,抓住重点,写具体,写生动。选自己感受最深的、心灵受触动最大的方面去写。捕捉撼动心灵的场景,留存刹那间产生的美感,只有这样才能写出有特色的文章。

3. 渗透情理,感受独到。游记中的写景,一般是为了抒情言志。写作中须把情、理渗透到景物的描绘刻画之中,做到景与情、景与理的统一和融合。游记散文要写出自己独到的感受,要写出游时的"味"来。比如泰山,在不同时代,在不同季节,在不同人的笔下所具有的情韵是不一样的。再如两个人在同一季节、同一天去同一个地方,所获得的感受也是不一样的,因为两个人的生活阅历、知识水平、个人爱好都是不一样的。

4. 艺术添色,丰富内容。可以把游地的历史、名胜、人情、习俗、文物、特产以及民间传说、文人诗句等,加以融会贯通,穿插引用,多层次、多侧面地描绘景物,烘托景物,使画面显得充实饱满,富有情趣和艺术魅力。写游记散文总要涉及某一个地方,这就需要我们深入了解这个地方,然后巧妙地根据文章中心表达的需要选择插入的内容。

5. 展开联想,善用修辞。在游记散文中,有时为了逼真地表现事物,也为了丰富文章的内容,我们可以展开丰富的联想,用比喻、拟人、通感等手法去写景,使景物生动形象,使读者如临其境。

总之,游记散文写法多种多样,关键要写出景物的特色,写出自己的真切感受。

（三）展示照片，选题训练

1. 我们可能都有过旅游的经历。旅途中，我们不仅观赏自然风光，了解民风民俗，同时也会有许多新奇的感受，产生很多思考和遐想。请你展示一张自己游览过的景点的照片，自拟题目，为它写一篇游记，不少于600字。

提示：(1)先画出当时的游览路线图，按游览顺序拟出写作提纲。(2)回想游览时最深的印象及总体感受，据此确定材料取舍与叙述详略。(3)在记叙或描写中融入自己的情感，也可以适当加入一些人文景观的介绍或引用他人的描写、评价等，以丰富文章内容。

2. 课下，在家长的带领下参观一处纪念馆（或博物馆、展览馆），以"参观_____"为题，写一篇参观记，不少于600字。

提示：(1)参观时可以有意识地做一些记录，作为写作的素材。(2)参观过程中看到的东西不可能全都写进作文中，要有重点、有选择地写，做到主次分明，详略得当，重点突出。(3)参观的目的是开阔眼界，增长知识，接受教育。在适当的地方，要点出你所得到的教益或受到的启发。

四、读写共生习作实例

心中那片竹海

"山际见来烟，竹中窥落日。"我无法忘却那片竹林——南山竹海，它让我窥见世间最美的景象。

那年暑假，母亲带我来到江苏。南山竹海位于江苏和安徽的交界处，坐拥3.5万亩翠竹。抵达竹林，我按下心中的震撼，细细打量，无垠的竹海气势磅礴，每一根都朝着相同的方向昂然挺立。山脚的翠竹有高有低，高的直指云霄，像是能把天捅破；矮的则伸手向游人打着招呼，谦和友好。竹子有粗有细，粗的颜色呈深绿，饱经风霜，写满了岁月的沧桑；细的颜色呈碧绿，蓬勃向上，写满了成长的活力。这竹林，挤挤挨挨，四季常青；枝叶细密，竹节粗疏；风吹不折，雪压不倒。在我暗自赞叹时，清风徐来，千万棵竹立刻化作层层波浪，清香拂面，沙沙作响，似无数箫音在风中流转。沉溺于竹海，我不禁感叹"苍苍竹林寺，杳杳钟声晚"之意境之深邃。

风渐渐大了起来，碧绿的竹涛连绵不断，起起伏伏，它只为风喝彩，不为风颤抖。"咬定青山不放松，立根原在破岩中"说的不就是这些竹子？也难怪郑板桥夸它们美，它们美在"千磨万击还坚劲，任尔东西南北风"的刚毅。

导游领着我们往山上爬，愈往上走，我便愈惊奇于竹子的变化：它们不稀疏反而更茂密些。竹竿呈四十五度斜角向上生长,像陪伴我们俯身攀爬的登山者。它们还颇为细心地展开呈椭圆状、两端却尖细的竹叶,为来往的游人投下一片荫蔽。我仰起头,看千万片竹叶紧密相连,青翠欲滴,阳光穿叶而过,绿色在金光的笼罩下熠熠生辉。再低头看,这里遍地竹笋,或在岩石边,或在泥土里,却都无例外地节节蹿高,无疑是一块块天然的翡翠。导游说,竹子浑身都是宝。竹笋可食用,可入药,竹子可以做竹签、竹席,甚至竹盐!我感慨,竹子可真美,它懂得奉献。

下山途中,我望着郁郁葱葱的竹林,竟发现几乎所有的竹身上都有几道"岁月的痕迹"——伤痕。其实,竹的成长并非一帆风顺。导游告诉我,它们也经历过暴风骤雨,也经历过磨损折断,但它们一直没有忘记向上生长,它们把磨难挺过去,并沉淀下来,沉淀成这历经磨砺却显得生机勃勃的绿,那是多么美丽的颜色!它们历尽磨难却仍能向阳微笑。怪不得人们说竹是海,因为竹同海一样生生不息,海不会死气沉沉,竹也不会停止生长,这是一种多么美的生命!

这南山竹海之旅,一路走走停停,品竹赏竹,我看到了那一棵棵苍翠的竹,那遮天蔽日的魄力,那不惧风雨的韧性,那乐于奉献的品质,那积极向上的生命力……这一切,在我心底孕育出了一片美不胜收的竹林,一片汹涌澎湃的竹海。

南山有竹海,叶叶焕生机,不为风雨折,根根经风霜,立定破岩中,勇者心不老。

(作者:李宇珩)

教师点评

景物不仅美在外观,更是美在内涵。小作者以自己的游踪为线索,展现了竹的魄力、韧性、无私、积极,不断拓展,使竹的形象鲜活立体,引人深思。诗句的引用和创作增添了文采,是一篇写景佳作。

陶祖圣境

有水、有石、有竹、有茶,阳光跃动,碧波荡漾,伟人的美好品格闪烁于人们心间。这里是紫砂故乡——宜兴。这里有一个神秘而又美丽的地方——陶祖圣境。

圣境的陶祖,乃是春秋末期著名的思想家、政治家范蠡。在辅佐越王重兴国业后,范蠡功成身退,西渡来到宜兴。他没有自暴自弃,开创了宜兴的制陶业,被后人尊称为陶祖。世人誉之:"忠以为国,智以保身,商以致富,成名天下。"

我怀着崇敬的心情,步入陶祖圣境的大门,映入眼帘的是一尊高大挺立的塑像。其所描绘的人物便是"陶祖"。我高抬起头,仰视那魁梧的身躯,凝视那灵动的双眸,仿佛穿越了时空,看到陶祖威风凛凛地立于世事变迁之中。

漫步向前,便来到了慕蠡洞前。走进洞内,石笋和钟乳石千姿百态,令人目不暇接。有的似一条黄金巨蟒,穿梭于洞顶;有的像一匹奔腾的野马,无羁奔驰;有的如一只憨态可掬的熊猫,懒懒侧卧;还有的仿佛是野兽锋利的牙齿,向人们刺来……石印深深浅浅,长长短短,印刻着历史,在七彩灯的照射下,绚丽多彩,如梦似幻。

出了慕蠡洞,便看见远处一片细密的竹林。那青翠欲滴的竹子坚毅挺拔,似陶祖塑像屹立不倒,滋养着这方古老的土地。

再往前走,是一条蜿蜒曲折的小路,路的两旁是大片清新的茶海。我俯身观察一棵茶树,碧绿的茶叶像清莹透澈的琥珀,又如温润的玉石。淡淡的茶香飘游于空气中,晕开一片清凉雅致,轻轻抚慰人的心灵。

午后的阳光洒落金辉,旅行在不知不觉中结束,我仍沉浸其中,回味无穷。圣境的奇观美景,陶祖的忠厚聪慧,将永存我心。

(作者:李子易)

教师点评

这是一篇可借鉴程度较高的游记。以游踪为线索,小作者介绍了在陶祖圣境的旅行经历。首尾呼应,结构完整;语言流畅,内容丰富;比喻、排比、想象的手法生动再现了自然景象之美、人文景观之妙。

学写故事

一、读写单元主题综述

憧憬美好的社会生活,反思现实的生存状态,是经典作品的永恒主题。本单元所选课文,都是传统的名家名篇。其中有对精神自由的渴望,有对学习生活、理想社会的期望,有"不平则鸣"的呐喊,有对民生疾苦的同情。这些诗文有情趣,有理趣,表现了古人的哲思和情怀。学习本单元,要注意积累常用文言词语和句式,欣赏课文中精彩的语句;还要学习古人论事说理的技巧,体会他们的人生感悟,从中得到思想启迪和情感陶冶。

本单元的写作主题是"学写故事"。首先,要写完整的故事。一个完整的故事,一般包括开端、发展、高潮、结局四个部分。其次,在完整的基础上,要把故事写得有趣,就要讲究情节的一波三折,要善于设置悬念,刻画典型细节。再次,写故事要善于运用多种描写手法刻画人物。不过,描写手法的运用要考虑人物身份与个性。最后,要能把故事写出"意味",这样故事就有了更长久的生命力。这种意味,体现为故事契合人心、人情、人性,给生活以启迪,给生命以滋养。

课标中关于写作的"学段目标与内容"中有这样的表述:"合理安排内容的先后和详略,条理清楚地表达自己的意思。运用联想和想象,丰富表达的内容。"

据上分析,我们可以提炼出本次读写共生训练的目标:

1.有头有尾地写出一个完整的故事。(重点)

2.力争人物形象丰满,故事有趣味,用适当的联想、想象丰富细节。(难点)

二、读写共生美点撷取

(一)内容

1.词语和句子

(1)词语

从容　怒号　唇焦口燥　叹息　墨色　尘灰　两鬓苍苍　翩翩　叱

(2)句子

①八月秋高风怒号,卷我屋上三重茅。

②唇焦口燥呼不得,归来倚杖自叹息。

③可怜身上衣正单,心忧炭贱愿天寒。

2. 主题和题材

在成长的过程中,每个人都发生过精彩纷呈的故事,有获得成功的喜悦,有惨遭失败的酸楚。学生喜欢聆听故事,也喜欢讲述自己的故事。将故事融入作文,按照故事的特性去写作,可打开素材库,拓展写作思路。

故事往往通过叙述的方式讲一个带有寓意的事件。它取材广泛,可以是真实的,也可以是虚构的,但它的主题都应该是积极有益的。本单元的课文都是我国古代的经典名篇,包括《〈庄子〉二则》《〈礼记〉二则》《马说》《唐诗二首》。学习本单元,我们能从故事中感受到作者对人生存状态的关注,收获中华优秀传统文化中宝贵的精神财富。比如,《庄子与惠子游于濠梁之上》记录二人的辩论过程,阐释物与人的关系;《马说》叙写千里马的不幸遭遇,强调了赏识人才的重要性;《茅屋为秋风所破歌》记录全家遭雨淋的痛苦经历,展现了诗人忧国忧民的崇高思想境界;《卖炭翁》刻画底层劳动者的艰辛生活,鞭挞了统治者对人民的掠夺。我们应引导学生知道,一个真正有价值的故事不仅仅有趣味,更要打动人心、传递人情、挖掘人性,发人深省,感人至深。

我们写作时,可以平凡小事为切入点,围绕其进行多次追问,由小见大,由表及里,挖掘出较深刻的思想内容。比如,一次旅行开拓自己的眼界,一场考试反映学习的得失,一条马路见证社会的变迁。引导学生调动思维,充分发掘素材深意,培养学生深入思考的能力,写出"值得玩味"的故事。

(二)形式

1. 结构与顺序

《茅屋为秋风所破歌》一诗可分为四节。

第一节五句,句句押韵,"号""茅""郊""梢""坳"五个开口呼的平声韵脚起势迅猛,读之如闻秋风咆哮。一个"怒"字,把秋风拟人化,"卷""飞""渡""洒""挂罥""飘转",一个接一个的动词组成一幅幅鲜明的图画,紧紧地牵动诗人的视线,拨动读者的心弦。诗人的高明之处在于他并没有抽象地抒情达意,而是寓情意于客观描写之中,使大风破屋造成的焦灼和怨愤之情激起读者的共鸣。

第二节五句。这是前一节的发展和补充。落在平地上的稻草被"南村群童"抱跑了,诗人因"老无力"而受欺侮,满心愤懑,无可奈何。"不为困穷宁有此"构成结尾的伏线。"安得广厦千万间,大庇天下寒士俱欢颜"的崇高愿望,正是从"四海困穷"的现实基础上产生出来的。"倚杖"又与"老无力"照应。诗人如此不幸的遭遇只有自己面对,未引起别人的同情和帮助,正是世风的凉薄使他联想到具有类似处境的无数穷人。

第三节八句,写屋破又遭连夜雨的苦况。用暗淡的环境烘托出诗人凄惨的心境。"自经丧乱少睡眠,长夜沾湿何由彻"两句,一纵一收。一纵,从眼前的处境扩展到安史之乱,从风雨飘摇中的茅屋扩展到战乱频仍、残破不堪的国家;一收,又回到"长夜沾湿"的个人处境。于是由个人的艰苦处境联想到其他人的类似处境,水到渠成,自然而然地过渡到全诗的结尾。

第四节中,"广厦""千万间""大庇""天下""欢颜""安如山"等词境界阔大,表现了诗人从痛苦生活体验中迸发出来的奔放的激情和火热的希望,诗人的博大胸襟和崇高理想至此表现得淋漓尽致。

从现实到理想,从写景叙事到议论抒情,本文结构清晰,前后呼应,值得反复品读。

2.叙述视角

《马说》写于贞元十一年(795年)至十六年(800年)之间。当时韩愈初登仕途,却不得重用。他声明自己"有忧天下之心",不会遁迹山林,但朝中奸佞当权,政治黑暗,才能之士不受重视。郁郁不得志之时,韩愈借《马说》表达自己遭遇不平的人生感慨,并对统治者的自大无知进行控诉。

这篇文章启示学生发挥想象,开拓思维,从不同的角度去表现人物、事件。比如,从一本书的角度写自己的阅读经历,从一盏灯的角度写一位老师的教学故事,从一扇窗的角度写一家人的快乐生活。

3.特殊句式

(1)策之不以其道,食之不能尽其材,鸣之而不能通其意。

(2)其真无马邪?其真不知马也!

(3)安得广厦千万间,大庇天下寒士俱欢颜!

(4)卖炭得钱何所营?身上衣服口中食。

(5)一车炭,千余斤,宫使驱将惜不得。

4.语言描写

(1)"满面尘灰烟火色,两鬓苍苍十指黑。""两鬓苍苍"见其年高,"满面尘灰""十指黑"见其劳苦。诗人用简练的笔触勾勒出人物外貌,把卖炭老人尘灰满面、鬓发斑白、十指熏黑的可怜形象刻画得极为传神。

(2)"可怜身上衣正单,心忧炭贱怨天寒。""衣正单"本该希望天暖,然而卖炭翁却"愿天寒",期待寒风凛冽,大雪纷飞,这一反常、矛盾的心理,表现出卖炭翁的艰难处境和复杂内心活动。

(3)"手把文书口称敕,回车叱牛牵向北。""回""叱""牵"表明强抢,动作一气呵成。宫市之苦,苦不堪言,卖炭翁无力抗争。此句揭露了"宫市"的掠夺本质,强抢之行为与前文卖炭翁烧炭运炭的辛苦对照,更激发读者对掠夺人民的统治者的怨愤、对底层劳动者的同情之情。

三、读写共生活动设计

教学目标
1. 有头有尾写出一个完整的故事。(重点)
2. 力争人物形象丰满,故事有趣味,用适当的联想、想象丰富细节。(难点)

教学方法
练习法　讨论法　展示法

教学课时
一课时

教学过程
(一)导入

同学们,在我们成长的过程中,发生过很多精彩纷呈的故事,有获得成功的喜悦,有遭受挫折的烦恼等。我们认真聆听他人的故事,也在不同场合讲述自己的故事。那么,我们如何把听到的或者自己讲过的故事写成完整而精彩的作文呢?

(二)注意故事要素的完整

要想将故事叙述完整具体,各要素必须交代清楚。过程和结果作为重点,揭示故事发展变化的原因和各部分的内在联系,使读者对整个故事有全面的印象。那是不是任何一篇文章都要对六要素逐一交代呢?这要视文章的具体情况而定。灵活交代文章的时间、地点、人物,可以避免文章的呆板和平庸。

(三)写出故事的波澜

"文似看山不喜平",即读好文章就像欣赏山景,不喜欢平缓而无变化。怎样才能写出有波澜的故事?

1. 巧设悬念。常用的制造"波澜"的方法就是巧设悬念,作者在展开故事情节、安排矛盾和冲突时,利用读者的心理,将后面要表现的重要内容,在前面提出或做出暗示,令读者欲罢不能,饶有兴味地读下去。作者利用这种方法巧妙地带着读者寻幽探胜,渐入佳境。

比如蒲松龄的《狼》,篇幅不长,但写得一波三折,扣人心弦。不妨再读一遍这篇文章,看看是不是有这样的特点。

2. 欲扬先抑。这是一种以退为进的写作技巧,即作者为褒奖或肯定某人某物,先作某些退让,有意贬抑或否定,而后再着力褒扬。这样大起大落地叙述,势必使读者产生较剧烈的心理变化,于是,便能达到形成"波澜"的目的。

比如鲁迅的《阿长与〈山海经〉》,作者对阿长的态度由"不大佩服"到"空前的敬意",再到"敬意逐渐淡薄直至消失",最后"发生新的敬意",形成鲜明对比,易使读者留下比较深刻的印象,感受到阿长朴素而深刻的爱意。

(四)塑造有血有肉的人物

好作文一般会把人物的性格特点隐藏在准确具体的描写之中。

1.传神的外貌描写。外貌描写不仅能真实地反映人物的面貌,还能反映出人物年龄、身材、性格、经历、处境与思想感情。

2.逼真的行动描写。通过人物在故事中富有个性的动作和语言来表现人物最突出的个性特征。这样,我们笔下的人物容易"活"起来。

3.真实的心理描写。当人物的外貌、语言、动作描写都不足以展示人物内心的思想情感时,应该适当地描写人物的心理。

4.白描。以质朴的文字,抓住人物或事物的特征,寥寥几笔勾勒出人物或事物形象,突出其特点。

运用多种描写人物的手法,可以使文中刻画的人物有血有肉,形象丰满,别有趣味。比如在《孙权劝学》中,吕蒙就是一个个性鲜明、形象生动的人。他由借口"军中多务"不肯读书,到听了孙权的劝告"乃始就学",再到"非复吴下阿蒙",不断进步,令人"刮目相看"。

(五)融入合理的想象

写作中凭借想象虚构出奇特的生活情景,创造出新的形象,从而使作品放射出夺目的光彩。

比如《卖炭翁》中,作者对卖炭老人的外貌和心理做了细致的描绘,加以合理想象,特别是"可怜身上衣正单,心忧炭贱愿天寒"一句,将老人的艰难处境和矛盾心理刻画得真切,催人泪下。

(六)确定写作主题,畅言写作想法

1.我们熟悉的各种事物,都可能引发故事,比如眼睛、头发、手等身体部位,比如校服、手机、红绿灯等物品,又比如军训、旅游、比赛等活动。这些物或事一定有不少值得挖掘的地方,有不少出人意料的富有戏剧性的故事。以"_____的故事"为题,写一篇作文,不少于600字。

提示:(1)先将题目补充完整,可以在横线上填入诸如"头发""军训""一张电影票"等词语,再去写故事。(2)可以先列一个提纲,把主要情节构思好,要让情节有些波澜。(3)要有合理的联想与想象,使故事情节更加生动、曲折、感人。

2.从《茅屋为秋风所破歌》《卖炭翁》中任选一首,发挥想象,增加一些细节,改写成一则小故事，不少于600字。

四、读写共生习作实例

伞的故事

窗外，雨滴肆意地拍打着，令我不安的情绪又焦躁了几分。我没有带雨伞。

是的，谁会带那把又丑又旧的雨伞到学校呢？又有谁会面对着同学的嘲讽而泰然自若呢？

去年的冬天，临放学时下起了小雨。同学们撑起了斑斓的花伞，我默默地撑起了自己的伞。那是一把很老很旧的伞，颜色发灰，花纹土气，像一个阴冷沉郁的人走进了热闹多彩的集市，格格不入。一个同学看到这把伞，与他身旁的同伴窃语道："你看他的雨伞好丑啊！"随即是一声声讥笑。

那声音不大，我却听到了，很刺耳，在我脑海里循环播放。我恼怒地收起雨伞，低着头冲进了雨水之中。很奇怪，明明是很小的雨，我却感受到刺骨的寒意。

从那以后，我再也没有带过雨伞，每每同学投来疑惑的目光，我总会倔强地说，没关系，这点小雨怕什么。其实真的没关系吗？我比谁都清楚。

时间一点一滴地流逝，就要放学了，豆大的雨滴丝毫没有减退的迹象，走出教室，望着天边厚重的乌云，我的心情更加烦闷。

雨太大了。我叹了口气，脱下外套盖在头上，打算就此跑着回家，忽然头顶不再有雨滴落下，抬头一看，是那把老旧的伞，它被母亲紧紧握着。而母亲呢，早已湿透的头发结块垂耷着，外套扣子还未扣好，裤子上滑过道道水迹。"今早让你带雨伞，你还不带，这下好了，我又得给你送。"母亲疲惫地笑着。

就这样，我和母亲一步一步地向家走去。我望着浑身湿透的母亲以及雨伞下安然无恙的自己，心中泛起阵阵涟漪，偶有雨点溅在脸上，也不知是不是泪水。

渐渐地，雨停了，一缕阳光微洒在那把被我嫌弃的伞上。母亲收了伞，望着我，没有说话，只是脸上微微溢着幸福的笑。我眯着眼望着天空，多蓝啊，纯净得没有一丝异色，阳光倾洒在弯曲的小巷里，我和母亲沐浴在这柔美的光辉中，我仿佛经历了一场洗礼。

那把老旧的雨伞，永远在风雨中为我撑开。

（作者：张雨晗）

教师点评

伞的故事，就是母亲的故事啊！"那是一把很老很旧的伞，颜色发灰，花纹土气……格格不入","母亲呢,早已湿透的头发结块垂耷着,外套扣子还未扣好,裤子上滑过道道水迹",通读下来,心里都是涩涩的感动。小作者文笔淳朴,心思细腻,感情真挚,将"母亲送伞"这一平常的素材写出了不俗的效果。

家风的故事

我们家以节俭为家风。

太爷爷有一个绿茶杯,颜色老旧,漆皮脱落,铁把生锈,颇不好看。

"这杯子用了几十年了,怎么还用?又不是买不起,爸,我们给你换一个新保温杯吧!"太爷爷的女儿拿起杯子,半是抱怨,半是心疼。

"你们这是干什么,快放下!这杯子又不是不能用了,不用换!"太爷爷声音浑浊却又坚决果断,"我当兵的时候,走南闯北都带着它!敌人都没能打烂!一起喝过水的战友,现在都没了,就只有这个老伙计陪着我!"

她听后默默放下那杯子。

太爷爷教育我要节俭,珍惜旧物上永不磨灭的真情。

我有一把彩色的小伞。因为贪玩,伞上控制收缩的卡口被弄断了,我只好怏怏不乐地准备把它丢进垃圾筐。

"别急,让我看看。"外公急忙阻止我,接过我手上的伞,眯着眼睛端详了一会儿,说道,"问题不大,我给你修好。"转身进了房间,从他那放旧物品的"百宝箱"中摸出一根铁丝,用小钻在断口两边各钻一个小洞,铁丝左孔进右孔出,再用力一掰,两头就贴到一起去了。最后用老虎钳一口钳住铁丝,拧了又拧,把铁丝拧得结结实实。然后一试,伞居然又能用了,像一朵花儿开在我心间。

外公教育我要节俭,诠释化腐朽为神奇的灵巧。

妈妈有一张红色的证书。年幼的我曾十分好奇地翻开,里面写着一个不小的数目。

"妈妈,太爷爷、外公他们不是一直说要节俭吗?可你为什么还要花掉这么多钱呢?"我十分疑惑。

"孩子,这些钱是捐给有需要的孩子的。这证书就是他们对妈妈的认可。"妈妈耐心地说,"我们是要节俭,但我们更应该在他人困难时慷慨解囊。你看,妈妈省下来的钱,帮助了山区里的孩子读上了书,穿上了新衣服呢!"我看着妈妈闪烁的眼睛,仿佛悟出了什么。

妈妈教育我要节俭,给予困苦之人千金难换的机遇。

节俭,是我家的家风,它告诫我从点滴做起,不铺张浪费。从那舍不得扔的茶杯中,我读到了节俭的情怀;从那用铁丝修好的雨伞上,我读出了变废为宝的智慧;从那鲜红夺目的证书里,我读懂了助人为乐!节俭,是我们家的家风,我们将代代相传这普通而有意义的高尚品德。

(作者:陈鋆冉)

教师点评

节俭的家风串起三代人、三件物,彰显节俭的意义。文章结构清晰,线索明确,主题突出,构思精巧,值得学习!

头发的故事

说起自己的老爸,每个人想到的肯定不一样,可能是啤酒肚,是灵巧的双手,是严肃的眼神……至于我嘛,想到的是老爸那稀疏的发量。

几年前,家里买了一台电脑,他每天工作回来得比我睡觉还晚,早上却因为打游戏而比我起得早。我常常被他"枪战"的声音吵醒。他"瘾大技术差",一边咒骂着刚刚"杀"掉他的家伙,一边气急败坏地等待"复活"。我嘲讽道:"睡眠时间少是造成中年男性头秃变丑的元凶哦!"

但他发量锐减并不是因为睡眠时间少。

在我上四年级那年,他被查出患有肺病。但他从不跟我提起这个,所以我不是很清楚。只记得他在省胸科医院住了一段时间,之后每个月还要回医院复查和放疗。他总是戴着帽子。有一次,他洗头时被我撞见了,我发现他竟然剃了个光头!我去问妈妈这是怎么一回事,妈妈告诉我:"你爸化疗后,头发受刺激,掉了不少,干脆剃光了……他怕你嫌弃他的囧样,不肯让你看到,还嫌鸭舌帽挡不住后面,大夏天的非戴个棉帽子……"

后来,我去过一次他做化疗的地方,说实话,我不喜欢那里。那里太清冷压抑了。在医院小门旁,往下走三层才到,层层铁门阻挡,随处可见由三道弧组成的黄底图案。我问妈妈这里的设计为什么这么奇怪,她告诉我:"因为这里放射性太强了,所以需要人离远一些。"因此我们只能通过监控来看爸爸。医护人员全穿着厚厚的防护服,仿佛眼前有一个未知的病原体。后来医生跟妈妈说:"下次把儿子交给邻居或亲戚代管,别带过来,小朋友待在这儿太危险了。"可是,我的爸爸每个月都要来这个冰冷危险的地方啊!那一刻,我多么想冲进去,护住我的爸爸,告诉他,我爱他。无论他有没有头发,他都是我最帅的老爸!

父亲生病已有三年多了,他剃光头也有一年多了。可他从未抱怨过命运的不公,从未放弃求生的欲望,也从未在我面前露出痛苦的神色。他就像一棵沙枣树,尽管枝叶不繁茂,但傲然耸立、顽强生长,在生命的荒漠中不懈挣扎。而我,也想快快长大,更好地守护他。

(作者:宋文涛)

教师点评

"父爱"主题的作文屡见不鲜,但"父亲的秃头"这一独特的写作对象,使文章别有意味。小作者用幽默生动的语言呈现了一个倔强的父亲,他因为爱而掩饰病情,却教会儿子爱人,相信小作者终能收获属于自己的成长。

九年级段

1. 在阅读中了解诗歌、散文、小说、戏剧等多种文学体裁，学会区分写实作品和虚构作品。

2. 阅读由多种材料组合的较复杂的非连续性文本，领会文本的意思，得出有意义的结论。

3. 进一步优化记叙文写作，兼顾议论、抒情的增效表达；熟练写作简单的议论文，做到观点明确、有理有据。

尝试诗歌创作

一、读写单元主题综述

诗歌是感情之花,是抒情的艺术,是语言艺术的精髓。中国是诗的国度,诗歌是中华文明的重要载体之一。教材单元任务中就说:"诗是心灵触动的音符,是情感流动的旋律。"

在本单元我们学习了五首诗词,毛泽东的词《沁园春·雪》铿锵有力,磅礴大气;余光中的诗歌《乡愁》娓娓诉说着思念与哀愁;林徽因的诗歌《你是人间的四月天》婉约轻盈。

本单元的写作任务是尝试创作诗歌。学写诗歌,对提高同学们的语言、文字运用能力和审美情趣大有帮助。自拟题目写作,内容可以很宽泛:拨动你情丝的亲人的关爱,触发你感慨的生活的波澜,引发你思考的春华秋实、风霜雨雪……这些都可以成为写作的素材。

据上分析,可以提炼出本次读写共生训练的目标:

1. 研读现代诗歌,总结诗歌创作的方法。(重点)
2. 体会诗的语言特点,学会在仿写的基础上进行创作。(重点)
3. 发挥联想和想象,写出自己的真情实感。(难点)

二、读写共生方法撷取

(一)诗歌的内涵

诗歌是情感的抒发。生活中的人、事、物,都可能触发我们的情感,将情感用文字分行写出来,就有诗的模样了。如果再适当融入联想和想象,就有诗的味道了。

(二)诗歌的文化地位

诗歌是人类有文明以来生命力最长久的一种文学体裁,它代表着文学艺术的最高成就。诗歌具有意象美、意境美、想象美、情感美、构思美、结构美、音乐美、凝练美。培根说:"读诗使人灵秀。"读诗可以丰富语言,发展想象力,培养审美能力,激发写诗欲望。

(三)诗歌的组成

诗歌由语言、韵律、情感、意境、想象、哲思等组成。当然,这几个元素并非缺一不可。

(四)诗歌的特点

1. 思想上:人情味与哲理性,注入了很多个人喜好、个人感悟等。

2. 内容上:取材广泛,意象多种,想象丰富。

3. 形式上:依据内容,分行分节。古体诗有韵律要求,现代诗可以押韵,也可以不押韵。

(五)诗歌的创作技巧

诗歌创作的过程就是诗人寻找客观事物作为意象,建构意象语言,从而使其主观情感能够生动形象地表达出来的过程。写作灵感来源于对生活现象的感悟和思考。

1. 写作点拨

(1)语言:精练、准确。

(2)意象与意境:诗歌的灵魂和生命。

(3)修辞:诗歌灵动的有效推力。

(4)情感与思考:诗歌的思想。

2. 写作规范

主题:确定一个主题,找到抒发情感的突破口。

语言:精选生动的动词、形象的名词(意象),适当巧变词性。

想象力:基于生活,高于生活。巧妙融合生存经验和思想。

3. 写作格式

原则上不拘一格,续写要与原诗在语意上相互联系,表达共同的中心,形成和谐的语境。无论仿写、续写还是写新诗,我们都要先揣摩并把握句子格式的基本特点。

(1)结构要遵循规律,让韵律美起来

仿写不同于自由创作,要吃透原诗。余光中的《乡愁》运用的是一种复沓的手法,具有很强的节奏感。

如:小时候,乡愁是一枚小小的邮票,我在这头,母亲在那头。

长大后,乡愁是一张窄窄的船票,我在这头,新娘在那头。

在仿写时要注意,形式的简化可能会影响诗歌的节奏与韵律。

(2)运用多种手法,让语言灵动起来

诗歌的语言特点是精练、含蓄。运用比喻、排比等多种修辞手法,让句式和节奏富于变化,诗歌就会富有美感,语言就会灵动起来。

如:北国风光,千里冰封,万里雪飘。

望长城内外,惟余莽莽;大河上下,顿失滔滔。

(3)展开联想和想象,让意境生动起来

意境是诗歌的内涵,通过联想和想象,让意境随着思想感情的流动而变化,才会写出美妙的诗歌来。

如:乡愁是一棵没有年轮的树,永不老去。

(4)抒写真挚的情感,让情动于中

情感是诗的生命。诗句能拨动人的心弦,关键在于一个"情"字。我们缺少余光中那样的成长经历,对"乡愁"这类情感就很难把握分寸,不如从自身出发,抒写真挚的情感。

如:为什么我的眼里常含泪水?因为我对这土地爱得深沉。

三、读写共生活动设计

教学目标

1.了解诗歌的语言特点,体会情感、意境等与诗歌创作的关系。

2.研读现代诗歌,总结诗歌创作的方法。

3.培养学生的人文素养,激发学生的诗歌创作欲望。

教学方法

练习法　讨论法　合作探究法

教学课时

一课时

教学过程

(一)导入

同学们,中国是诗的国度,诗歌是中华文明的重要载体之一。本单元我们学习了五首诗词,毛泽东的《沁园春·雪》铿锵有力、磅礴大气,林徽因的《你是人间的四月天》婉约轻盈,展现女性细腻情感,余光中的《乡愁》娓娓诉说着思念与哀愁。

同学们,让我们试着去创作诗歌,安放我们的情感!老师相信你们每一个人都有属于自己的诗歌,你们现在需要做的就是放飞自我,让诗意飞出胸怀。

(二)续写、仿写和创作

请同学们阅读本单元诗歌,从以下三个题目中任选一个创作一首小诗。

1.下面是一位同学还没有写完的诗作,请续写完成这首诗。

礼 物

十四岁生日那天,
您问我想得到什么礼物,
是一架望远镜,
还是一个崭新的足球?

我摇了摇头,
爸爸,
我什么都不要,
我只想让您变成我的朋友!

和我一起下棋,
和我一起郊游,
……

提示:

(1)这是你同龄人的心声,或许也是你的心声。想一想,你对长辈有哪些希望呢?这些都可以作为续写的内容。

(2)续写时,风格要和前文的保持一致。

2.好朋友的生日快要到了,你想对他说些什么呢?试着写一首诗,把你的祝福和希望送给他。

提示:

(1)想一想,如果你给好朋友送生日贺卡,一般都会写些什么?把你最想说的话用凝练的语言分行写下来。

(2)感情要真挚,可以适当借助某个意象来表现你们的友谊。

3.参照本单元学过的任意一首诗,自己仿作一首。如模仿《我爱这土地》《乡愁》,创作一首同题诗歌;模仿《你是人间的四月天》《我看》,以"你是＿＿＿＿"或"我看"为题,创作一首表达形式相近的诗歌。

提示:

(1)回忆自己的生活,想一想那些触动你的人和事,以及你当时的感受,将这些作为诗歌表现的内容。

(2)模仿课文的句式,发挥想象与联想,借助一些意象表达自己的情感。

写作指导:

作文题目一:给出了一首题为"礼物"的诗歌的前半部分,要求进行续写。从给出的前半首诗歌来看,这首诗并非并列式的片段组合结构,作者撷取一个生活片段,对其进行自然真实的记录。内容为爸爸送"我"生日礼物,而这并不是"我"想要的;"我"想要的是爸爸的陪伴。续写时只需顺着叙事思路发展,并过渡到"我"的情感,抒发真实的心声即可。可以着重写"我"需要怎样的陪伴,可以写"我"对父子情的独特感受。要注意的是,诗歌的前半部分语言质朴自然,没有过多的修饰,续写时应延续这一风格。

作文题目二:要求写一首赠予朋友的诗歌,内容要符合送上生日祝福的特定要求。同学们可以回想一下自己写的生日祝福语;在诗歌形式上,本题也没有做过于严格的要求,只要语言凝练,情感真挚,"分行写下来"即可。诗歌的情感主题是"友谊",要借助的形象可以化为"礼物",这样就简单多了。

作文题目三:要求仿写学过的诗歌。《我爱这土地》《乡愁》都具有鲜明的句式特点,仿写起来相对简单。模仿的是表现形式,可以更换情感主题(如仿照《乡愁》写母校),或更换抒写对象(如仿照《我看》写雨、写秋),或更换诗歌主要意象(如仿照《我爱这土地》写《我爱这校园》),恰当地抒发出自己的内心情感,才是仿写成功的关键。而对于《你是人间的四月天》《我看》这两首诗,首先应体会其表达形式,注意课文的句式;其次,题目不全的需将题目补充完整;最后选择合适的表达主体,最好选择有可说性的具体形象,这样容易融入自己的情感,有话可说。例如《你是山间的清泉》《你是天空的雄鹰》《你是三春晖》《你是燃烧的红叶》等。想好歌颂的对象,再展开联想、想象,结合对象的特点,融入自己的情感。如要写"母亲",想想由母亲的特质可以联想到什么具体形象,如从母亲的勤劳想到老黄牛,从母亲对孩子无私的爱和付出联想到阳光、雨露、蜡烛等。

无论是自由写作还是仿写,需要注意的是,首先要写出具体的意象,用意象来表现意境。《乡愁》中诗人以四个意象"邮票""船票""坟墓""海峡"为载体,把绵绵的乡愁、无限的情思诉诸笔端。其次要注意诗歌的结构,让诗歌富有节奏美,《乡愁》的节奏感就很明显,同学们可以借鉴。再次,诗歌的语言要味淡意浓,《礼物》的前半部分就很好地体现了这一特点,续写时不要改变诗歌的语言韵味。

(三)布置作业

1.独立完成诗歌创作,并有感情朗读。

2.同学分小组,讨论每个人诗歌的优点和缺点。

四、读写共生习作实例

四 季

夏

我们出生于活泼而灿烂的时代。
伴着我们成长的是
花儿的芬芳和鸟儿的娇啼,
湛蓝的天空和纯净的白云。
夏日的盛阳拂过我们的发顶,
满池的菡萏给予我们最美好的祝愿。

秋

我们走过了冷清而唯美的时代。
催着我们前进的是
萧瑟的秋风和满地的残叶,
落红的枫林和丰收的果园。
深秋的夜雨惊醒我们的思绪,
丰硕的果实留给我们最鲜美的味道。

冬

我们经历了残酷而严峻的时代。
迷乱着我们方向的是
急骤的白雪和凛冽的寒风,
压弯的枝干和消失的来路。
严冬的风雪打压着我们的意志,
刺眼的雪白带给我们最严厉的教训。

春

终于,
我们迎来了昂扬而光明的时代。
欢迎我们到来的是,
消融的碎冰和将开的粉红,
抽芽的嫩绿和歌颂的赞歌。
初春的微风温柔我们的岁月,

希望的金光引领我们最辉煌的胜利。
——未来由我们书写

（作者：姚梦妍）

教师点评

小作者按照夏秋冬春的顺序进行创作，既写出了每一个季节的特点，又抒发了自己真挚的情感。层层深入，呈现一种递进式的结构之美。小作者把充满希望的春天放到诗歌的最后一节，表达了对于未来的期盼。

观点要明确

一、读写单元主题综述

本单元写作主题是"观点要明确"。论点又叫论断,是作者所持的观点。在逻辑学上,论点就是作者对所论述的问题提出的见解、主张和表示的态度。议论文需要明确表达作者的观点,主张什么,反对什么,都要清清楚楚,不能含含糊糊,模棱两可。

论点在分析和论证过程中具有决定性作用,正确又深刻的论点是分析问题的最后归属。论点一旦确立,进入论证阶段,就是文章的出发点和落脚点。论点不仅仅决定论据的选取,也决定着论证的方法。

论点分为中心论点和分论点。中心论点是作者对所论述的问题最基本的看法,是作者在文章中所提出的最主要的思想观点,是全部分论点的高度概括和集中。中心论点也是作者对议论问题所持的见解和主张,是议论文的灵魂。阅读议论文,最终要求读者能够把握住文章的中心论点。

课标中关于写作的"学段目标与内容"中有这样的表述:"写简单的议论性文章,做到观点明确,有理有据。"

据上分析,我们可以提炼出本次读写共生训练的目标:
1. 认识论点对于议论文的重要性。(重点)
2. 在文章中凸显文章的论点。(难点)

二、读写共生方法撷取

(一)怎样做到观点明确

1. 要把问题想清楚

围绕题目或按照材料的要求,形成一个旗帜鲜明的观点,并用一个判断句将观点表述出来。观点可以是对实际情况的判断,也可以是按事理作出的推断。比如:"……是……:诚实是做人的基本品格。""……要/应当/必须……:人应当敬业、乐业。""……能够/将会……:脸上常带微笑,能够让你更美丽。"

观点明确,就是要态度鲜明地肯定什么,否定什么。观点要符合客观实际,实事求是,不能陷入绝对和片面的境地。《敬业与乐业》一文中"倘若有人问我:'百行什么为先？万恶什么为首？'我便一点不迟疑答道：'百行业为先，万恶懒为首。'没有职业的懒人，简直是社会上的蛀米虫，简直是'掠夺别人勤劳结果'的盗贼。我们对于这种人，是要彻底讨伐，万不能容赦的"。连用两个"简直"，还有"彻底讨伐""万不能容赦"，旗帜鲜明地表达了作者的观点，强调了作者对无业之懒人的厌恶、鄙弃态度之坚决。

2. 在文章中凸显观点

通过对学习过的议论文进行比较，我们不难总结出议论文必须要在文章中凸显观点。如《应有格物致知精神》，题目直接表明观点；如《敬业与乐业》，在开篇处亮明观点，紧接着进行阐释、论证；如《谈创造性思维》，在结尾处总结观点；如《怀疑与学问》，观点在文章中间，是一个过渡性的语句；如《精神的三间小屋》，引论、本论、结论三个部分都紧密围绕观点行文。

3. 观点要有新意和独创性

这里的"新"有两个含义：一是以前从来没有人这样说过，这种观点是第一次出现；二是已有这种观点，再另创新意。全面求新也许比较困难，但是从某一个角度、某一个侧面进行创新，还是可以尝试的。

《精神的三间小屋》中有这样的几段话：

"第三间，安放我们自身。

这好像是一个怪异的说法，我们自己的精神住所，不住着自己，又住着谁呢？

可它又确是我们常常犯下的重大失误——在我们的小屋里，住着所有我们认识的人，唯独没有我们自己。"

作者强调自己的精神小屋必须安放我们自身。这好像是理所当然的事，由作者郑重其事地提出来，可使读者感到新奇有趣，从而提高阅读的兴趣。

(二)观点不明确的几种情况

1. 态度不明确。没有鲜明的立场。
2. 论说范围过宽。力求面面俱到，泛泛而谈，失去焦点，缺乏针对性。
3. 语言不简洁。语言无条理，啰唆，拖泥带水。

三、读写共生活动设计

教学目标

1. 围绕题目或按照材料的要求明确自己的观点或主张。
2. 能够选择具体适当的材料，运用恰当的论证方法，证明自己的观点。
3. 培养发现问题、分析问题、解决问题的能力。

教学方法

讨论法　展示法　练习法

教学课时

一课时

教学过程

(一)情境导入,提出问题

议论文需要明确表达自己的观点,主张什么,反对什么,都要清清楚楚,不能含糊,模棱两可。怎样才能做到观点明确呢?

(二)研读讨论,生成新知

1.合作研讨:如何做到观点鲜明

首先,要把问题想清楚,围绕题目或按照材料的要求,形成一个旗帜鲜明的观点,并用一个明确的判断句将观点表述出来。这样的语句,可以是对实际情况的判断,也可以是按事理作出的推断。

其次,有了明确的观点,还要在文章中把它凸显出来。

2.以学过的课文为例,找到观点在文章中所处的位置。

(1)有的文章,题目就直接表明了观点,如《应有格物致知精神》。

(2)有的文章则在开篇处亮明观点,紧接着进行阐释、论证,如《敬业与乐业》。

(3)有的文章在结尾处总结观点,如《谈创造性思维》。

总而言之,在文章的什么地方提出观点,要视具体情况而定,没有一成不变的法则。

3.写作指导

一篇议论文的中心论点明确,不仅表现在论点鲜明、深刻和新颖上,更表现在整篇的论证和文章整体效果令读者满意上。因此,应该注意以下三点:

(1)写前明意。对提炼出来的论点,要不断加深认识,力求使它在自己头脑中扎根。做到了这一步,才真正具备了动笔写作的条件。

(2)写时宗意。首先,开篇点明观点。初写议论文最好采取开宗明义的手法。把论点放在文章的开头,这有益于避免偏离中心的现象。比如《敬业与乐业》,演讲开头开宗明义地提出了"'敬业乐业'四个字,是人类生活的不二法门"这一论点。开头总起全篇,揭示全篇论述的中心。其次,观点贯穿始终。观点的明确,还在于行文过程中将观点当作一条主线,贯穿文章的始终。《论教养》行文活泼、灵动,思路清晰,从讨论教养本身,到剖析教养的重要表现——"优雅风度",其中贯穿着作者的基本见解:教养的本质是尊重。当然,也可以用分论点支撑观点、论据紧扣观点等方法。最后,行文过程中照应观点。可以是结尾照应开头提出的观点,形成首尾呼应,以升华中心；可以是边叙边议，反复照应观点，把文章的观点融于叙事议论之中。

(3)写后查意。文章写成，不妨检查一遍，如果原先确立的论点没有得到很好的证明，要进行修改，直到成功为止。

(三)确定主题，范文导航

1. 文题呈现

好奇，指的是对未知产生兴趣，感到新奇。有人对宇宙的奥秘感到好奇，于是着迷地仰望星空，观察探究；有人对"小人国"的故事感到好奇，于是反复阅读《格列佛游记》；有人对周围事物的变化感到好奇，于是去追寻这变化的原因……好奇，会促使你发现未知的精彩，会让你的生活更加丰富多彩。阅读下面论及"好奇"的语句，从表达观点是否清楚的角度进行判断、评价，然后选定其中的一个观点，列出你的作文提纲。

◎好奇，往往是发现真理的第一步。

◎好奇，有时被毁灭在所谓规范统一、无个性差异的教育之中。

◎好奇，有健康与不健康、有价值与无价值之分，还有年龄的差异、性别的差异，当然这些区分和差异不太明显。

◎好奇，是一种良好的心理状态，引人探究复杂的未知领域，但也会在探究过程中因太执着而迷失自我。

(1)上述语句，有的强调好奇的价值，有的反思好奇毁灭的原因，还有的辩证分析好奇的正反面作用。理解语句的含义，从中选出你最有感触、有话可说的一句话作为自己的观点。

(2)围绕观点列出提纲，提纲要体现出你的论证思路。

2. 确立论点

第一句，强调好奇的价值，是一个明确的判断句，可作为观点；

第二句，审视好奇的毁灭，"有时"作为副词，修饰限定致使"好奇毁灭"的环境和条件，太过笼统，没有鲜明的立场，也缺乏针对性，不能作为观点；

第三句，好奇的分类及差异，没有明显的立场，而且是泛泛而谈，没有针对性，不能作为观点；

第四句，强调好奇的价值，是一个明确的判断句，可作为观点。

3. 论据小站

事实论据

(1)波兰伟大的天文学家哥白尼，小时候就非常喜欢问问题。他对世界充满了好奇，经常缠着爸爸妈妈问这问那：太阳为什么总是从东边升起，从西边落下？晴朗的夜空有那么多星星，为什么到了白天却无影无踪？小鸡为什么从鸡蛋里出来，而不从母鸡的肚子里出来？……哥白尼后来对科学奥秘的不懈探求，正是从这些"为什么"开始的。

（2）爱迪生小时候对什么都感兴趣。对自己不了解的事情总想试一试，弄个明白。有一次他看见花园的篱笆边有一个野蜂窝，感到很奇怪，就用棍子去拨，想看个究竟，结果脸被野蜂蜇得肿了起来，但他还是不甘心，非看清楚蜂窝的构造才行。爱迪生后来成了举世闻名的大发明家。

（3）伟大的天文学家哥白尼在中学时代，听说可以用太阳的影子来确定时间，所用的仪器的名字叫日晷。他很好奇，就找老师问了日晷的原理，回家找了些废旧材料，很快就做了出来。他利用自己做出来的日晷，研究太阳和地球的运动规律。哥白尼长大后，提出了著名的"日心说"，推翻了"地心说"。

（4）我国伟大的地质学家李四光小时候常常一个人靠着家乡的一些来历不明的石头出奇地遐想，好奇地自问，为什么这里会出现这些孤零零的巨石？它们是借助什么力量到这儿来的？后来李四光走遍了中国的山川河流，做了大量的考察与研究，终于断定这些怪石是冰川的浮砾，是第四纪冰川的遗迹，纠正了国外学者断定中国没有第四纪冰川的错误结论。

（5）在剑桥大学，维特根斯坦是大哲学家穆尔的学生。有一天，罗素问穆尔："谁是你最好的学生？"穆尔毫不犹豫地说："维特根斯坦。""为什么？""因为，在我的所有学生中，只有他一个人在听我的课时，老是露着迷茫的神色，老是有一大堆问题。"罗素也是个大哲学家，后来维特根斯坦的名气超过了他。有人问："罗素为什么落伍了？"维特根斯坦说："因为他没有问题了。"

（6）德国著名化学家李比希把氯气通入海水中提取碘之后，发现剩余的母液中沉积着一层红棕色的液体。他虽然感到奇怪，但并未放在心上，武断地认为这不过是碘的化合物，只在瓶上贴张标签了事。后来一位法国科学家证实该液体是新元素溴，李比希才恍然大悟。他因此称这个瓶子为"失误瓶"，以告诫自己。

（7）李白逃学，到河边玩耍，看到老婆婆在磨铁杵，好奇地问她在做什么，于是就有了"只要功夫深，铁杵磨成针"的励志名句。

道理论据

（1）好奇心是科学之母。——范曾

（2）好奇心是学习者的第一美德。——居里夫人

（3）成功的教学所需要的不是强制，而是激发学生的欲望。——托尔斯泰

（4）好奇心造就科学家和诗人。——法朗士

（5）我没有特别的才能，只有强烈的好奇心。永远保持好奇心的人是永远进步的人。——爱因斯坦

(6)知识是一种快乐,而好奇则是知识的萌芽。——弗朗西斯·培根

(7)好奇心是智慧富有活力最持久、最可靠的特征之一。——塞缪尔·约翰逊

4.范文导航

(四)当堂演练,学以致用

1.列出提纲

示例:

好奇,往往是发现真理的第一步。

引论:开门见山,从生活中的现象提出自己的观点——好奇,往往是发现真理的第一步。

本论:

(1)具体论述好奇心,明确在我们生活实践中为什么需要好奇心。

(2)列举牛顿由苹果落地产生好奇,因此发现"万有引力定律"的事例,论证好奇心的作用。

(3)从正反两方面论述好奇心在探索真理方面的作用。

结论:呼吁大家要有一颗好奇心。

2.写作实践

3.佳作推荐,美文共赏

(1)小组评:推荐组说出推荐理由。

(2)自由评:听众点评,不超过三人。

(3)自评:围绕以下几个方面自评。

在本次作文训练中,我最想谈论的主题是_____;我写作本文最成功的地方是_____;最大的失误是_____;经过本次写作,我下次写作文时一定做到_____。

(4)老师评:如果学生点评不到位,老师补充。

(五)修改作文,精益求精

修改自己的本次习作并做成电子稿,然后将各组推荐的佳作打印出来在班级作文园地展览,其余同学把电子稿传到班级 QQ 群,供大家欣赏交流。

四、读写共生习作实例

论好奇

好奇,是一种良好的心理状态,吸引人探究复杂的未知领域,但也有可能使人在

探究过程中因太执着而迷失自我,误入歧途。

好奇,可谓是开启真理之门的一把钥匙。回顾人类发展史,哪一位取得巨大成就的科学家,不是在好奇心的引领下走上成功的巅峰呢?莱特兄弟好奇"人是否也可以像鸟儿一样在空中飞翔",潜心钻研鸟儿的飞行原理,历经数年探索,终于发明了飞机,为人类的航空事业做出一大贡献。牛顿坐在苹果树下不慎被苹果砸中,好奇"苹果为何不朝别的方向飞,而朝地上落",经过研究后发现万有引力,带动了人类物理学事业向前迈进。再说化学,在好奇心的引领下,历经艰苦而漫长的探索,道尔顿和阿伏伽德罗提出原子论和分子学说,门捷列夫编制元素周期表……由此可见,好奇有着多么大的力量,有了好奇心,就有了对万事万物的探索,从而发现真理。

但好奇有时也会"伤人",甚至让人迷失自己,误入歧途。有句俗话说得好:"好奇心害死猫。"猫好奇泥土里奇怪的气味,不顾劝阻,扒开泥土,被泥土里钻出的毒蛇咬伤;孩童好奇跳动的火苗,不顾大人的阻拦,偷偷地去摸,被火焰灼伤手;有些人明知毒品的危害,却因好奇,抱着侥幸心理,误入歧途,耗尽家财。由此可见,人有好奇固然好,但也要把控好自己的好奇心,不要被好奇所伤。

好奇有利有弊,若只有好奇不去实践,那成功无异于异想天开。我们应抓住那一闪亮的好奇,在好奇之上动手实践,也要避开那些不好的好奇,保持健康的心态,防止因好奇而迷失自我。这样好奇才能与我们形影不离,引领我们走向成功。

(作者:杨景瑞)

教师点评

本次作文训练给出了四个观点。小作者从中选择第四个观点作为论点,这个选择是合理的,因为观点二和观点三过于模糊,不适合做论点。这篇习作在论证的过程中,做到了观点明确,一分为二地突出、强调了论点。

议论要言之有据

一、读写单元主题综述

《义务教育语文课程标准》指出,学生要能够"写简单的议论性文章,做到观点明确,有理有据"。论据是作者阐述或论证观点的根据,使用准确、恰当的论据,有助于提高文章的说服力。

本单元写作主题是"议论要言之有据"。论点是议论文的灵魂,分论点是支撑起这个灵魂的骨架,而论据是议论文的血肉。一个人要丰满多彩,光有灵魂和骨架,没有血肉是不可想象的。一篇议论文,只有中心论点和分论点是不能成立的,它还必须有典型而鲜活的论据。九年级上册第三单元写作专题明确提出:议论不仅要提出观点,还要有能证明观点的材料。言之有据,才能让人信服。用来证明观点的材料,就是论据。论据包括事实论据和道理论据。

据上分析,我们可以提炼出本次读写共生训练的目标:

1. 引导学生围绕自己确定的观点,选取与之相对应的材料。(重点)
2. 引导学生使用真实准确、经得起推敲的材料。(难点)
3. 让学生注意材料使用的丰富性,增强文章的说服力。(难点)

二、读写共生方法撷取

(一)论据的分类

1. 事实论据和道理论据的概念

(1)事实论据指生活中客观存在的事实,它包括举事例和列数据两个方面。

(2)道理论据包括经典著作中的理论,名人名言,党在不同时期的方针、路线、政策,科学上的公理、原理、定义、法则、定律、格言、俗语、成语、谚语,以及众人皆知并为人所公认的道理等。

2. 课文论据摘录

(1)《敬业与乐业》一文中的事实论据:

唐朝的百丈禅师每天都必须做事,否则他那一天就不肯吃饭。

佝偻丈人承蜩的故事。

当总统和拉黄包车同是神圣的职业。

《敬业与乐业》一文中的道理论据：

孔子："饱食终日，无所用心，难矣哉！"

孔子："群居终日，言不及义，好行小慧，难矣哉！"

曾文正："坐这山，望那山，一事无成。"

庄子："用志不分，乃凝于神。"

(2)《论教养》一文中的事实论据：

第五至十段集中列举了无教养的例子；

第十七段集中列举了优雅风度的具体表现。

《论教养》一文中的道理论据：

良好的教养不仅来自家庭和学校，而且可以得之于自身。

一个人是不是真正有教养，首先要看他在自己家里、在自己亲属之间的表现，看他和亲人们的关系究竟怎么样。

一个有教养的人，必定从心里愿意尊重别人，也善于尊重别人。

(3)本单元的文言文中也有论据：

①先天下之忧而忧，后天下之乐而乐。

②不以物喜，不以己悲。

(二)论据的使用

1.怎样使用好两种形式的论据？

(1)事实可详细写，也可概述，从事实中要能看出道理，再检验它与文章的论点在逻辑上是否一致。

(2)道理通过名言、格言、理论分析、定理、公理等形式表现出来是读者比较熟悉的，或者是为社会普遍承认的。

2.怎样使用好议论文中的论据？

(1)使用材料，首先要确保材料准确，经得起推敲。列举的事例或引用的名言警句等都要真实准确。在写作时，先确认事例真实可靠，然后再使用；引用名言警句，要注意核对原文，保证引述准确。

(2)使用材料，还应保证材料与观点一致。大家也许积累了不少名言警句和事例素材，但是有些并不能与你的观点相对应，如果选择它们来做材料，就起不到支撑观点的作用。需要注意的是，使用事实论据时，不需要详细记叙事件本身，而要通过概括叙述和对论据的分析，建立起材料与观点之间的联系。

(3)要增强文章的说服力，还要注意材料的丰富性。所用材料的数量和种类可以丰富、多样一些，比如可以用历史故事、生活事例、统计数据等做事实论据，用名言警句、民间谚语、精辟的理论等做道理论据，还可以将两者交替使用。

要写好议论文,须积累丰富的材料,在此基础上对材料进行分类整理。使用时,须对材料进行合理剪裁,不能似叙事般烦琐详尽。针对观点,寻求论据与观点之间的内在逻辑关系,增强文章说服力,做到有理有据。

三、读写共生活动设计

教学目标
1. 学会搜集和正确使用材料,保证所用材料与观点一致。
2. 综合运用事实论据和道理论据,使议论言之有据。

教学方法
讨论法　展示法　练习法

教学课时
一课时

教学过程
(一)导入

议论不仅要提出观点,还要有能证明观点的材料。言之有据,才能让人信服。今天,我们就来学习怎样才能做到言之有据。

(二)研读讨论,生成新知

1. 什么是言之有据?

言之有据:说话和写文章有充分的证据或事实根据。

2. 什么是事实论据和道理论据?

(1)事实论据指生活中客观存在的事实,它包括举事例和列数据两个方面。

(2)道理论据包括经典著作中的理论,名人名言,党在不同时期的方针、路线、政策,科学上的公理、原理、定义、法则、定律、格言、俗语、成语、谚语,以及众人皆知并为人所公认的道理等。

3. 找出《敬业与乐业》《论教养》中的事实论据和道理论据。

(三)确定主题,范文导航

1. 文题呈现

《论语·为政》中说:"人而无信,不知其可也。"诚信,自古就是一种美德。欺诈、造假等不讲诚信的现象历来为人们所深恶痛绝。请以"谈诚信"为题,写一篇议论文。

2. 写作要求

(1)关于"诚信",可说的角度很多,要深入思考,多方开掘,选定一个角度,形成一个明确的观点。

(2)关于"诚信"的材料很多,注意围绕自己确定的观点,选取恰当的材料。

范文展示

<h3 style="text-align:center">谈诚信</h3>

我国流传着许多有关诚信的名言,如"人无信不立""人而无信,不知其可也""言必信,行必果"等。的确,诚信是每个人安身立命的前提。生活在这个世界上,我们每天都要与不同的人打交道,如果失掉了别人对自己的基本信任,我们岂不是会成为人人避之的独行者?

诚信是中华民族的传统美德。数不胜数的讲诚信的人有如繁星,在历史的长河中熠熠生辉。商鞅立木取信,获得了百姓信任,从而推行了新法;奥骓不负信,赢得了世人的尊敬;季札挂剑了却徐国国君心愿,被传为千古佳话。

时空变换,可诚信依然闪烁着诱人的光芒,许多伟人也是诚信的坚守者和力行者。宋庆龄有一次许诺幼儿园的孩子们"六一"要去看望他们,但"六一"那天天气突变,倾盆大雨下个不停,老师和孩子们都以为她不会来了。可到了约定的时间,宋庆龄熟悉的身影出现在他们的视野中,孩子们兴奋不已,也感动得流下了眼泪。事后她说:"既然我说了,就得守信。"

然而,在21世纪的今天,诚信这一美德却被一些人逐渐淡忘和遗失。

不要默然地说诚信缺失与我们无关。与同学约好的时间没有准时出现,考场上作弊,毕业后迟迟不偿还助学贷款,这些难道不是发生在我们身边的事吗?这些难道与我们无关吗?也许你会说,这些只是微不足道的事,到了做大事的时候,我自然会讲诚信。殊不知,高尚的品德是靠平时一点一滴积累而成的,在小事面前尚不能以诚信严格律己,何谈大事?不讲诚信只会让我们离诚信越来越远。

我们诚信待人,付出的是真诚和信任,收获的是友谊和尊重。这是一种无形的财富,这是一笔沉甸甸的无价之宝。把诚信作为根基,我们的生命之厦才会更加稳固;携诚信上路,我们的生命之旅才会更加多彩!

(四)确定写作主题

1.议论文中的论据,需要平时多积累。平时要关注生活,关心时事,多读书看报,勤动笔,多积累。比如,在自己的练笔本中开辟一个"素材库"专栏,把平时生活或阅读中发现的典型事例、统计数据、名言警句、精辟见解等,及时摘录下来,并按内容进行分类。

提示:

(1)要确保素材准确,摘抄的资料要注意其可靠性,不要道听途说;引用网络上的资料时要注意分辨真伪。还可以根据素材的线索查找出处,看看原文是怎么说的。

(2)分小组定期展开交流。同学之间分享各自积累的素材,看看谁积累得多,谁积累的素材比较新颖。如果发现不准确的素材,也要帮助指出。

2.范仲淹在《岳阳楼记》中说:"先天下之忧而忧,后天下之乐而乐。"对此你怎么看?自定立意,自拟题目,写一篇议论文,不少于600字。

(1)要表明自己的观点,言之成理。

(2)选择与观点一致的材料,最好既有事实论据,也有道理论据。

(3)根据你的观点和材料列一个提纲。与同学交流,互相补充论据,在此基础上完成作文。

(五)当堂演练,学以致用

1.美文共赏。

(1)小组评:推荐美文,说出推荐理由。

(2)自由评:听众点评,不超过三人。

(3)自评:围绕以下几个方面自评。

在本次作文中,我最想谈论的主题是_____;我写作本文最成功的地方是_____;最大的失误是_____;经过本次写作,我下次写作文时一定做到_____。

(4)老师评:如果学生点评不到位,老师补充。

2.课堂总结:本次写作,我们要明确论据是用来证明论点的材料。论据分为事实论据和道理论据两种。如果要使议论言之有据,那么使用材料时,首先要确保材料准确,经得起推敲;其次,保证材料与观点一致;最后,注意材料的丰富性。

(六)修改作文,精益求精

修改自己的本次习作并做成电子稿,然后将各组推荐的佳作打印出来在班级作文园地展览,其余同学把电子稿传到班级QQ群,供大家欣赏交流。

四、读写共生习作实例

谈诚信

古人云:"言必信,行必果。"诚信,数千年来在奔流不息的历史长河中熠熠生辉。有些人,恪守诚信,世代为人所称道;有些人,嘴上说一套,背里做一套,背弃了诚信,最终遭受到极大的不幸。我以为,诚信是做人之本,它是人的第二张身份证。

诚信是一个声音洪亮的喇叭。战国时期,商鞅实行变法。为取信于民,有一天,他在都城的一扇大门边竖起一根木头,招募百姓将此木头搬至另一扇大门,能搬者将会被赏赐十金。百姓们面面相觑,无人上前搬。后来商鞅将赏金提高到五十金,终于有一个人上前来将木头搬至另一扇大门,商鞅当即赐给此人五十金。后来商鞅变法取得了巨大成功。当你为达到目的而焦头烂额时,不妨让诚信助你一臂之力,也许会取得意想不到的良好效果。这就是诚信的力量。

诚信是弥补过错的良好方式。曾读过这样一则小故事,有几个孩子在一起踢球,结果其中的一个孩子不小心将球踢到了附近的一家商户里,并砸碎了柜台的玻璃。其他孩子一看立即逃之夭夭,只剩这个闯祸的孩子待在原地。令人意想不到的是,这个孩子勇敢地承认了错误,并从父亲那里借了1美元付给店主作为赔偿。随后几天,他靠洗碗、打杂赚回了1美元,还给了父亲。这个孩子就是美国前总统里根。里根的故事生动地诠释了如何用诚信来弥补过失。所以,当你犯了错时,以最恳切的方式道歉,以诚信待人,填补过错带来的窟窿,所有的矛盾也就烟消云散了。这就是诚信的力量。

诚信体现真心。一位学生骑车时不小心剐蹭了停在路边的汽车,留下一道难看的印痕。男孩儿内疚极了,他站在原地等了一个多小时仍不见车主,无奈之下便留下字条和联系方式贴在车镜上才离开。后来车主看到字条后致电给他,表示不用赔偿,并在微博中高度赞扬了这位学生的做法。网友们纷纷给这位学生点赞。诚信体现真心,拉近人们的距离。这就是诚信的力量。

诚信的力量是神奇的。这个普通的字眼,如今已作为一条道德标准被高高镶嵌在社会主义核心价值观里,妇孺皆知。诚信是个人成功的基石。让我们一起,以诚立身,赢得未来!

(作者:靳昊达)

教师点评

小作者在第一段提出自己的观点后,从三个角度证明论点。在论证中摆事实、讲道理,运用事实论据和道理论据证明观点。论据运用合理,有针对性,有力地证明了论点。文章收尾处发出号召,呼应开头,再次强调论点,给人积极向上的力量!

学习缩写

一、读写单元主题综述

本单元课文都是小说,分别是《故乡》《我的叔叔于勒》《孤独之旅》。通过感受小说展示的人生经验,学生们加深了对社会和人生的理解,获得教益。学习本单元,要学会梳理小说情节,初步感知小说的叙事手法,尝试从不同角度分析人物形象,并结合自己的生活体验理解小说的主题。青少年阅读小说,可以加深对社会和人生的理解,确立自我意识,更好地成长。

本单元写作主题是"学习缩写"。将学过的小说进行缩写,是一件极富趣味的事情。本单元的三篇小说,篇幅都比较长,故事情节跌宕起伏,脉络清晰可观,是学生学习缩写很好的范文。学生可以利用课余时间将单元课文中的故事简略地讲给同学们听,要把握住脉络,掌握故事主要情节。

学习缩写,先要知道什么是"缩写"。缩写就是在保持中心思想不变的前提下,压缩文章的篇幅,"把主要内容用自己的话说一遍"(吕叔湘语)。《义务教育语文课程标准》要求七至九年级的学生"能从文章中提取主要信息,进行缩写"。在初中阶段,缩写主要体现为复述课文或概括故事主要情节。

缩写训练可以检验我们对文章内容要点和思路的把握程度,还能提高概括、综合能力。可见,缩写是本学段学生必须掌握的一种技能。在近年各地的中考题目中,缩写有时也会出现。鉴于此,指导学生进行这样的写作训练是十分必要的。

据上分析,我们可以提炼出本次读写共生训练的目标:

1. 掌握缩写的基本方法与技能,提高概括与表达能力。(重点)
2. 能针对不同文体,各有侧重地进行缩写训练。(难点)

二、读写共生方法撷取

(一)缩写的类别

对于不同体裁的文章,我们该怎样缩写?

1. 叙事性文章:保留原文中的主要人物和主要情节,删去次要人物和次要情节;如果原文情感丰富,独具韵味,缩写时可以有所体现,不宜将其缩成干枯的概要。

下面和同学们分享一下叙事性文章缩写的步骤及方法:

缩写前,仔细阅读原文,理清文章结构,抓住内容要点,把握文章中心思想。

缩写时,希望同学们做到以下三个方面:第一,尊重原作,在把握原文的基础上进行缩写;第二,保留主干,去其枝叶,取舍详略;第三,语言流畅,文意通达。

缩写后,和原文对照,看看主要内容是否保留下来,意思是否准确、完整,语句是否通顺,语气、语意是否贯通等。

2. 议论性文章:突出原文的论点,体现论证思路,论据可以择要保留,对于论据中的叙述成分要做较大篇幅的压缩。

3. 说明性文章:保留体现说明对象特征的内容,遵循原文的说明顺序,适当保留解释性的词句,便于读者理解。

(二)缩写的常用方法

1. 摘录法:抓住原文的中心和要点,以摘录原文重要语句为主,适当增加衔接语言,连缀成文。

2. 删除法:原文叙述或说明具体而细致,缩写时应将这些删除,剪掉枝叶,留下主干。缩写句子时,应保留强调的分句。缩写段落要抓住原段中的主句,其余的字句适当保留。如记叙文,可删除次要人物,次要情节,非关键性的细节、描写和渲染性的语言等。

3. 概括法:用简练的语言去概括原文的意思,做到言简意赅。细致的描写可压缩成粗略描写,详尽的叙述可压缩为概括叙述,详细的对话可以改为简略的对话等。

(三)缩写的注意事项

同学们缩写时,不能随意,要有所注意。在此提出三点建议:

1. 一定要忠实于原文内容和体裁,不能写成读后感。

2. 在全面地、准确地反映原文内容的同时,一定要突出原文的中心意思,详略得当,不能写成流水账。

3. 缩写而成的文章要首尾连贯,过渡自然,不能写成段落提纲。

三、读写共生活动设计

教学目标

1. 掌握缩写的基本方法与技能,提高概括与表达能力。

2. 能针对不同文体,各有侧重地进行缩写训练。

教学方法

对比法

教学课时

一课时

教学过程

(一)导入

缩写时应忠于原文,不改变原文的主题或中心思想,不改变原文的梗概。

(二)缩写一句话

1.缩写句子就是去掉句子中起修饰、限制作用的"枝叶",保留使句子意思完整的"主干"部分,把句子缩写成一个最简单的句子。

如:

原句:晌午的太阳热辣辣地照射着整个树林。

缩句:太阳照射着树林。

原句比缩写后句子内容要丰富、具体,但缩写后句子比原句简练、概括。这种缩写练习可以帮助我们理解比较复杂的句子的主要意思。从某种意义上说,可以培养学生的概括能力。缩写也可以作为检验较复杂的句子的语法结构是否正确的一种方法。

2.缩写句子的方法和步骤。

(1)要认真读懂原句,明白句意。

(2)找出句子的主要部分"谁"(什么),"是什么"或"怎么样"(主、谓、宾),删掉次要部分(定、状、补)。

(3)检查是否缩成最简单的句子,是否保持原句的主要意思。

3.缩写句子的注意事项。

(1)缩写后的句子要保留原句的基本意思,句型也不能改变。如"哥哥的发型很漂亮"应该缩写成"发型漂亮"。如果缩写成"哥哥漂亮"就错了,因为它改变了句子的原意。

(2)把句子中的修饰词语尽可能全部去掉,不能去一点,留一点。如"他非常详尽地向大家讲述了事情的详细经过",应缩写成"他讲述了经过"。如果缩写成"他向大家讲述了经过"或"他讲述了事情经过",都是缩写不彻底,不完全。但有些特殊句子又不能把所有的"枝叶"都删掉。如"我班同学陈玉梅的妈妈原来就是我的邻居王叔叔的妹妹",应该缩写成"陈玉梅的妈妈是王叔叔的妹妹"。如果缩写成"妈妈是妹妹"就错误了。所以,什么样的枝叶要去掉要视句子内容而定。

(3)句子中的"不、无、没有"等否定词,缩句时要保留,不能去掉,否则有可能颠倒句子的原意。如"我在屋里没有找到那个装书的包",应该缩写成"我没有找到包"。如果把"没有"去掉,就变成"我找到包",和原句的意思大相径庭,就大错特错了。

（4）句子中谓语后面的"着、了、过"和宾语后面的"啊、吗、呀、呢"等语气词要保留，如果去掉可能会改变句子的句式、结构或语气、情感。如"平静的水面霎时漾起了一圈圈波纹"，可以缩写成"水面漾起了波纹"。再如"昨天晚上下的这场大雨真是一场及时雨啊"，可以缩写成"这场大雨真是及时雨啊"。这样缩写，才能使原句和缩写后的句子在情感和语气等方面保持一致。

（三）缩写一段话

学会缩写句子后，我们再进行一个进阶训练——缩写一段话。

语段压缩就是将内容丰富的长语段，按长文短读的原则和具体要求，在把握语段主旨的基础上筛选出语段主要的信息，并按要求将其概括成语言简洁精练、意思明了的新语段。请记住人物、事件、结果一定要保留！

试着缩写下面一段话：

桑桑在校园里随便走走，就走到了小屋前。这时，桑桑被一股浓烈的苦艾味包围了。他的眼前是一片艾。艾前后左右地包围了小屋。当风吹过时，艾叶哗啦哗啦地翻卷着。艾叶的正面与反面的颜色是两样的，正面是一般的绿色，而反面是淡绿色，加上茸茸的细毛，几乎呈灰白色。因此，当艾叶翻卷时，就像不同颜色的碎片混杂在一起，闪闪烁烁。艾虽然长不很高，但杆都长得像毛笔的笔杆一样，不知是因为人工的原因，还是艾的习性，艾与艾之间，总是适当地保持着距离，既不过于稠密，却又不过于疏远。——《草房子》

缩写：桑桑在校园小屋前看到了一片特别的艾草。

（四）缩写一篇文

《西游记》是一部长篇神魔小说，里面人物众多，情节曲折。掌握了前面的缩写原则，我们可以用十二个字缩写《西游记》：师徒四人（人）西天取经（事）终成正果（果）。

当然，缩写不仅仅是内容概括。长文变短时要注意：呈现故事基本情节；展现人物性格；表现故事主题。

范文展示

《范进中举》缩写

范进进学回家，丈人胡屠户拿着酒肉来庆贺。说是庆贺，其实将范进这个"现世宝穷鬼"从头到脚数落了一遍。胡屠户认为自己女儿嫁给他受了苦，范进只是唯唯连声，不敢多言语。

六月尽间，范进的同学邀他去乡试。范进来找丈人借盘缠，却引来胡屠户一顿臭骂。胡屠户觉得范进不可能考中，打心底里看不起他。范进没办法，只得找同学商议到城里乡试,回家后又被丈人骂了一顿。

出榜日,报录人为范进中榜报喜。此时,范进正在集上卖鸡,只因他赴考多日,家里早已无米下锅。一邻居找到在集市上卖鸡的范进,忙将他拉回家中。范进一看自己中榜了,两手一拍,笑了一声道:"噫!好了!我中了。"往后一跤跌倒,不省人事。几口水灌醒后,却又笑着往外跑,跌入泥塘。只见他一头散发、两手黄泥、一身水,却仍笑着往外跑,原来范进欢喜疯了。

在报录人的提醒下,众人连忙找到范进平日最怕的胡屠户,让他打范进一个嘴巴,看能不能治好范进。胡屠户扭不过,好不容易找到范进,鼓足一口气,猛扇范进一巴掌。范进挨了这一巴掌竟晕了过去。胡屠户心里后怕,只觉得手也麻了。

少顷,范进终于清醒过来,嘴里一边说着自己中了,一边往家里走去。胡屠户一改往日的不屑,格外亲热了起来。他一面夸范进有才华,一面夸耀自己眼光好,向邻居吹嘘着。素无半点交集的张乡绅也乘着轿子来了。他一面恭维地送银子、送新房,一面满口敬辞,与范进套近乎。再说这胡屠户更加恭敬起来,对范进满脸谄媚,最后笑眯眯地拿着银子去了。

(作者:王峥睿)

四、读写共生习作实例

《故乡》缩写

我冒了严寒,回到相隔二千余里,别了二十余年的故乡去。

时候已经是深冬,天气又阴沉沉的,眼中的故乡没有一丝的活气。这也许只是我自己心情的改变,因我这次回乡,是专为了告别他而来的,所以本就没有什么好心情。

第二日清晨我到了我家的门口。母亲出来迎接我,还有八岁的侄儿宏儿。母亲很高兴,和我坐着谈家事。说着说着,就说到了闰土。

一提到闰土,我的脑海里突然就闪出一幅月下刺猹的图画来。我认识那个刺猹的少年闰土时,也不过十多岁。他和我年岁差不多。那一年他的父亲带他到我家来帮忙。他告诉了我很多有趣的新鲜事,带给了我无穷的乐趣。我们很多年没有见面了,母亲说,闰土可能要来看我。

正说着,有人来了,母亲出去照看,我就和侄儿宏儿聊天。突然听到一声尖厉的怪声。母亲跟进来说,这就是以前开豆腐店的豆腐西施杨二嫂。杨二嫂愤愤地指责了我一通,顺便将我母亲的一副手套塞在裤腰里,出去了。

此后几天我一面应酬，一面偷空收拾些行李，这样的过了三四天。

一个天气很冷的午后，我正坐着喝茶，觉得外面有人来了，回头去看，发觉来的竟是闰土。但是他的外貌已经有了很大的变化，不是我记忆中活泼的闰土了。

我很兴奋，叫他"闰土哥"，可是闰土却恭敬地叫我"老爷"，我似乎打了一个寒噤，我知道我们之间已经隔了一层可悲的厚障壁了。

他叫他的第五个孩子水生给我磕头，我问他的景况，他只是摇着头说非常难。最后只是默默地吸烟，母亲叫他自己去厨下炒饭吃去。午后他拣好了几件东西，第二天，他就领了水生回家去了。

又过了九天，我要回去了。闰土带着五岁的女儿来送我，但我一直很忙，终日没有谈天的功夫。我们终于上船离开了故乡，老屋里的东西也都一扫而空了。

我们在船上，故乡的山水也都渐渐远离了我。我却只觉得气闷，又觉得非常的悲哀。我想：我竟与闰土隔绝到这地步了，但我希望我们的后辈不要像我们，又大家隔膜起来。他们应该有新的生活，为我们所未经生活过的。

我想：希望是本无所谓有，无所谓无的。这正如地上的路，走的人多了，也便成了路。

（作者：戚芳菲）

教师点评

本文抓住了小说的主要情节，尤其是闰土的少年时代和中年时期的对比，保证了小说主题思想与原文的一致性。对原文的次要情节进行概括或舍弃，如原著中的环境、对话、神态等描写，都被大胆地删改，只保留了一些关键语句。这样既交代了故事梗概，又很好地表现了当时农村衰败景象，也揭露了悲剧发生的根源。

论证要合理

一、读写单元主题综述

本单元写作主题是"论证要合理",教材开篇就说:"写议论文,不管是立论还是驳论,都要摆事实、讲道理,使人信服你的观点,也就是要进行论证。"这是一个非常重要的主题,可以说贯穿了整个中学阶段,需要反复学习、训练。

写议论文离不开论证。论证,就是围绕观点,把经过选择的论据组织起来,使二者有机结合,从而推导出令人信服的合理结论。

课标中关于写作的"学段目标与内容"中有这样的表述:"写简单的议论性文章,做到观点明确,有理有据。"九年级学生应该学会在文章中合理运用各种论证方法,写简单的议论文。

据上分析,我们可以提炼出本次读写共生训练的目标:

1.能学会在文章中合理运用各种论证方法,并能写简单的议论文。(重点)

2.能选用恰切的论据对观点进行论证。(难点)

二、读写共生方法撷取

(一)明确论证方法

论证是用道理和事实对观点进行证明和推理,必须符合逻辑规律。使用的材料要能支持论点。同时,要通过恰当的分析,使读者明白两者之间的联系,避免出现论据与论点不相干或论据不足的情况。证明论点时,要选择恰当的论证方法,使文章结构合理,思路清晰。

1.论证方法

(1)论证方法有举例论证、道理论证、对比论证、比喻论证、事例论证等。

(2)作用。

①举例论证:运用具体事例,真实可信,增强文章说服力、趣味性、权威性,使文章浅显易懂。

②道理论证:可以增强文章说服力或文采,使论证更有力或更有吸引力。(引用论证:引用名言或引用普通人的说法,使论据更具有权威性或大众性,使论证有力。)

③对比论证:正确错误分明,是非曲直明确,给人印象深刻,使论证更有力或更

有吸引力。

④比喻论证:道理讲得通俗易懂,语言生动形象,容易被人接受。

2.论证方法例说

(1)举例论证

举例论证是一种通过典型的有说服力的论据证明论点的论证方法。这种论证方法以事实为依据,具有很强的说服力。《怀疑与学问》一文中所引三例分别从不同侧面证明了论点,很有特色。

第一个例子:"我们听说中国古代有三皇、五帝,便要问问:这是谁说的话?最先见于何书?"所见的书是何时何人著的?著者何以知道?三皇、五帝是中华民族的鼻祖,史书有载,相沿承袭,有口皆碑。这样的人物还有什么好怀疑的呢?然而作者却以史学家特有的洞察力审慎辨析史料,竟发现诸多疑点:如三皇、五帝究系何人?史书记载有别,孰是孰非?通过这个例子,作者告诉我们,即使是重大的历史事实也有可能记载失误。由此作者提出的做学问要有怀疑精神的观点也就容易为读者所接受。

第二个例子:"我们又听说'腐草为萤',也要问问:死了的植物如何会变成飞动的甲虫?有什么科学根据?""腐草为萤"是民间的俗说。这种俗说正确与否,很少有人去考虑,只是人云亦云、相传已久,似乎成了真理。然而草变萤是缺少科学依据的。一经作者分析,人们才恍然大悟,原来生活常识也有谬误之处。由此看来,生活中也需要有怀疑精神。

第三个例子:"清代的一位大学问家——戴震,幼时读朱子的《大学章句》,就问《大学》是何时的书,朱子是何时的人。塾师告诉他《大学》是周代的书,朱子是宋代的大儒;他便问宋代的人如何能知道一千多年前的著者的意思。"戴震幼时提出的问题似乎有些幼稚,但又切中肯綮,引人深思。戴震善于发问,勤于思考,多有建树,终成一代宗师。戴震的成功经历证明了"许多大学问家、大哲学家都是从怀疑中锻炼出来的"。

作者从历史、生活、学术三方面举例,充分证明了做学问需要怀疑精神。

(2)道理论证

道理论证是通过对事理的分析论证论点的一种论证方法。

《怀疑与学问》中两处运用了这种方法。

第1处:"因怀疑而思索,因思索而辨别是非;经过'怀疑''思索''辨别'三步以后,那本书才是自己的书,那种学问才是自己的学问。否则便是盲从,便是迷信。孟子所谓'尽信书则不如无书',也就是教我们有一点怀疑的精神,不要随便盲从或迷信。"作者先从正面分析,指出人们必须经过由疑到思、由思到辨的过程,才能获得真知。接着又引用孟子的话从反面阐释,指出一味信书,唯书是从,便难以获得真知。正反对比分析,使读者认识到具有怀疑精神是获得真知的必要条件。

第2处:"对于别人的话,都不打折扣地承认,那是思想上的懒惰。这样的脑筋永远是被动的,永远不能治学。只有常常怀疑、常常发问的脑筋才有问题,有问题才想求解答。在不断的发问和求解中,一切学问才会发展起来。"作者先从反面入手,阐述不动脑筋的危害——不动脑筋永远不能治学。其危害之大令人警惕。一旦我们克服懒惰,进一步解放思想,开动脑筋,我们就会由无疑到有疑,由有疑到求解,有求解就会有新说,学术就会有发展、有进步。

(二)理清论证思路

写议论文,无论是立论还是驳论,都要摆事实,讲道理,也就是要进行论证。我们来看看课文是如何进行论证的。

课文《中国人失掉自信力了吗》,从两个方面批驳对方观点。一方面,揭露"一部分人",即国民党当局,"自信其实是早就失掉了的","只能说中国人曾经有过'他信力'","现在是在发展着'自欺力'"。另一方面,用事实证明"我们有并不失掉自信力的中国人在"。最后得出结论:"自信力的有无,状元宰相的文章是不足为据的,要自己去看地底下。"课文开头引出错误论点"中国人失掉自信力了",接下来分析揭露"中国人失掉自信力了"的实质,旗帜鲜明地提出"我们有并不失掉自信力的中国人在",并摆事实加以证明。最后,作者针对陈词滥调,做出剖析,从表面看,是那些"求神拜佛、怀古伤今"者失掉了自信力,而那"地底下"的是中国的脊梁,他们并没有失掉自信力。

《怀疑与学问》一文,围绕"怀疑"与"学问"的关系论述了"治学必须要有怀疑精神"这一论点。作者根据自己的经验启发读者在学习中要有怀疑精神,认为只有善于提出疑问,积极思索,认真辨别,才能获得真才实学。运用举例论证和道理论证的方法,有力地证明了论点。

《谈创造性思维》这篇文章,由一个包含四个图形的问题引出"事物的正确答案不止一个"的观点。然后层层推进,引申出"不满足于一个答案,不放弃探求"需要创造性思维,引发创造性思维必须具备的要素和区分一个人是否拥有创造力的根据的相关论述。最后得出结论:任何人都可能成为富有创造力的人。

《创造宣言》一文中,作者运用典型事例和名言警句对"不能创造"的五种错误理由进行了有力的批驳,提出了"处处是创造之地,天天是创造之时,人人是创造之人"的观点,最后发出了"只要有一滴汗,一滴血,一滴热情,都应该创造,都能够创造"的创造宣言。

那么,如何使"论证合理"呢?基于以上分析,我们可以这样回答。

1.论证要符合逻辑,观点要一致,概念要统一。论证是用道理和事实对观点进行证明和推理,必须符合逻辑规律。论证时要避免犯逻辑错误,如偷换概念、以偏概全、自相矛盾、倒因为果、模棱两可等。

2.要选择恰当的论证方法。论证方法有讲道理、摆事实、对比论证、比喻论证、类比论证等。写作时根据内容的需要,选择合理的论证方法,能够增强说服力,增加表达的丰富性。

3.论证结构要合理。为了使论证的结构合理,可以设置分论点,也可以采用"提出问题——分析问题——解决问题"的形式。

三、读写共生活动设计

教学目标

1.了解论证方法及其作用。

2.学会在文章中合理运用各种论证方法,并能写简单的议论文。

3.做生活的有心人,关注生活,热爱生活,培养思辨和创新能力。

教学方法

讨论法　展示法　练习法

教学课时

一课时

教学过程

(一)导入

写议论文,无论是立论还是驳论,都要摆事实,讲道理,也就是要进行论证。那么,如何才能做到论证的合理呢?今天这节课,我们就来探讨"论证要合理"这个问题。

(二)研读讨论,生成新知

1."论证要合理"的概念。

论证,就是围绕观点,把经过选择的论据组织起来,使两者有机结合,从而推导出令人信服的合理的结论。

2."论证合理"体现在什么地方?

(1)论证要符合逻辑,观点要一致,概念要统一。论证是用道理和事实对观点进行证明和推理,必须符合逻辑规律。

(2)使用的材料要能支持论点,避免出现论据与论点不相干或论据不足的情况。论据是用来证明论点的,要和论点之间有必然、合理、充分的联系;同时,要通过恰当的分析,使读者明白两者之间的联系。

(3)要选择恰当的论证方法。

(4)论证结构要合理。

3.论证的方法有哪些?它们分别起什么作用?

(1)论证方法有举例论证、道理论证、对比论证、比喻论证、事例论证等。

(2)作用。

①举例论证:运用具体事例,真实可信,增强文章说服力、趣味性、权威性,让文章浅显易懂。

②道理论证:可以增强文章说服力或文采,使论证更有力或更有吸引力。(引用论证:引用名言或引用普通人的说法,使论据更具有权威性或大众性,使论证有力。)

③对比论证:正确错误分明,是非曲直明确,给人印象深刻,使论证更有力或更有吸引力。

④比喻论证:道理讲得通俗易懂,语言生动形象,容易被人接受。

(三)确定主题,范文导航

1.文题呈现

(1)俗话说:"知足常乐。"有的人却说:"知足未必常乐。"试围绕"知足与快乐"这一话题,自定立意,自拟标题,写一篇议论文,不少于600字。

提示:

①在标题或者文章的开头,明确表达自己的观点。

②恰当安排论证的结构,注意层次清晰,逻辑严密。

③注意对运用的材料进行分析,突出材料对观点的支撑或证明作用。

(2)中国有句俗话,叫"近朱者赤,近墨者黑",强调环境对人成长的影响。对此,你怎么看?请自定立意,自拟题目,写一篇驳论文,不少于600字。

2.论据小站

关于知足的名言:

(1)祸莫大於不知足,咎莫大於欲得,故知足之足常足矣。——《老子》

(2)当我们胆敢作恶,来满足卑下的希冀,我们就迷失了本性,不再是我们自己。——文艺复兴时期英国剧作家、诗人莎士比亚

(3)幸福的最大障碍就是期待过多的幸福。——丰特奈尔

(4)知足而不贪,知节而不淫。——北宋隐逸诗人林逋

(5)财富,帝国和权力不是满足欲望的更有力的手段,又是什么?——康格里夫

范文展示

不知足常乐

老子说："知足常乐。"诚然，知足可以培养清静之心，让人常感喜乐。但对于新时代的青少年来说，只有心怀斗志，蓬勃向上，做一个"不知足"的人，享受奋斗的快乐，才能拥有更加精彩的人生。

"知足常乐"者，往往自我设限，停滞不前。一个人如果过于安于现状，总认为自己的处境已经够好，那么他就容易失去向上的力量。自我满足固然能给我们带来短暂的快乐，但这种快乐有时恰恰是不幸命运的伏笔。大宋王朝曾盛极一时，但面对外部势力的侵扰时，却妥协投降，偏安江南一隅，最终被元所灭；几百年后的清朝也是如此，它以"天朝上国"自居，傲视西方列强，却被英国的坚船利炮打开了国门，自此开启了黑暗的半殖民地半封建时代。生活中这样的例子更是比比皆是——从一味挥霍的富二代，到游手好闲的小市民；从不述不作的所谓教授，到取得一点成绩便沾沾自喜裹足不前的同学……"知足常乐"者大多有一个快乐的开始，但最终逃不过现实的猛烈一击。

要想把握自己的人生，获得最终的幸福，必须有一点"不知足"的精神。唯有"不知足"，才能"常乐"。宋代诗人王安石拟"春风又过江南岸"，曾把"过"字改为"到""遍""满""吹"等，却始终不满意，终于在反复推敲琢磨中，酿就这一千古名句。袁隆平爷爷将自己的一生投入到杂交水稻事业，让中国的杂交水稻从研发发展到如今的亩产一千多公斤，令世界瞩目，而这背后，正是袁爷爷对亩产增长量的"永不满足"，对自己"禾下乘凉梦"的不懈追求；"亚洲飞人"苏炳添在本就手握 9 秒 91 的 100 米亚洲记录的情况下仍不满足，日复一日刻苦训练，在东京奥运会上以 9 秒 83 打破了自己创下的亚洲记录，成为奥运会上首个进入 100 米决赛的中国人……如果人们都安于现状裹足不前，就不会有这一次次的超越，更何谈人民的幸福，民族的振兴，国家的富强？正是因为无数人的"不知足"，才成就了我们今天幸福美好快乐的生活。

作为青少年，我们更应该在生活中的各个方面发扬"不知足常乐"精神。在亲情上不知足，觉知再觉知，感恩再感恩；在友情上不知足，付出再付出，包容再包容；在学习上不知足，努力再努力，拼搏再拼搏……

"人生如逆水行舟，不进则退。"我们只有"不知足"，并且不断挑战自己，才能登高望远，做到真正的"常乐"。

（作者：李晓宸）

（四）当堂演练，学以致用

1. 小组评：推荐美文，说出推荐理由。
2. 自由评：听众点评，不超过三人。

3. 自评:围绕以下几个方面自评。

在本次作文中,我最想谈论的主题是_____;我写作本文最成功的地方是_____;最大的失误是_____;经过本次写作,我下次写作文时一定做到_____。

4. 老师评:如果学生点评不到位,老师补充。

(五)修改作文,精益求精

修改自己的本次习作并做成电子稿,然后将各组推荐的佳作打印出来在班级作文园地展览,其余同学把电子稿传到班级 QQ 群,供大家欣赏交流。

四、读写共生习作实例

"黑"或"赤"全在于"己"

古人云:"近朱者赤,近墨者黑。""橘生淮南则为橘,生于淮北则为枳。"的确,环境对事、物、人的影响是不可小觑的,但我认为:一个人是"赤"是"黑"全在于个人本身的素质,环境只不过是一个外在的条件而已。

古往今来,大凡成大业者,都能如莲花般出淤泥而不染,摆脱了环境的束缚。

你看,那个在汨罗江畔披发行吟的伟大诗人——屈原,在那个"王听之不聪也,谗谄之蔽明也,邪曲之害公也,方正之不容也"的朝廷,仍能洁身自好,发出"举世混浊而我独清,众人皆醉而我独醒"的誓言。

屈原,他向世人证明:近朱者不一定赤,近墨者也不一定就黑,能否洁身自好全在自己。

再看,那个梦游天姥山,畅游祖国山水的青莲居士——李白。他藐视权贵,向往自由。他让力士脱靴,让贵妃磨墨。他绣口一吐便是半个盛唐。"安能摧眉折腰事权贵,使我不得开心颜"让他远离官场。

如果说,环境决定着一个人,那么,中国历史上将失去一个敢怒敢言、不畏权贵、才华横溢的大才子。同样,李白也向世人证明是"赤"还是"黑"皆在于自己。

屈原、李白离我们有些远,那来看看鲁迅——一个以笔为剑的中国近代史上的大文豪。现实并没有让鲁迅埋没于人海中。"不在沉默中爆发,就在沉默中灭亡"是他对中国的警示,"横眉冷对千夫指,俯首甘为孺子牛"是他的行为准则。他用呐喊唤醒黑夜中的人们。

如果说,环境决定着一个人,那么,我们将同样失去一个在黑暗中清醒的伟大人物。因此,"黑"或"赤"全在于自己。

大凡成功者都向世人证明同一个道理:"黑"或"赤"全在于"己"。

（作者：刘昱呈）

教师点评

小作者在文章开头通过俗语展开驳论,提出自己的观点：环境是外在条件,是"赤"是"黑"关键在于自身。文章思路清晰,论证合理,通过道理论证和举例论证,有力论证了论点。文章结尾处的总结警策有力,发人深思。

学习改写

一、读写单元主题综述

《义务教育语文课程标准》提出:"写作时考虑不同的目的和对象。根据表达的需要,围绕表达中心,选择恰当的表达方式。合理安排内容的先后和详略,条理清楚地表达自己的意思。运用联想和想象,丰富表达的内容。"本单元写作主题是"学习改写"。课标要求七至九年级的学生"能变换文章的文体或表达方式等,进行改写"。改写是学生们喜欢的写作训练,可以和大作家一起创作,一起编写小说,这是多么快乐的一件事。

改写,重在一个"改"字。改写和缩写、扩写一样,同样需要把握原文题旨,然后再确定重点。

改写,要注意在原文的基础上,展开丰富的联想和想象,顺着原文的意思,把内容写得具体、生动、有趣、完整。

改写是对原文从形式到内容进行某种改动的一种写法,是根据原文的思想内容和表现形式,将原文改写成另一种体裁或样式的写作训练。也就是说,思想内容不做大的改动,而表现形式有较大的变化。

改写前要仔细阅读原文,深刻领会原文的中心思想。不管是何种形式的改写,都不能改变原文的中心思想。改写不能照抄原文,应该按文章的中心,用自己的语言进行再创作。如把诗歌改成散文或记叙文,由于诗歌概括性强,跳跃性大,因此在改写时必须增添一些细节描写使之丰满起来。改写时不必拘泥于原诗,应在原诗基础上加以想象。改变人称的改写,要自始至终保持人称的统一,尤其是人物对话中的人称都要作相应的改变,语气也要作适当调整。

据上分析,我们可以提炼出本次读写共生训练的目标:

1. 教会学生改写作品的方法。(重点)
2. 培养学生改写作品的能力。(难点)

二、读写共生方法撷取

(一)改写的常见形式

单元写作导读中有这样的表述:"改写有哪些常见的形式呢? 一是可以改变文

体,……二是可以改变语体,……三是可以改变叙述方式……总之,可以从各个角度进行改写。"由此可见,从形式上看,有文体的改变、叙述顺序的改变、叙述人称的改变。从内容上看,可以对原文的中心从一个方面加以强调,可以对人物、情节进行必要的增删。改写并非单纯在"扩"方面下功夫,要从"破"字入手,把原作读懂吃透,再用另外一种写法或叙述人称来写成文章。

文体的改变。如把诗歌改写成散文或记叙文,把小说改写成剧本,把报告文学改写成消息,等等。但在考试作文中,常见的是把诗歌改写成散文或记叙文。此外,也有把小说改写成课本剧的。

叙述顺序的改变。如将顺叙改为倒叙、插叙,把倒叙改为顺叙,或者对材料重新组织等。

叙述人称的改变。如把第一人称改为第三人称,或把第三人称改为第一人称,后者居多。因为改为第一人称,写起来比较容易些。改为第一人称,可以增加心理描写,也可以适当地直接抒情议论。

内容的改变。可以将写人改为写事,或者将写事改为写人。

(二)改写的方法

1.根据改写要求,故事和人物形象基本符合原作,这就要求同学们首先要理解原作内容,准确把握原作中人物的形象和主要情节、主题思想等。

2.改写时,应注意人物形象的刻画。由于改写是艺术的再加工,可在原作的基础上,借助想象合理发挥,适当补充细节,充实内容,让改写的内容充满生活气息。

3.改写文言文或者诗歌时,切忌对原文直译,要用自己的语言进行叙述和描写,语言尽可能明快、生动。

(三)改写的注意事项

1.可以只改写课文的片段,也可以改写全篇。

2.叙事要清晰,注意人称和语言风格的统一。

3.改写时要注意故事的完整性和结构的合理性。

三、读写共生活动设计

教学目标

1.教会学生改写作品的方法。

2.培养学生改写作品的能力。

教学方法

练习法　讨论法　展示法

教学课时
一课时
教学过程
(一)导入
改写是改变原文的表现形式或部分内容的一种写作训练。改写的过程是一个新的构思过程,全新剪裁,全新布局,较有难度。

改写的形式:

1.可以改变文体。(诗歌改写成散文,小说改写成剧本)

2.可以改变语体。(文言文改成现代白话文,书面语改成口语)

3.可以改变叙述方式。(第一人称改成第三人称,或将顺叙改为倒叙、插叙)

(二)改写的"三要"

综上所述,同样的作品可以从不同角度进行改写。那么在改写时,我们要注意些什么呢?

1.要把握原文的内容。

2.要理解原文的意境。

3.要展开合理的想象。

(三)改写的方法

有什么方法可以让我们改写的作品令人眼前一亮呢?

1.有增有减,意境不变。

请同学们用扩写的方法改写张志和的《渔歌子》。

渔歌子
张志和

西塞山前白鹭飞,桃花流水鳜鱼肥。

青箬笠,绿蓑衣,斜风细雨不须归。

①扩词成句:将"西塞山、白鹭、桃花、流水、鳜鱼、箬笠、蓑衣、斜风、细雨"扩写成一句话(建议:可从色彩、形态、性状、声音、气味、感情等方面进行扩展充实)。

②扩句成段:发挥想象,将词中句子扩展成几句语意连贯的话。

③扩句成篇:将上述内容连缀成一篇完整的短文。

2.巧用方法,再造创新。

①变换人称:将第一人称改为第三人称,或将第三人称改为第一人称。

②变换写法:故事新编、情景片段、修辞巧用、描写手法、背景补充、精彩对话。

③变换体裁:古诗可改编为散文、小说可改编为剧本、童话可改编为童话剧。

④变换结构:顺叙可以改为倒叙,也可以改为插叙。

范文展示

《三顾茅庐》之刘备篇

　　离草庐还有半里,我便下马步行。正遇见诸葛均,问其得知大贤昨晚刚回茅庐,我开心极了:今天终于有幸可以见到先生了!我们仨一起到庄前叩门,我本想让童子转告先生我今天专门来拜访他。可惜童子又说:"先生虽然在家,可是因为疲劳还在草堂睡觉。""既然这样,那就不用麻烦您告诉他了,我们可以再等等的。"说罢,我便让关羽和张飞在门外等着。轻轻走进之后,我拱立阶下,静候。

　　一个时辰过去了,诸葛先生终于醒来:"大梦谁先觉?平生我自知。草堂春睡足,窗外日迟迟。"他吟毕便起身问童子:"今日可有人来访?""今日刘皇叔来访,已在阶前等候多时。在您云游之时,其曾两度造访,无缘与您相见。""为何不早些叫醒我?这样吧,你快去好好招呼刘皇叔,我换件体面的衣服就来。"我在房外听见房间内隐隐约约的说话声,高兴极了,想必孔明先生已醒,随即童子便恭敬请我进屋。

　　我便快步进门,看见久久听闻的孔明先生,立即对他行礼:"久闻先生大名,在下刘备,今日有缘相见。""皇叔请起。我是山野之人,疏懒成性,蒙皇叔顾茅庐,真是倍感惭愧,不知皇叔因何事见我?"

　　童子上茶后,两人对坐,一边用茶一边谈论天下大事。我恭敬地说:"现在的情况太乱,我想安邦定天下,可惜我才疏学浅,诚心请先生教我济世之策,出山辅佐我完成统一大业。"一番交谈后,他让童子拿来地图,面对我分析道:"现在曹操拥兵百万,挟天子以令诸侯,皇叔不能跟他正面争锋。孙权据有江东,已历三世,吴国地势险要,民众归附,可把他作为外援,而不可谋取。只有荆州,这个兵家都要争夺的地方,一直到南海的收益都能得到。只可惜刘璋昏庸懦弱。皇叔可先取荆州为家,再取益州立业,形成三足鼎立之势,而后伺机逐鹿中原,统一天下,成就大业。"

　　听完之后,我欣喜不已,拱手感谢:"听了您的这一番话,我茅塞顿开,拨云见日。"说罢我再次拜谢:"多谢先生,在下从今如鱼得水也。"

(四)布置作业

从下面的两道题目中任选一题写作。

1. 选取一则古代寓言,用现代汉语改写成一篇小故事,300字左右。

提示:

(1)细心体会原作,不要改变主要内容和寓意。

(2)不要逐字逐句翻译,可适当发挥想象,增添必要的细节。

(3)将原文附在改写的文章后面。

2. 从学过的小说中选择一篇,可以改变原来的叙事视角,以另一个人物的口吻来讲述这个故事,也可以发挥想象改写故事的结局。

提示:

(1)可以改写小说的片段,也可以改写全篇。

(2)叙事要清晰,注意人称和语言风格的统一。

(3)改写后在小组内交流,看看谁的作文既忠实于原作,又新颖有趣。

四、读写共生习作实例

改写《我的叔叔于勒》

我们上了轮船,离开栈桥,在一片平静得好似绿色大理石桌面的海上驶向远处。正如那些不常旅行的人们一样,我们感到快活而骄傲。

父亲忽然看见甲板上有一位打扮得十分奢华的中年绅士,他正站在桅杆旁,惬意地抽着雪茄。父亲有些激动,但又不太确定地问母亲:"你看!那个人像不像于勒?"母亲先是愣了一下,随即用有些颤抖的手指向那位先生,说:"他?他是你的那位弟弟?那个好心的于勒?"不等父亲回答,母亲急切地说:"一定是于勒!我不会认错的!于勒来找我们了!"

听到母亲证实他的猜想,父亲放下心来,有了底气。他的嘴角疯狂上扬,他竭尽保持平静,低头看了看自己的皮鞋、裤子,又拉了拉他心爱的大衣——那件他平时舍不得穿的大衣,嘟囔着:"这件衣服该换换了!这样子去见于勒可真丢人!"随即,他理了理自己的头发,也要求母亲、我以及姐姐们和姐夫整理衣衫,然后领着我们向我的叔叔走去。

父亲故作镇定,却难抑心中的狂喜,向于勒叔叔喊道:"我的好于勒,是你吗?我们天天都在担心你!你可算是回来啦!"于勒叔叔转过身来,有些诧异,但脸上饱含惊喜,红润的面孔上露出微笑,说:"菲利普,没想到这么快就看到了你,我本想先四处转转,再去找你!"叔叔用他那戴满金戒指的手挠了挠头,衣袖下那只金黄的手表反射着阳光,亮得我发慌。父亲却一把抓住叔叔的手激动地握住不放,一时竟说不出话来。半响,他才放开手,说:"我们太想你了!"叔叔只是笑。母亲同样高兴得不知怎么办才好,她语无伦次地说:"好于勒,我就知道你一定会回来的,你还给我们写了信——你赚了大钱!你说要和我们一起过好日子的!你真是个有出息的人——你没有忘了我们!"母亲惊喜的脸上现出了从未有的神采……

父母高兴到了极点——因为叔叔回来了。我却有些不知所措:此时的父亲和母亲是如此陌生、如此奇怪。我不禁疑惑,他们的无数设想,那上千种计划,置一所别墅……真的能实现吗?

(作者:张琪爽)

教师点评

创新是智慧的结晶。船上相见的过程,原作写得波澜起伏,含蓄动人,引人深思。小作者在原作的基础上呈现了另一种相见过程。和一般改写不一样的是,她仍然把思考留给读者,没有给出完美的结局,文章在若瑟夫的疑惑中戛然而止,显得颇有趣味。

学习扩写

一、读写单元主题综述

本单元阅读的人文主题是"社会咏叹",不同的诗歌意象展现了不同的情思和时代的脉搏。单元提示里有这样的表述:"学习本单元,要在反复朗读、感受诗歌韵律的基础上,进一步把握诗歌的意象,体会诗人的情感,理解诗中蕴含的哲理。"

写作主题是"学习扩写"。扩写是学生要具备的一项写作能力,也是将读与写有效结合起来的一种写作训练,学习扩写可以培养学生的发散性思维以及遣词造句能力。学生要从日常语文课堂入手,从观察生活的细节入手,通过反复训练提升扩写能力。

这一次写作训练提出了三个要求:①理解扩写概念;②掌握扩写方法;③力求扩写连贯。这些都是扩写的基本要求。扩写需要在忠实于原文的基础上写得有文采,写出内在逻辑;需要在忠实于原文的基础上写得有针对性,写出真情;需要在忠实于原文的基础上发挥联想和想象,锤炼语言。

课标中关于阅读的"课程目标与内容"中有这样的表述:"能主动进行探究性学习,激发想象力和创造潜能,在实践中学习和运用语文。""学段目标与内容"中有这样的表述:"能够区分写实作品与虚构作品,了解诗歌、散文、小说、戏剧等文学样式。"

课标中关于写作的"学段目标与内容"中有这样的表述:"多角度观察生活,发现生活的丰富多彩,能抓住事物特征,有自己的感受和认识,表达力求有创意与内容"。"能根据文章的基本内容和自己的合理想象,进行扩写。"

据上分析,我们可以提炼出本次读写共生训练的目标:

1. 能准确地感知文章内容,能准确地把握事物特征。(重点)
2. 能体会文章不同的情感,能发挥合理想象,有创意地表达。(难点)

二、读写共生美点撷取

(一)内容

1.词语和句子

(1)词语

疲惫 摸索 簇新 胚芽 笑窝 绯红 迷惘 深思 沸腾 旌旗 繁多 苍茫 高傲 呻吟 掩藏 翡翠 熄灭 蜿蜒

(2)句子

①我是你雪被下古莲的胚芽;我是你挂着眼泪的笑窝;我是你新刷出的雪白的起跑线;是绯红的黎明。

②取义成仁今日事,人间遍种自由花。

③我等待着,长夜漫漫,你却卧听着海涛闲话。

④你站在桥上看风景,看风景的人在楼上看你。

⑤我有年轻舵手的心,在大地风雨的海上。

⑥因为一切果实并无差异,所有树木无非一棵,整片大地是一朵花。

⑦看吧,它飞舞着,像个精灵,——高傲的、黑色的暴风雨的精灵,——它在大笑,它又在号叫……它笑那些乌云,它因为欢乐而号叫!

2.主题和题材

对学生来说,要想写好作文除了要积累写作素材,还要善于捕捉教材中经典的语句带给自己的人生启迪,善于借鉴教材中经典篇目的写作技法。现实中,大部分学生在九年级已经能够将一件事情记叙得很有条理,但是内容上似乎还表现为记流水账,究其根源在于不懂得深挖文字之美、技法之美、思维之美。所以,教学中应当引导和鼓励学生打开思维,大胆想象,在了解不同体裁文学作品的基础上,培养语感,写出自己的切身感受。

本单元阅读的人文主题是"社会咏叹",集中编排了现代诗歌,教师可以围绕诗歌的文体特征,借助诵读展开教学,让学生体会诗歌的音乐美、结构美、语言美;把握诗歌意象,借助意象体会诗人寄托的情感。比如《梅岭三章》,作者采用了绝句的形式,运用丰富的意象和多种修辞,引用典故和传说,抒发了视死如归的壮烈情怀和革命必胜的信念。《海燕》这首散文诗综合运用对比、象征的手法,塑造了海燕式的英雄形象。这两篇散文诗中的意象典型、鲜明,学生在诵读时会有很直观的体会。那么,学生在写作时,就可以适当借鉴本单元中的一些意象,依据这些意象描述画面,加入适当的想象进行扩写。比如,在学习与生活的漫长道路上,会遇到各种各样的挫折,是退缩不前还是做一只迎难而上的"海燕"?若选择做"海燕",又该如何做呢?选定写作内容后,就可以展开合理与诗意的想象,将自己脑海里构思的片段扩写出来。教材中的经典充满了诗意,值得我们去挖掘,去品鉴。只要引导学生去发现美,感受美,鉴赏美,让学生意识到美与我们是如此之近,学生的作文怎会无话可说呢?

(二)形式

1.结构的变化

结构是一篇文章的大体框架,记叙文中常有过渡句,但是诗歌往往没有过渡句,跳跃性极大。引导学生了解诗歌这种文学体裁结构的变化,将有助于学生把握写作中整体与部分的关系、部分与部分的关系,进而掌握一线串珠的写作技巧。

以《梅岭三章》的结构变化为例。三章,就是三首,形式上独立成篇,但在内容上是一个整体。全诗以首句设问开篇,总领全诗,"断头"二字串联起"头悬""成仁"。一篇优秀的文章,首先要在结构上做到脉络清晰。这首诗的"一词串联全篇"构思技巧,对于学生设计写作结构上的爆破点有很好的借鉴意义。首章的第二句展现了创业的艰难历程,这是面对"断头"所想到的。第三、四句想象死去后继续战斗,是"百战"回忆的延续。临危不惧,战斗不止,是一条情感主线。其部分内部也是一个有"意"的整体,第二章面临"断头"却依旧勉励战友"创业""努力",第三章展望美好的憧憬——"人间遍种自由花",充分回答了"断头今日意如何"之问。章节间相互关联,"必战""必胜""必成",逻辑层次清晰,思路有序,层层深化,这种结构可以引导学生留心感受,化为己用。

2. 叙事视角

卞之琳的《断章》中"看"与"被看"可谓主客流转,展现了现实生活中萍水相逢之人因偶遇而产生的相知、相惜的缘分。从叙事视角看,短诗中的人称并不是定指的,诗人通过现实中的生活片段,展现了人和人相互理解的曼妙风景,梦境实则是失意中的希望,富有意趣。这首短诗的叙事视角,为学生提供了转换常规视角叙事的方法指引,可以使学生打开思维的宝箱,进而创造性地表情达意。

3. 特殊句式

(1)你的富饶、你的光荣、你的自由;——祖国啊,我亲爱的祖国!

(2)断头今日意如何? 创业艰难百战多。

(3)风从大地卷来,雨从大地奔来。

(4)所有的叶是这一片,所有的花是这一朵,繁多是个谎言。

(5)狂风吼叫……雷声轰响……

(6)——暴风雨! 暴风雨就要来啦!

4. 反复修辞

(1)——祖国啊!

——祖国啊!

——祖国啊!

——祖国啊,我亲爱的祖国!

(2)——暴风雨! 暴风雨就要来啦!

赏析:使用反复修辞手法是为了突出、强调某种意思,或表达某种情感,进而给读者留下深刻的印象。

三、读写共生活动设计

教学目标

1.了解扩写的概念,把握材料要点,找准扩写点。(重点)

2.把握扩写的技巧与方法。(重点)

3.通过扩写练习,培养学生的创造性思维能力,提高写作能力。(难点)

教学方法

探究法　启发法　讨论法　练习法

教学课时

一课时

教学过程

(一)导入

同学们好!这一节课,我们来学习"学习扩写"这一写作主题,梳理一下有关"扩写"的一些知识。

(二)知晓概念,明确扩写定义

扩写是对本来较为简略、概括的文章或片段加以扩展、补充,使之成为篇幅更长、内容更充实的文章的一种写作方式。

(三)阅读片段,明确扩写点

春秋时期,晋公子重耳和他的随从在逃难途中,经过卫国,卫文公没有以礼相待。他们从五鹿经过,向乡下人讨饭吃,乡下人给他们土块。重耳大怒,想要用鞭子打那个人。狐偃劝他说:"这是上天赏赐的土地呀!"重耳于是磕头致谢,收下土块,装在车上。

思考:

1.上述材料主要讲述了一个怎样的故事?

明确:重耳和随从在逃难途中,由"土块"引发的勃然大怒到磕头致谢。

2.你认为可以从哪些方面对上述故事进行扩写?

预设:①重耳及随从逃难时要饭的遭遇;②从勃然大怒到磕头致谢的态度转变;③逃难的历程;④卫文公没有以礼相待时重耳及随从的反应;⑤重耳收下"土块"时的动作、神态、语言以及心理。

明确:主要扩写点——①②;次要扩写点——③④⑤。

(四)层层深入,学习扩写技巧

1.句子的扩写。

活动：将卞之琳的诗歌《断章》中"你站在桥上看风景,看风景的人在楼上看你"扩写成内容更丰富的一段文字,100字左右。

提示：可以运用修辞、人物描写方法。

2.语段的扩写。

诗歌是一种很特别的文学体裁,有三个突出特点：一是用意象来表达情感,二是语言凝练,三是讲究节奏和韵律。

活动：为上述议论性语段补充具体事例,进行内容的扩充。

3.经典扩写评析。

材料一："由是先主遂诣亮,凡三往,乃见。"（《三国志·蜀相·诸葛亮传》）

材料二：统编教材九年级上册第23课《三顾茅庐》。

活动：小说情节生动曲折,人物形象和个性鲜明,作者的秘诀是什么？

（五）技巧点拨,总结扩写要点

1.要忠于原文。

2.要找准扩写点。

3.不同体裁的文章,扩写的着重点不同。

记叙文章要忠于原文的中心思想和人物形象,补充情节和细节,增加对人物、环境的描写等；说明性文章要忠于原文的说明对象,补充材料,运用多种说明方法介绍说明对象；议论性文章要忠于原文的观点,进一步补充论据,阐释观点。

4.要特别注意文章内容的一致和连贯。

（六）确定写作主题,畅言写作想法

1.阅读下面的语段,深入思考,把它扩写成一篇议论性文章,题目自拟,不少于600字。

"苟有恒,何必三更眠五更起；最无益,莫过一日曝十日寒。"这是明代学者胡居仁撰写的对联,意在勉励自己：做事情贵在持之以恒。持之以恒,就要注重平日积累,而非临时抱佛脚。持之以恒,就要坚持不懈,而非一曝十寒。古今中外很多事例都告诉我们,做事情有恒心方能成功。我们在求学、成长的路途上,也应具有持之以恒的精神。

2.阅读白居易的《春题湖上》,发挥联想和想象,写一篇记叙性文章,题目自拟,不少于600字。

湖上春来似画图，乱峰围绕水平铺。
松排山面千重翠，月点波心一颗珠。
碧毯线头抽早稻，青罗裙带展新蒲。
未能抛得杭州去，一半勾留是此湖。

四、读写共生习作实例

持之以恒方能有所成

"苟有恒，何必三更眠五更起；最无益，莫过一日曝十日寒。"这是明代学者胡居仁的自勉联，也给我们提供了学习与做事的方法。人生路上，磕磕绊绊，有的人坚持到底，大有作为；有的人半途而废，碌碌无为。每个人都渴望成功，成功关键就在于"恒"。

太多的经验告诉我们，持之以恒是到达理想彼岸的有效法门。那么，怎样才能真正做到持之以恒呢？

持之以恒，就要注重平日积累，而非临时抱佛脚。"不积跬步，无以至千里；不积小流，无以成江海。"积累是在为人生储备能量，就像动物冬眠前贮存食物一样。现在许多中学生在考试前挑灯夜战，但仍与每天脚踏实地努力付出的同学差距很大，正是"平日不烧香，临时抱佛脚"的结果。马克思主义的诞生，是马克思与恩格斯把对工人阶级的调查研究与亲身经历相结合总结出的思想结晶，而这个过程，就用了他们十余年的时间。正因如此，马克思主义才成为指导国际工人运动的科学理论。所以"功夫下在平时"，便也成了人生之路不可或缺的伴侣。

持之以恒，就要坚持不懈，而非一曝十寒。坚持不懈渗透在每个人生活、学习、工作的方方面面。在家里能忍着累做完家务，这是坚持不懈；能每天做好体育锻炼，这也是坚持不懈。所以普希金说："坚持会给人们永恒的动力。"我们的身边有着诸多的例子，"中国核潜艇之父"黄旭华隐姓埋名三十载，把一生都奉献给了国家和人民；时代楷模卢永根毕生致力于水稻遗传育种研究，始终站在科学研究第一线，培养了一大批高水平现代化农业专家；"天眼之父"南仁东克服重重技术难关，与工程团队一起通过不懈努力，实现了中国拥有世界一流水平望远镜的梦想。凡做一件事，就要坚持做下去，不懈怠、不放弃，要水滴石穿，而非一曝十寒。

持之以恒，就要坚定志向，而非有始无终。"有志者，事竟成。"坚定"志"，"持"才有方向。一个坚定的志向，往往会让自己少些犹豫，多些前进的动力。做事情正如盖房子，而志向则是房子的中心支柱。北宋大文豪苏东坡说："古之立大志者，不惟有超世之才,亦有坚忍不拔之志。"彝族青年沙子呷在导弹发射实验地做一线工人,他从小因扶贫政策而受益,立志于报效祖国。虽然在条件恶劣的工地被灰尘蒙住脸,被钢架打折了腿,但他没有懈怠,没有放弃,十年来兢兢业业,毅然担起了"铁人"称号。一个人如果能坚定人生志向,并能够为之坚持到底,就会获得美好人生。

我相信做事情贵在持之以恒。因为平日积累如积蓄的潜能,让我们的奋进有能量;坚持不懈如有力的翅膀,让我们的翱翔有强有力的支持;坚定志向如明亮的灯塔,让我们在黑暗中看到光明。持之以恒方能成就非凡人生。

(作者:张驰宇)

教师点评

这篇文章紧扣"持之以恒"这一核心词,突出了"持之以恒方能有所成"的中心论点。以原材料中的"持之以恒,就要注重平日积累,而非临时抱佛脚"、"持之以恒,就要坚持不懈,而非一曝十寒"为分论点,并自行扩充了"持之以恒,就要坚定志向,而非有始无终"这个分论点,综合运用了道理论证和举例论证的论证方法,使得论证更加有说服力。所选论据具有时代感,贴近生活。行文结构严谨,排比句式结尾使得文章论证气势充沛,进一步升华了中心论点。

一半勾留是此湖

从亭口望去,远处是连绵起伏的青山,近处是碧波荡漾的湖水,我的心也在这忽远忽近的美景中平和下来。缓缓端起手中的酒杯,任凭浊酒贯穿我的身心,已经不知这是第几杯了。大醉的我慢悠悠地倒在椅子上,竟不知不觉睡去了。

一睁眼,发现自己已不再身处亭中。此时皓月当空,眼前是一条绵延弯曲的小路,两侧高大的垂柳微笑着起舞。我这不是在西湖的小路边上吗?刚才还在亭中饮酒呢。顺着小路往前走,又一次观赏到了西湖这醉人的美景,就像名家的山水画一样。这里是红艳的桃花,那里是碧绿的湖水,青石板路向远处延伸,尽头挂着一轮皎洁的明月,好似画家的调色板。纵横交错的山峰上点缀着青翠欲滴的松树,它们张开双臂环抱着如镜的湖面。又是一年过去了,西湖的春天仍旧那么令人陶醉。

松树成千成百地挺立在群山之上,像威武的军队,浓郁的绿将山峰渲染得尽显苍翠。皎洁的圆月映在湖中,像巨大的珍珠在水底熠熠生辉。西湖附近到处是早生的稻谷,犹如巨大的绿毯将大地笼罩,裹着绿意的稻穗就像丝绒线头一般。几株香蒲在湖边依稀可见,像丝绸裙带一般在风中飘舞。这种绝佳的美景被我尽情欣赏。

黑夜没有阻碍杭州尽显它的繁华。夜空上闪烁的繁星和城市闪耀的万家灯火交相辉映,明亮而又璀璨。家家户户都挂起了灯笼,灯笼映照下的集市,车水马龙。

人们或在做着大大小小的买卖,或散步聊天浏览这繁华的夜景。每个人的脸上都洋溢着不同的笑容,好像都没看出我的心事。能感受到他们的幸福,我心安了不少。

夜深了,我竟不知在什么地方又睡去了。醒来时,又是在自己先前身处的亭子里,夕阳已经落山。没想到,刚才的经历只是一个梦,那一梦将成为我永恒的记忆。一股莫名的伤感席卷心头,我想再喝酒,却喝不下了。那就吟诗吧,看到什么,想到什么,就吟诵什么吧。

我,白居易,一生心系朝廷,渴望为民造福。如今,我即将离任,可一想到杭州,想到这里的西湖,这里的百姓,真是五味杂陈啊!长长的三年短短地过去,短短的路又要长长地走。我的心一半已属于西湖,而另一半属于这里的百姓,难舍江南钱塘!

(作者:葛翛然)

教师点评

作者在扩写白居易的《春题湖上》一诗时,抓住了扩写的要点,以记叙为主,所写内容在忠于原诗的基础上加入了自己的想象,综合运用了自然环境和社会环境描写,用活了比喻和拟人的修辞手法,描绘了一幅优美的西湖春景图。在扩写中,作者突出了白居易心系百姓的崇高的为官情怀,结尾的"难舍江南钱塘"升华了主旨——留恋西湖,留恋西湖的百姓,余味无穷。

审题立意

一、读写单元主题综述

本单元阅读的人文主题是"世态人情",中外经典小说中人物的喜怒哀乐、悲欢离合折射出不同时代的世态人情和时代风貌。单元提示里有这样的表述:"学习本单元,要在梳理情节、分析人物形象的基础上,对作品的内容、主题有自己的看法,理解小说的社会意义。还要学习欣赏小说语言,了解小说多样化的风格。"

写作主题是"审题立意",认真审题、恰当立意是学生写作时切题并有效组织材料、安排文章结构的保证。无论是新材料作文,还是以材料为引言的命题作文或半命题作文,都要求在写作前做好审题立意工作。学生审题立意能力的形成和提升,需要从日常语文课堂入手,比如探究文章标题的含义,分析文章的主旨等。所以,提升学生的审题立意能力有必要以教材经典文本为依托。

这一次写作训练提出了两个要求:①掌握审题立意的方法和技巧;②强化思维训练,深化作文的审题立意。作文的审题要字斟句酌,立意要深刻新颖,在此基础上拓展思维,优化语言表达,写出真情实感。

课标中关于阅读的"学段目标与内容"中有这样的表述:"在通读课文的基础上,理清思路,理解、分析主要内容,体味和推敲重要词句在语言环境中的意义和作用。"

课标中关于写作的"学段目标与内容"中有这样的表述:"注重写作过程中搜集素材、构思立意、列纲起草、修改加工等环节,提高独立写作能力。"

据上分析,我们可以提炼出本次读写共生训练的目标:

1.能准确地感知文章内容,准确地把握人物形象特征。(重点)
2.能体味关键词句的意义,有创意地写出自己的真实感受。(难点)

二、读写共生美点撷取

(一)内容
1.词语和句子
(1)词语

阔绰　不屑置辩　颓唐不安　侍候　洋溢　惦记　径自　无精打采　异想天开　盘桓　涓涓　顷刻　千钧之力　战战兢兢　驾驭　熏陶　隐匿　掂量　一气

呵成　妙手回春　如坐针毡　天伦之乐　望眼欲穿

(2)句子

①中秋过后,秋风是一天凉比一天,看看将近初冬;我整天的靠着火,也须穿上棉袄了。

②商店和饭馆的门无精打采地敞着,面对着这个世界,就跟许多饥饿的嘴巴一样;门口连一个乞丐也没有。

③一只大鹰旋了半圈,忽然一歪身,扎进山那侧的声音里。

④牛铃如击在心上,一步一响,马帮向横在峡上的一根索子颤颤移去。

⑤何满子是一丈青大娘的心尖子,肺叶子,眼珠子,命根子。

2. 主题和题材

对初中生来说,社会经历与生活经验还不是那么充足,写作时自然难以很快调用相关素材。其实,造成这种现象的原因在于学生不善于从日常中发现生活的多姿多彩,去感悟生活的真谛。九年级学生虽然已经能够将一件事情写得相对充实,但通常是素材老套,缺乏"保质期",所以,教师应当利用教材经典篇目引导学生去发现生活中的小细节,拓展思维,从小细节中提炼出新颖又有高度的立意。

本单元的人文主题是"世态人情",集中编排了四篇中外短篇小说,教师可以围绕小说的文体特征,梳理故事情节,读品结合,关注人物形象,引导学生学习刻画人物的手法,欣赏小说的语言,体会小说的不同风格,进而感受世态人情和时代风貌。比如《孔乙己》一文中,鲁迅用冷峻的笔调塑造了孔乙己的"苦人"形象,针砭了科举制对读书人的戕害,揭露了社会的冷酷无情。《变色龙》一文中,契诃夫运用幽默讽刺的语言塑造了奥楚蔑洛夫这个善"变"的小官僚形象,既让人发笑又让人深省。阿城的散文化小说《溜索》用凝练的笔墨,塑造了强悍勇猛的马帮首领形象。刘绍棠的《蒲柳人家》采用诸多的民间口语和俗语讲述了农家故事,充满了浓郁的民族风格。教师应引导学生了解教材中经典作品的立意方法和技巧,并借鉴这些经典作品中的人物塑造方法、写作题材和风格各异的语言来表现自己作文中的主人公。

(二)形式

1. 叙事结构

结构是一篇文章的大体框架,《孔乙己》以第一人称"我"的所见所闻为中心展开故事情节,以小伙计的视角和口吻回忆叙写了二十多年前的往事。小说的第五段属于插叙,它交代了孔乙己的身世和经历,可以让读者从中了解到是封建文化教育和科举制度使孔乙己成了一个不会营生的"苦人",由此他"免不了偶然做些偷窃的事"。但他从不拖欠酒店钱的细节又体现了他善良而诚实的一面。本段最后又一次揭示了孔乙己性格中的矛盾之处,在结构上为下文写孔乙己"拖欠十九个钱"埋下伏笔。教学中,教师要引导学生了解这篇经典小说的精巧构思,以此为范例教学生构思的技法。

2.叙事视角

《孔乙己》以一个不谙世事的酒店小伙计的口吻,不动声色地讲述着孔乙己之"苦",平淡的叙述中潜藏着深刻的批判力量。以第一人称的视角来叙事,使故事显得更加真实,拉近了故事与读者的距离,更容易引发读者的情感共鸣以及对时代风貌的反思。学习这篇小说的叙事视角,可以使学生建构更广阔的写作想象空间,提升主题的深刻性。

3.特殊句式

(1)窃书不能算偷……窃书!……读书人的事,能算偷么?

(2)席加洛夫将军?哦!……叶尔德林,帮我把大衣脱下来……真要命,天这么热,看样子多半要下雨了……只是有一件事我还不懂:它怎么会咬着你的?

4.社会环境描写

社会环境描写是小说中常用的一种描写方法,它可以交代人物的生存环境和人物的社会关系以及作品的时代背景,还可以衬托主人公的形象,并反映出时代的风貌,为故事情节的进一步展开埋下伏笔。

(1)鲁镇的酒店的格局,是和别处不同的:都是当街一个曲尺形的大柜台,柜里面预备着热水,可以随时温酒。做工的人,傍午傍晚散了工,每每花四文铜钱,买一碗酒,——这是二十多年前的事,现在每碗要涨到十文,——靠柜外站着,热热的喝了休息;倘肯多花一文,便可以买一碟盐煮笋,或者茴香豆,做下酒物了,如果出到十几文,那就能买一样荤菜,但这些顾客,多是短衣帮,大抵没有这样阔绰。只有穿长衫的,才踱进店面隔壁的房子里,要酒要菜,慢慢地坐喝。

(2)广场上一个人也没有。商店和饭馆的门无精打采地敞着,面对着这个世界,就跟许多饥饿的嘴巴一样;门口连一个乞丐也没有。

三、读写共生活动设计

教学目标
1.了解审题立意的要求,掌握不同类型题目的审题立意方法。(重点)
2.通过审题立意的训练,提高写作能力。(难点)

教学方法
探究法　启发法　讨论法　练习法

教学课时

一课时

教学过程

(一)导入

屏显——"无论诗歌与长形文字,俱以意为主。意犹帅也,无帅之兵,谓之乌合。"(王夫之《姜斋诗话》)

古人以"帅"为喻,形象地强调了写作时立意的重要性。要想写好作文必须先审好题,再立好意。这节课,我们一起学习写作主题——审题立意。

(二)审题立意的定义

审题,就是审察题意,明确题目的要求;立意,就是确立最主要的思想内容。

(三)审题立意的技巧

1. 一般性题目的审题立意。

思考:"美丽的误会"这个题目,"限制条件"和"主要内容"分别是什么?可以从哪些角度来进行立意?

明确:限制条件——美丽的;主要内容——误会;立意角度——友情或亲情的美好,草根人物的可贵品质,师长的用心良苦……

技巧总结:把握题目中的限制条件,明确题材的范围。

2. 比喻性题目的审题立意。

活动探究:小组合作,完成下面的表格。

题目	翻过那座山
"翻过"的含义	
"山"的比喻义	
"那座"的数量限制	
题目的立意	

明确:"翻过"可以指战胜、克服、超越、打败等意思;"山"可以比喻学习上的某种困境、性格上的某种不足、心理上的某种阴影或障碍等;"那座"应当明确指向"一个"方面。题目的立意可以是经过自己的努力和追求,克服了某种"困难",达到了自己想实现的目标。

技巧总结:明确题目的比喻义,理解题目的表层和深层含义,根据所选定的意义选择恰当的写作题材。

3. 材料作文的审题立意。

活动:阅读下面的文字,说说你的理解。

我们可以不美丽,但我们健康。我们可以不伟大,但我们庄严。我们可以不完满,但我们努力。我们可以不永恒,但我们真诚。(毕淑敏《精神的三间小屋》)

提示:这四句话字里行间表达了作者对美好人性和健康人格的期盼,指出了建立精神栖息地能让人生健康、庄严、努力、真诚。可以从积极进取、乐观面对生活的角度立意。

技巧总结:读懂材料的基本意义,选择不同的切入点深入解析材料的意义,结合所积累的写作素材,选定其中一个意义,作为文章的主旨。

4.漫画作文的审题立意。

阅读下面的漫画,谈谈你的理解。

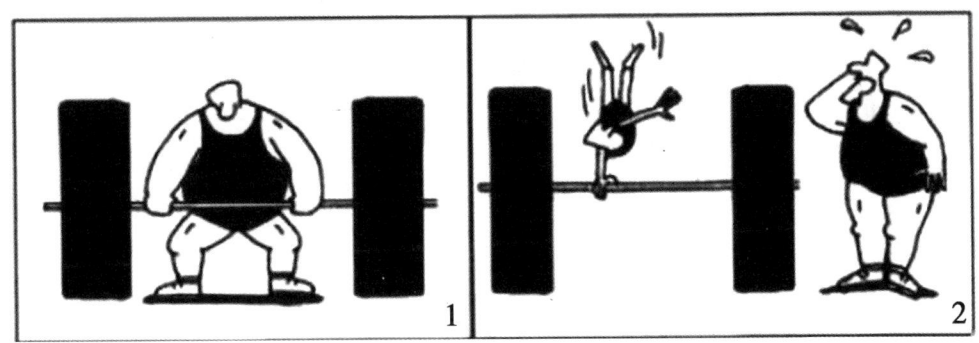

明确:一个壮汉能轻松举起沉重的杠铃,但只能看着身材瘦小的人在单杠上翻腾表演。每个人都有自己的"绝活",都可以展示属于自己的美。

技巧总结:读懂漫画内容,理解其中的寓意,确定写作中心,联系生活实际展开写作。

(四)审题立意技巧总结

1.抓——关键词、限制词。

2.想——联想、想象。

3.求——求实、求新、求深。

(五)确定写作主题,畅言写作想法

1.以"翻过那座山"为题,写一篇记叙性文章,不少于600字。

2.请阅读下面的文字,按要求作文。

这个世界上有许多你不得不去做的事,这就是责任。(查尔斯)

人生须知负责任的苦处,才能知道尽责任的乐趣。(梁启超)

自由的第一个意义就是担负自己的责任。(阿来)

读了以上材料,你想到了什么?你是如何理解责任的?请结合你的经历和感悟,写一篇作文,题目自拟,不少于600字。

四、读写共生习作实例

翻过那座山

　　已是初冬时节,被冷风卷起的落叶纷纷扬扬,枯叶铺就的小路,让人心生寒意。我走在回家的路上,不禁又想起了那份惨不忍睹的语文试卷,那密密麻麻的文言文像一座大山矗立在我心头。

　　穿过小巷,"喵呜——"一声猫叫传到耳边。循声望去,原来是一只流浪猫。走近它,我发现小猫稀疏的毛皮上布满了灰尘,还有结痂的伤口,眼睛像是被蒙上了一层厚茧。我试探性地蹲下,慢慢靠近它,似乎可以听到它那微弱的心跳。谁能知道,这个小生命经受了怎样的折磨与打击?正当我默默慨叹"同是天涯沦落人"时,它突然弓起背,蹬起后腿,然后猛地一蹿,划过一道完美的弧线后,它竟稳稳地站立在那高墙之上。小猫摇摇尾巴,向我露出了胜利者的目光。那双坚定有力的眼眸,震撼了站在原地的我。一只饱经沧桑的流浪猫,用尽力气跃上高墙,墙的那边,正是它无数次憧憬的远方。我的眼睛湿润了,心头那座大山,早已被熊熊燃烧的斗志所吞没,我暗暗鼓励自己——再努力些!

　　回到家中,我与书桌相依,与台灯为伴。我摊开那份"不及格"的试卷,坦然面对自己语文学习上的漏洞。挑灯夜读,我细细品味那些曾经令我讨厌的文言文,尝试着与古人来一场跨越时空的对话,那心忧天下的济世情怀,那被贬后造福一方的自得其乐,那雪夜酌酒的闲情雅致……那些文字,有如长空之月的清雅,高山坠石的雄浑,更似挺立劲松的不羁。原来,文言文不仅仅是文字,更是精神产生共鸣的载体。于是,我借着月光,以笔为枪矛,以墨为甲盾,在书香氤氲的战场上,一往无前。当我想偷懒时,便放声朗诵,从《岳阳楼记》到《湖心亭看雪》,我终于铭记于心……"莫说相公痴,更有痴似相公者",一路走来,因一份痴念,我在那些看似熬不过的长夜中,倾注着汗与泪,最终铸就了更好的自己。

　　我翻过了那座山,但我也明白不是所有的努力都注定会有最满意的结果,我所能做的,就是在尘埃落定前奋力一搏,无须等待与彷徨。在翻山的旅途中,只要持之以恒,就一定能翻过山去,看到自己想看的风景。

　　山的另一头很美!

(作者:王玉琪)

教师点评

作者在文章中将文言文的学习困难比作"那座山","挑灯夜读"的努力让作者成功地"翻过山"。一只流浪猫虽然受伤,但志向坚定,这给了作者思想的启迪,使作者充满斗志,努力学习。

尽责其实并不难

我是一片树叶,静静地躺在芳香的泥土上,落叶归根……

几年前的春天,我好奇地探出绿色的触角,这崭新的世界投我以友好的问候。风儿抚摸着我的脸庞,雨点奏响恬静和谐的摇篮曲,我在宠爱下逐渐长大,融入树叶的大家庭。聆听前辈的叮咛,方知一片平凡普通的树叶竟有如许的责任——装饰花朵,形成绿荫……

自幼娇生惯养的我,自然经不起风吹雨打,对待责任,心中满是畏惧,于是我总躲在叶哥哥、叶姐姐的身后,赏景纳凉。

时光流逝,哥哥姐姐落于土地,尘眠于时空之间。

我终成了树上年长的树叶,树又添新叶,我明白我长大了,应该尽责了。

一片片稚嫩的树叶围在我身边,我学着曾经眷顾过我的叶哥哥、叶姐姐的样子,耐心地告诉他们应尽的职责,鼓励他们尽责其实并不难。言语间,我有些恍惚,曾经弱小的我不复存在,对于尽责,我虽心存疑虑,但目光坚定。

树上开出了美丽的花朵:黄色的花淡雅,白色的花高洁,紫红色的花热烈而深沉,泼泼洒洒,春风中正开得热烈。我舒展身姿,乖巧地垂在花朵两侧,尽力舒展那光鲜的绿。行人纷纷停住脚步,欣赏着花的美丽。在人们的目光中,我开始明白,"万红丛中一点绿"也是尽责的体现,原来尽责并不难!

炎热的阳光炙烤着大地,展现它的热情与活力。我暴露在炎炎的夏日气息中,阳光火辣辣地刺痛了我。望着树下嬉笑的孩子,我挺直了腰板,尽力遮住一块阳光。洒在身上的阳光和我胸膛里跳动的心一样火热,听着树下的人们谈笑风生,我的心里充溢着满足。我虽"背灼炎天光",但对于尽责,我却毫不犹豫。看来尽责并不难!

春一度,秋一度,我也逐渐老去。新生的树叶再次冒出,强劲的风将我吹落。"化作春泥更护花",我坦然面对自己的凋落。命的最后一刻,我无愧于肩负的责任。

花开花落,云卷云舒,我生命的故事也说尽了。回首往事,我用心书写出尽责的篇章。用行动诠释尽责,其实并不难!

(作者:李炜仪)

教师点评

作者巧用童话的形式,文笔灵动。全文时刻紧扣"尽责"二字:树叶新出时享受呵护;成年后承担责任;暮年时化泥护花!行文流畅,主旨明确,作者用细腻的文字生动地展示了一片树叶的一生以及它的责任。

布局谋篇

一、读写单元主题综述

本单元阅读的人文主题是"选择与坚守",单元以古典诗文的形式或论述人生抉择,或叙述不畏强权,或描述勤奋求学,或抒发壮志豪情。单元提示里有这样的表述:"学习本单元,要注意把握古诗文的意蕴,领悟作者的思想感情,并能够运用历史眼光审视作品的当代意义。还要注意在诵读中增强文言语感,积累常见文言词语。"

写作主题是"布局谋篇",我们常说"功夫在诗外",一篇有吸引力的文章,章法结构上必定有可取之处。布局谋篇是对文章的行文组织、结构等做整体规划,好的布局谋篇更有利于突出文章的中心,可以说是一篇文章的"顶层设计"。逐步领会和掌握布局谋篇的方法和技巧,是提高写作水平的重要前提。

这一次写作训练提出了两个要求:①学习布局谋篇的技巧;②合理谋划、修改文章的结构。写作时,要整体规划好结构,让详与略占位得当;力求逻辑严谨,文脉清晰。

课标中关于阅读的"学段目标与内容"中有这样的表述:"诵读古代诗词,阅读浅易文言文,能借助注释和工具书理解基本内容。注重积累、感悟和运用,提高自己的欣赏品位。"

课标中关于写作的"学段目标与内容"中有这样的表述:"注重写作过程中搜集素材、构思立意、列纲起草、修改加工等环节,提高独立写作能力。""合理安排内容的先后和详略,条理清楚地表达自己的意思。"

据上分析,我们可以提炼出本次读写共生训练的目标:

1. 根据表达中心的要求,整体谋划文章的结构。(重点)
2. 学习布局谋篇的方法、技巧,培养学生布局谋篇的意识和习惯。(难点)

二、读写共生美点撷取

(一)内容

1. 词语和句子

(1)词语

万钟 本心 怫然 休祲 遍观群书 德隆望尊 援疑质理 叱咄 烨然 慕艳 耄老 宠光

千嶂 孤城 浊酒 锦帽貂裘 沙场 霹雳 秋容如拭 蛾眉

(2)句子

①非独贤者有是心也,人皆有之,贤者能勿丧耳。

②塞下秋来风景异,衡阳雁去无留意。

③会挽雕弓如满月,西北望,射天狼。

④马作的卢飞快,弓如霹雳弦惊。

⑤为篱下黄花开遍,秋容如拭。

2.主题和题材

本单元阅读的人文主题是"选择与坚守"。教材所选择的经典作品时刻激励着中学生,不会因时代的改变而改变。本单元的经典作品可以给学生提高品德修养起到很好的引领作用,可以启发教师引导学生审视作品的时代价值。比如《词四首》中,每首词都凝聚着作者对于国家命运的强烈关怀。词是凝练的文学形式,往往是上阕写景,下阕抒情。例如《渔家傲·秋思》,上阕写荒凉、寒冷、萧瑟的西北边塞秋景,下阕抒发了将军与征夫的思乡忧国之情,上、下阕结构紧凑,细致的绘景为浓郁的抒情做好了铺垫,彰显了中国古代词人匠心独运的题材意识和布局谋篇意识。虽然时代较为久远,但是词作中那一帧帧经典的画面值得老师引导学生用诗意的文字去描绘,去想象。毕竟诗歌是想象的艺术,一个善于想象的学生,其思维必定活跃。词作中整体的布局谋篇艺术、局部的布局谋篇艺术——文字的排列、文字之间内在的逻辑关系需要老师引导学生细细地咀嚼品味。词作中充满正能量的题材也将为学生的写作提供素材,将它们运用到写作中可以让文章内容更具文化内涵,促进学生核心素养的发展。

(二)形式

1.结构与顺序

中国古代先贤写文章非常讲究文字之间的逻辑关系,尤其是议论性的哲理散文。教师在阅读教学时需要有意引导学生了解这类文章的结构形式与叙述顺序,并将其转化为提高学生布局谋篇意识的有效资源。

《鱼我所欲也》一文,孟子首先从人们的欲望谈起,接着提出"舍生而取义"的观点,话题从物质欲望自然过渡到精神需求,可谓无痕过渡。随后,切入对中心论点的具体论析,并在第一段的最后对文章论点进行了补充论证。第二段着重运用正反对比论证强化论点,告诫世人"勿失其本心"。段落中,又嵌入铺排的句式营造出排山倒海的论证气势。整篇文章论证结构严谨,逻辑严密,层层推进。学习本文,可以为学生建构议论文的布局谋篇思路提供有益的借鉴。

2. 叙述视角

《送东阳马生序》中，宋濂以"我"的视角，真实回忆并再现了自己年少时、成年后求学经历中的种种细节。随后，又以"我"的视角来审视现实中太学生优厚的学习条件，认为勤奋、专心是学有所成的不二法门。从回忆切换到现实，拉近了自己与听者的距离。本文的叙述视角也是学生在写作中可以借鉴与模仿的，例如写自己的家乡，可以回顾家乡的故事和曾经的风貌，然后再叙述如今的家乡风貌，通过今昔对比来展现自己对家乡的爱。这样叙述与描写可以开拓学生的思维，从不同的角度去看家乡，更容易激发学生对生活细节的感知力，进而提高学生的审美能力以及表达能力。

3. 特殊句式

(1) 鱼，我所欲也。（判断句，"……也"表示判断）

(2) 此三子者，皆布衣之士也。（判断句，"……者，……也"表示判断）

(3) 每假借于藏书之家。（状语后置句）

(4) 弗之怠。（宾语前置句）

(5) 寓逆旅。（省略句）

4. 用典手法

(1) 燕然未勒归无计。（东汉名将窦宪追击匈奴至燕然山，刻石记功而还。）

(2) 亲射虎，看孙郎。（孙权曾"亲乘马射虎"。）

(3) 持节云中，何日遣冯唐。（冯唐为魏尚多报六颗匈奴士兵首级而获罪削职向汉文帝辩白，最终汉文帝派冯唐持节赦免魏尚。）

(4) 西北望，射天狼。（《楚辞·九歌·东君》："青云衣兮白霓裳，举长矢兮射天狼。"）

(5) 八百里分麾下炙。（《世说新语·汰侈》载：晋王恺有良牛，名"八百里驳"。王济与之比射，以此牛为赌物，恺输，杀牛作炙。）

(6) 马作的卢飞快。（《三国志·蜀书·先主传》载：刘备在荆州遇险，他所骑的的卢马"一踊三丈"，助他脱险。）

(7) 四面歌残终破楚。（《史记·项羽本纪》载：楚军被围在垓下，项羽夜闻四面汉军都唱楚歌，以为楚地尽失，丧失信心，引兵突围至乌江边，自刎而死。）

(8) 青衫湿！（《琵琶行》："江州司马青衫湿。"）

诗歌中用典是指引用古籍中的故事或词句含蓄地表达有关内容和思想感情。例如：

听蜀僧濬弹琴

李白

蜀僧抱绿绮,西下峨眉峰。

为我一挥手,如听万壑松。

客心洗流水,余响入霜钟。

不觉碧山暮,秋云暗几重。

颈联的"客心洗流水",源自《列子·汤问》中的一段话:"伯牙善鼓琴,钟子期善听。伯牙鼓琴,志在高山,钟子期曰:'善哉,峨峨兮若泰山!'志在流水,钟子期曰:'洋洋兮若江河!'伯牙所念,钟子期必得之。"这表明听了蜀僧的琴声,自己的心像被流水洗过一般畅快、愉悦。

三、读写共生活动设计

教学目标

1.能根据表达中心的需要,整体谋划文章的结构。(重点)

2.学会拟写提纲,处理好材料顺序和结构的安排。(重点)

3.引导学生在写作中逐渐养成布局谋篇的意识和习惯。(难点)

教学方法

探究法　启发法　讨论法　练习法

教学课时

一课时

教学过程

(一)导入

屏显:

谋定而后动。(《孙子兵法》)

谋先事则昌,事先谋则亡。(《说苑·谈丛》)

师:这两则经典语录都是在告诉我们做事情之前要先谋划好,否则往往会走弯路。写作文也是同样的道理,懂得布局谋篇才能避免写作时信马由缰。

(二)布局谋篇的定义

布局谋篇是对文章的组织结构等做整体谋划,包括文章的整体结构安排,也包括整体与局部、局部与局部之间的关系规划。

(三)学习提纲的拟写

请阅读下面的文字,以"在路上"为题,自定文体,写一则提纲。

我们每天都在路上。生活路上有欢笑,学习路上有艰辛,交友路上有甘甜,追求路上有付出。在路上,我们有坚实的脚步,有丰富的体验,有无尽的期盼与思考。

学生活动,然后交流展示。

示例:以记叙文体为例,首先写在学习路上的欢声笑语,其次写学习路上付出努力后的泪水,再次写身边那些追梦人给自己的启示,最后写在学习路上不变的勇气和决心。

技巧小结:围绕文章中心,全面梳理材料,拟写提纲。

(四)布局谋篇的技巧

活动探究:根据教材中的经典文本,了解材料安排的顺序和详略。

(1)关于顺序

①顺叙:《孤独之旅》,"随父放鸭——赶鸭途中——雨中找鸭——鸭子下蛋"。

②插叙:《故乡》,插入对少年闰土的描写。

③倒叙:《背影》开篇就说"我最不能忘记的是他的背影"。

不同的顺序安排,必然会产生不同的艺术表达效果。顺叙使文章井然有序,条理清晰;插叙丰富文章内容,使文章结构富于变化;倒叙制造悬念,增强文章的生动性。

(2)关于详略

例如《阿长与〈山海经〉》,围绕阿长写了阿长说话切切察察,睡觉摆成"大"字形,令人厌恶的种种规矩,讲长毛的故事,为"我"买《山海经》。作者详写第五件事,是为了突出作者对阿长深深的怀念与感激,凸显文章的主题,彰显写作的目的。写作时,分清枝和干,自然详略得当。

(3)关于结构

并列式,板块勾连:《回忆我的母亲》《精神的三间小屋》。

递进式,步步深入:《邓稼先》《安塞腰鼓》。

对比式,欲扬先抑:《阿长与〈山海经〉》《白杨礼赞》。

课堂总结:以上是我们根据经典文本提炼出的在写作时进行布局谋篇的常用技巧。布局谋篇要善于借鉴经典,总结经验,并开拓思维,发展个性。

(五)布局谋篇的演练

1. 我们每天都在路上。生活路上有欢笑,学习路上有艰辛,交友路上有甘甜,追求路上有付出。在路上,我们有坚实的脚步,有丰富的体验,有无尽的期盼与思考。请以"在路上"为题,自定文体,写一篇作文,不少于600字。

2. 阅读下面的文字,按要求作文。

习近平总书记在2020年新年贺词中提出:"让我们只争朝夕,不负韶华,共同迎接 2020 年的到来。"

2020 年五四青年节到来之际，习近平总书记寄语青年：青春由磨砺而出彩，人生因奋斗而升华。

读了以上材料，你想到了什么？你是如何理解青春、诠释青春的？正值青春的你有什么经历和感悟，请结合以上材料写一篇作文，题目自拟，不少于 600 字。

四、读写共生习作实例

在路上

期终考试，我"落榜"了，回家的路上，我满是惆怅……

暑假前，我的学习状态不好，面对越来越近的期终考试，焦虑无时无刻不在环绕着我，它们如巨石，压得我喘不过气来。果不其然，考试后，我的情绪一落千丈，整个人如坠冰窟。那曾在我眼中充满生机的夏日，现在却让我感觉不到一丝的火热。我觉得所有人都在嘲笑我，一片风中摇曳的银杏叶，一棵日光下微晃的青草，都像在讥笑狼狈的我。巨大的打击让我开始有点自暴自弃，那段时间我仿佛失了魂一般。

爸爸看出了我的不对劲，在他的再三追问下，我才不情愿地说出了原因。爸爸听后，并没有像我意料之中那样大发雷霆，而是极平静。短暂的沉默之后，他说暑假带我去西藏看看，我一怔，但转念一想，不去白不去，反正还能散散心，便答应下来。

暑假如期而至，我们坐上了去西藏的高铁，踏上了一条能打开我心结的路。列车飞速前进，窗外的景也飞速地从我的眼前掠过。我的旁边是一对老夫妻，他们带着一个男孩，不过七八岁的年纪，正拿着一枚硬币摆弄着。我觉得无趣，又转向窗外，外面不是高楼林立的城市了，房舍开始稀疏起来。车窗外稀稀疏疏的绿是那样美。"啊，爷爷奶奶，你们看！硬币立起来了，真好玩！"两位老人相视一笑，似乎怀念起了往事："当年那绿皮火车可真晃得我们头疼啊，一晃几十年过去了，这车稳得都可以让硬币立住了，发展真快啊。我们啊，老啦。"我看着窗外满眼的绿色，感受着稳得就像静止的列车，心也随之开阔起来。

到站了，下了车，一阵风拂过，微冷。那是我第一次真真切切地见到高原。绿草如浪潮直涌到天边，我的心也似乎变得沉静开阔了。爸爸并没有直接带我去西藏的圣地——布达拉宫，而是拉着我看向了来时的那条天路。爸爸看着正在惊叹大自然魅力的我，眼望着那条盘踞山间的巨龙，说："孩子，你知道当初建造这条铁路遇到了多少困难吗？冻土层、脆弱的生态环境、不成熟的技术……为了它中国人民不知道付出了多少心血，不断地学习摸索，遭受的挫折不知几何，但是，最终不都被克服了吗？这条天路不也通到了西藏吗？你要记住，人生的道路不是一帆风顺的，路上即使有困难的巨石也不能停止前进的脚步啊。"我怔怔地听着，爸爸说的每一个字，都像一个小锤子在不停地敲击着我心中的厚壁垒，将它渐渐打通，凿成一条路，蜿蜒着，伸向远方。

我的心一下子畅快了，一阵微风袭来，夹着高原中特有的清香。阳光正好，听着风声，看着绿草，迎着阳光，我踏上了前往布达拉宫的路。

在路上，我满是舒心与憧憬……

（作者：穆欣瑶）

教师点评

考试"落榜"让作者心生惆怅，与父亲游西藏，高铁上的所见所闻，到站后父亲的一番话，让作者有所悟，心情变得畅快，对未来满怀憧憬。开篇给读者带来了阅读的好奇心，结尾给读者留下了广阔的想象空间，首尾照应使得文章结构更加严谨。

秉青年之精神，启青春之华章

物换星移，春秋代序，当我提笔写下这段文字时，中华人民共和国已走过七十余载风雨，我已从稚弱小儿成长为正值青春的少年。中国正在穿越历史的三峡，水域开阔，大河奔腾。"百舸争流，奋楫者先"，正值青春的我们应该做时代的弄潮儿，用青春之笔书写浓墨重彩的人生。每个人都对青春有着不同的诠释，我更坚信我们应该秉青年之精神，启青春之华章。

青春是革故鼎新的创新力。"踩着别人的脚步走路的人，永远不会留下自己的脚印"，新时代的青年们，需与时偕行。昔有古人钻木取火，照亮远古大地那一抹穷则思变、勇于开拓的火光，点亮了具有千年历史的中国创造，从司南到火药，从鲁班锁到赵州桥，中华儿女在创新之路上阔步前进。"天眼之父"南仁东、"两弹元勋"于敏，以数十载为创造大国重器写下了完美的脚注。小岗兴波起微澜，深圳海涛见壮阔，黄浦江逐浪成大事，这是创新的馈赠。直面挑战，乘风而行，开拓创新，方可与时代同行。

青春是与时俱进的进取力。颠簸于时代的无边波浪中，我们需要寻找一块陆地建构自己的理想。历史的车轮滚滚向前，时代的潮流浩浩荡荡，时代只会眷顾坚定者、奋进者、搏击者，而不会眷顾犹豫者、懈怠者、畏难者。对我们青年而言，正如习近平总书记所说，"对想做、爱做的事要敢试敢为，努力从无到有，从小到大，把理想变为现实"。青春是砥砺奋进的最佳时机，只有保持一颗进取心，才能收获丰硕的精神果实。

青春是气贯长虹的自信力。正值青春的我们，勇锐盖过怯懦，进取压倒苟安，如此锐气，是呼唤进步的闪耀火花，也是面向未来的热切向往。在漫长的人类历史上，自信力让无数仁人志士坚持自我，最终成就了思想的进步，社会的发展。没有哥白尼的学说自信，就没有地学说大厦的坍塌。没有马歇尔的科研自信，就没有人类医学史上的重大奇迹。没有共产党人的道路自信，就不会有波澜壮阔的改革开放。

"风雨多经人不老，关山初度路犹长。"正值青春的我们，应该秉持全局观念，既有"惟陈言之务去"的创新力，也要有"大鹏一日同风起"的进取力，更要有"我辈岂是蓬蒿人"的自信力，用切实行动诠释青春的新定义！

(作者：刘瑾瑜)

教师点评

本文是一篇议论文佳作，开篇破题，紧扣"青春"，以"秉青年之精神，启青春之华章"为中心论点展开论述，将青春理解为革故鼎新的创新力，举古今中华儿女开拓创新的具体事例加以论证；与时俱进的进取力，引用习近平总书记的教诲为青春奋斗指引方向；气贯长虹的自信力，举哥白尼的学说自信，马歇尔的科研自信，中国共产党人的道路自信，诠释了自信力对于青春的重要性。结尾总结分论点，升华主旨，表明信心。以总分总的结构布局谋篇，首尾呼应，结构严谨，论证气势恢宏。

修改润色

一、读写单元主题综述

本单元阅读的人文主题是"读书鉴赏",通过谈论读书求知、探讨欣赏艺术作品的方法、阐释美学观念等,培养学生的审美情趣,提高学生的艺术修养。单元提示里有这样的表述:"阅读时,要注意了解作者的观点,学习思辨的方法;发现疑难问题,独立思考,有自己的见解;还要学习文中介绍的文艺欣赏方法,迁移运用到自己的欣赏实践中。"

写作主题是"修改润色"。修改润色是进一步提升学生写作能力的一种有效训练方法。补充文章内容,并对其加工润色,可以使文章内容更充实,语言更富有文采。学生修改润色作文的能力的提升,需要立足课堂教学,持续训练。

这一次写作训练提出了两个要求:①理解修改润色的基本要求;②掌握修改润色的方法。修改润色需要在原稿的基础上使内容更有真情实感,使语言更有感染力。

课标中关于阅读的"学段目标与内容"中有这样的表述:"阅读简单的议论文,区分观点与材料(道理、事实、数据、图表等),发现观点与材料之间的联系,并通过自己的思考,作出判断。"

课标中关于写作的"学段目标与内容"中有这样的表述:"根据表达的需要,借助语感和语文常识,修改自己的作文,做到文从字顺。能与他人交流写作心得,互相评改作文,以分享感受,沟通见解。"

据上分析,我们可以提炼出本次读写共生训练的目标:

1. 了解修改润色的基本要求和方法。(重点)
2. 通过实践,进一步提高学生的写作水平。(难点)

二、读写共生美点撷取

(一)内容

1. 词语和句子

(1)词语

怡情 傅彩 练达 寻章摘句 推敲细思 咀嚼 全神贯注 吹毛求疵 不求甚解 开卷有

益 惆怅 真挚 身临其境 缘物寄情 胸有成竹 浮光掠影 附丽 寂寥 铢两悉称 心旷神怡 轻描淡写 栩栩如生 目不忍睹 信手拈来 旷远 拘泥

(2)句子

①读书足以怡情,足以傅彩,足以长才。

②好读书,不求甚解;每有会意,便欣然忘食。

③每一处风景都有其各自不同的特色,如同人的性格差异一样。

④因为言是固定的,有迹象的;意是瞬息万变,是缥缈无踪的。

⑤我们鉴赏文艺,最大目的无非是接受美感的经验,得到人生的受用。

2.主题和题材

学生在写作时,思想和表达很难一次性就能达到最佳状态,写出尽善尽美的文章。我们常说,好的文章是改出来的,选入教材的经典文本可谓是精雕细琢后才与读者见面的。九年级的学生能将一件事情记叙得有条理,内容上也相对丰实,但在深挖语言文字、写作技法、逻辑思维方面的能力还有所欠缺,因而,写作时往往很难一蹴而就地写出"美文"。所以,教学中教师应当引导学生关注教材文本,了解作者的观点,学习作者写作的方法,独立思考,发现写作美点,进而写出自己的真情实感。

本单元阅读的人文主题是"读书鉴赏",集中编排了议论性的文章,教师可以借助诵读并围绕议论文的文体特征展开教学,引导学生体会文字中蕴含的主题、情感和逻辑思维。《谈读书》主要谈论读书的目的、价值和正确读书态度;《不求甚解》《驱遣我们的想象》主要谈论如何进行阅读鉴赏;《无言之美》主要谈论如何讲求含蓄隽永的艺术创作通则;《山水画的意境》主要谈论"意境"在文艺创作中的突出地位。这些作品在论证思路、论证方法以及论证语言上都是学生摹写的优秀范本,我们理应充分利用好它们的读与写的教学价值。

(二)形式

1.结构特征

清晰的文章结构会给读者的阅读指明方向,一篇好的议论文其内在逻辑思维必定是缜密的,而这种缜密的逻辑思维主要体现在文章的整体与部分以及部分与部分的结构安排上。如《谈读书》的整体结构是围绕"读书"的话题,分别探讨了读书的目的、读书的态度和方法、读书的功用等问题,这是整体的论证思路。又如,在探讨读书的目的时,第1、2句首先提出了三种读书目的,第3、4句从正反两面分别阐述了读书的价值和负面影响,第5、6句总结了用书的智慧要通过亲身体验观察才能获得。论证思路严谨,思考深入,认识全面,观点明确,客观且有说服力,对改进写作时内容浮浅、观点牵强、材料单薄等不足或缺陷有一定的借鉴意义。

2.语言特点

《谈读书》一文句式工整,韵律和谐,文辞雅致。译文中作者使用了大量的排比句,使得文章论证层层深入的同时,又显得气势恢宏。这篇短文的语言特点,可以为学生修改润色文章提供方法指引,改善词不达意、语句不连贯、布局不合理的缺陷。

3.特殊句式

(1)数学使人周密,科学使人深刻,伦理学使人庄重。

(2)什么是意境?我认为,意境就是景与情的结合;写景就是写情。

(3)必须驱遣我们的想象,才能够通过文字,达到这个目的。

4.道理论证

(1)宋代理学家陆象山的语录中说:"读书且平平读,未晓处且放过,不必太滞。"

(2)中国有一句谚语说:"金刚怒目,不如菩萨低眉。"所谓怒目,便是流露;所谓低眉,便是含蓄。

用经典作品中的独到见解、古今中外的名言警句或已经被公认的定理公式等来证明文章的论点,可以使论证更有权威性,更深入,进而增强论证的说服力。

三、读写共生活动设计

教学目标

1.了解修改润色的基本要求和方法。(重点)

2.通过实践,进一步提高学生的写作水平。(难点)

教学方法

探究法 启发法 讨论法 练习法

教学课时

一课时

教学过程

(一)导入

"文章不厌百回改"。曹雪芹"批阅十载,增删五次",最后才写成文学巨著《红楼梦》;鲁迅先生创作散文《藤野先生》,前后经过90次精心修改才最终定稿。可见,好作品不仅是写出来的,更是改出来的。你想让你的文章更精彩吗?今天我们一起学习写作知识——修改润色。

(二)朗读教材,明确修改润色的方法

1.齐读教材《修改润色》第二段,圈点勾画修改润色的方法。

明确:修改文章要兼顾"言"和"意"。

2.掌握"言"修改的两个层次。

明确:基本要求是改"对",进一步要求是改"好"。

(三)阅读片段,明确修改润色的触点

活动:下面是一个习作片段,找出其中的错误或不足之处,并改正。

他接过我的车,很娴熟地把车倒立起来,拔下轮胎,按到一盆水里。寒风呼啸着拂面吹来,我不禁打了个哆嗦。再看他,手还浸泡在冰冷的水里。他粗糙的手上有几道裂口,但我却从他的脸上看不到一丝对寒冷的反映。很快地,他补好了车胎,并将打足了气的车胎浸到水中仔仔细细地检查了一番车胎,然后就撒了气,把内胎安好,然后又拿起打气筒为车胎重新打气。做好这一切后,他把车推到我面前,然后像开始那样对我憨憨地笑着。

提示:语序颠倒,用词不当,细节粗糙,误用标点……

修改示例(关注横线标注):

他接过我的车,<u>把车倒立起来,很娴熟地将轮胎剥出</u>,按到一盆水里。寒风呼啸着拂面吹来,我不禁打了个哆嗦。再看他,手还浸泡在冰冷的水里。他粗糙的手上有几道裂口,但我却从他的脸上看不到一丝对寒冷的<u>反应</u>。很快地,他补好了车胎,并将打足了气的车胎浸到水中<u>,</u>仔仔细细地检查了一番车胎,然后就撒了气,把内胎<u>从容地安好</u>,又拿起打气筒为车胎重新打气。做好这一切后,<u>他像开始那样对我憨憨地笑着,他把车慢慢地、稳稳地推到我面前。</u>

(四)技巧点拨,总结修改润色的核心

明确:扣题紧不紧,材料新不新,立意高不高,结构顺不顺,句子通不通,用词准不准。

(五)确定主题,演练修改润色的操作

1.选一篇自己这学期写的作文,从"言"和"意"两个方面进行修改。

2.请以"爱如红豆"为题,写一篇文章,不少于600字。要求:在初稿的基础上,修改润色。

四、读写共生习作实例

原稿

暑假趣事

一晃两个月的暑假已经步入尾声,打开相册跟着时间轴才想起在线上线下课里穿梭的我,貌似很久没有放松过了,于是乎我打算给自己一次寻找身心自由的机会,来到这个仿佛具有魔力的地方——合肥大剧院。

门票在线上便已预定好了,两台高科技的自动取票机站在售票台的一侧,我手忙脚乱地操作了好一会,按照流程说明几次三番地尝试,这才让它不情不愿地"吐"出了我的票,我想肯定是它也不舍得把如此好的展演让给我吧。

离开场还有一小时,我第一次一个人来剧院,虽然合肥大剧院以前就来过几次,不过都是跟着小学的合唱指挥老师,和同伴在化妆间练声换服装,对这里的回忆大抵都是喜悦而充实,以及在舞台上的紧张和默默给自己打气。

门票上说演出是在音乐厅,更巧的是我第一次来合肥大剧院就是在音乐厅录的像,所以我对自己很有信心,按记忆里的路走,穿过了几条连廊却还是看不见应该有的指路标识。

然而我对这条走廊总是有莫名的熟悉感,当继续往里走看见调试设备的工作人员才恍然大悟:完了完了,我现在是再(在)后台呀!

我立马反应过来是自己走错路了,掉头按原路返回大厅,可是当走到门口才傻了眼——门被关上了,想必是要进场的观众越来越多,工作人员为保证后台的秩序锁上的门。

全身上下只攥着一张票和一个小背包的我只能寄希望于二楼,坐电梯上去才发现也被锁了,我在原地度(踱)步思考向外界"求救"的可能性,看手表离开场的时间越来越近,心里说不出的慌乱。

运气很好的是,正好有一位工作人员发现了我,用钥匙打开了通往二楼音乐厅的安全门,我连忙道谢跑了出去,整个人都仿佛松了一口气。我很顺利地检票进了场。

演出并不是传统意义上的交响乐会,人数和乐器较少,主题是"奥斯卡金曲展演",更符合年纪小一点孩子的音乐启蒙。

我所坐的位子是一排最右侧,能很清晰的(地)听到提琴组和木管组的声音,唯一的遗憾应该就是购票较晚,错过了正中位置的绝佳视听效果,不过以我的角度可以看到小提琴大提琴两位首席,甚至分清了长笛和双簧管的差别,并在小本子上记了不少知识点和感想。

音乐的魅力是无穷的,令我最感动的便是返场的最后一首《拉德斯基进行曲》,这也是每年维也纳新年音乐会的保留节目。台下的爷爷奶奶、弟弟妹妹们,大家和着气氛和节奏鼓掌,小提琴首席忍不住站起身来指挥,在欢快的气氛里完成了收尾音。

走出合肥大剧院,清凉的夏夜风拂过身旁,那或激昂或悲凉或欢乐或忧伤的曲目却在我的耳畔久久回响、回荡……

修改润色稿

暑假趣事

初三的学业无疑是繁忙的,周末好不容易从书页中解放出来的我在书柜前翻了翻,不经意间找到了一本初中时的相册。我打开精致的封面,第一页便是恢宏的剧院穹顶——啊,对了!那是我第一次去合肥大剧院听音乐会呀。

那是炎炎假日里很平常的一天,六七点的黄昏暑热依旧没有消散,天鹅湖对岸隐隐约约地透露出几道晚霞的彩光,一轮暖金色的落日渐渐消失在我的视野中。

我踏着青砖石上的斑驳橙光,拿着取票信息心怀激动地走进了大厅。门票在线上便已预定好了,两台高科技的自动取票机立在售票台的一侧。我手忙脚乱地操作了好一会,按部就班地依照流程说明三番五次地尝试,这才让它不情不愿地"吐"出门票,我想它肯定不舍得把如此好的展演让我欣赏吧。

提醒的闹铃声响,离开场只剩一小时了。这是我第一次一个人来剧院,以前虽来过,但都只是浮光掠影,置身仰望突出式阁台与周围的宽敞布局,才发觉在偌大的剧院里不免有几分眩晕感。

门票上说演出是在音乐厅,我眼前一亮!我知道,是在二楼,于是我就按记忆里的路走,穿过了几条连廊却还是看不见应该有的指路标识。我猜测自己在原地打转,顺手推开了旁边的门,往里看了一眼竟是调试设备的工作人员,这时我才恍然大悟:我现在是在后台呀!

我立马反应过来,自己走错路了,掉头按原路返回大厅,可是走到门口傻了眼——门被关上了。想必要进场的观众越来越多,工作人员为保证后台的秩序锁上了门。

我坐电梯上到二楼,发现通往音乐厅的安全门也被锁了,看手表发现离开场的时间越来越近,心里说不出的慌乱。

正当我泄气地想门票钱打水漂时,有一位提着手电巡逻的工作人员发现了我,用钥匙打开了通往二楼音乐厅的安全门,我连忙道谢,松了一口气。我很顺利地检票进了场。

演出并不是传统意义上的交响乐会,人数和乐器较少,主题是"奥斯卡金曲展演"。

我所坐的位子是一排最右侧,能很清晰地听到提琴组和木管组的声音,但视听效果不是最佳。不过从我的角度可以看到小提琴、大提琴两位首席,以及分辨出每位表演者所负责的是主旋律还是和声。"看见"他们精巧地拨弦、拉弓时在琴弦上流淌出的音符,甚至第一次完美地分清了长笛和双簧管的音色、音调差别,还在我的小本子上记了不少知识点和感想。一场演出下来收获颇丰。

贝多芬说:"音乐应当使人类的精神迸发出火花。"音乐的魅力感染了在场的每一位听众,令我最感动的便是《拉德斯基进行曲》,这是每年维也纳新年音乐会的保留节目,地位不亚于春晚的《难忘今宵》。台下精神矍铄的爷爷奶奶,一、二年级甚至更小的弟弟妹妹们,大家和着气氛和节奏鼓掌,演出在如此和谐的气氛里完成了掷地有声的收尾。

相册的末页是那天我从剧院出来后所拍的一张天鹅湖夜景,图片里路灯灯光轻柔笼罩着剧院前的林荫道,我仿佛又一次体会到那清凉的夏夜风拂过身旁带来的心旷神怡,定格在时光里的相片中,是那或激昂,或悲凉,或欢乐,或忧伤的曲目,它们驱散了我的负面情绪,在我的耳畔久久回响、回荡……

(作者:郑思羽)

教师点评

原稿有错别字,开头交代原因显得枯燥,形式过于直白,全文没有抓住一条主线,插叙的部分太多,主题不够明朗,结尾简短悠远但没有与标题和开头呼应;但作者将个人的情绪变化描述得较为详尽,有一定共鸣感。

修改稿将顺序改为倒叙,删去了与主题无关的内容,添加了一系列环境描写和人物描写,开头和结尾遥相呼应,着重叙述了自己听音乐会的经历,保留了作者心态变化的描写,引用名言,添加了部分修饰词,使文章更具有可读性。

原稿

爱如红豆

她静静地坐在书桌前,盯着书架上的照片出神。

照片是一幅合照,妈妈抱着怀里的小女孩笑意盎然,风华正茂。哪怕镜头在前,眼里的神采也是不离怀中的小女孩,笑意里,世界春暖花开。

她小时候身体便不如其他孩子那般壮实,但逢秋冬换季,总会咳上十天半月。每次咳嗽时,母亲都心急如焚,找药给她吃。

她在抹眼泪,以为隐藏得很好,没有人能找到这个隐藏的地方。

她会在委屈的时候找到母亲,一通安抚后立刻心情舒畅起来。

她想去看看人类起源的地方,想去看看大城市的灯红酒绿,那天,她在学校受了委屈,独自一人跑到花丛里车水马龙,想去看看西岳华山的雄伟壮阔,想去看看江南水乡的婉约明丽。她为金庸小说中的李莫愁感慨,为《傲慢与偏见》中的庄园欣喜,为林黛玉薛宝钗设计不同结局。母亲在后面无声的支持着。母亲带她看了河南安阳殷墟博物馆,带她去了黄山领略壮丽中不失秀美的风姿,带她品尝各地小吃的风味独特。

爱如红豆,母亲工作繁忙,却总是抽时间来陪她。

修改润色稿

爱如红豆

书架已经旧了,漆剥落的地方隐隐能看到岁月的流逝,她静静地坐在书桌前,盯着书架上的照片出神。

照片是一幅合照,妈妈抱着怀里的小女孩,笑意盎然,风华正茂。哪怕镜头在前,眼里的神采也是不离怀中的小女孩,笑意里,世界春暖花开。那一年,她3岁,母亲31岁。

她小时候身体便不如其他孩子那般壮实,但逢秋冬换季,须咳上十天半月。每每晚上一闭眼,她无意识的咳喘声常常惊醒睡在身边的母亲。母亲连忙披衣下床,找出止咳糖浆哄她喝下,直到她睡着。当母亲做完这一切,疲乏地睡熟时,夜已经深了。那时,她5岁,母亲33岁。

那天,她在学校受了委屈,独自一人跑到花丛里抹眼泪,以为隐藏得很好,没有人能找到这个隐蔽的处所。不想,母亲却找了来,欣喜的眉眼间,是道不尽的焦虑担忧。她见了母亲,委屈更甚,终于"哇"的一声哭了出来。母亲轻轻拍着她的背,笑说,女孩子哭会变丑的。听见这话,她的眼泪顿时被吓了回去,委屈地噘起了嘴。母亲看到她这副又委屈又强忍着眼泪的样子,买了她一直渴望得到的奶油雪糕。那年,她9岁,母亲37岁。

几度花开花落,云卷云舒,她已经从稚嫩的小女孩成了羞涩内敛的大姑娘。她想去看看人类起源的地方,想去看看大城市的灯红酒绿,车水马龙,想去看看西岳华山的雄伟壮阔,想去看看江南水乡的婉约明丽。她为金庸小说中的李莫愁作词唱曲,为《傲慢与偏见》中的庄园画图构思,为林黛玉和薛宝钗设计不同结局,母亲在后面无声地支持着。母亲带她看了河南安阳殷墟博物馆,带她去黄山领略壮丽又不失秀美的风姿,带她品尝各地风味独特的小吃。那年,她13岁,正是活泼娇憨的年纪,母亲却已41岁了。

她面临中考,课业繁忙,但每次归家,桌上都是母亲做的热气腾腾的饭菜。须知,母亲也劳碌了一整天。但仍强打精神,和她谈笑风生。母亲的眸子里,是掩不住的疲累与衰老。

爱如红豆,相片中的她,还是那个不谙世事的小女孩,相片中的母亲,还是那个风华正茂的妈妈。

(作者:宋雨卉)

教师点评

　　原文虽然感情真挚,但只是粗线条的勾勒,而且原文的结尾收束得很突兀,总感觉作者的话没有说完。而修改后的文章以时间为顺序,条理更为清晰,细节描写生动感人,增强了画面感,使文章更加富有诗意。

有创意地表达

一、读写单元主题综述

本单元阅读的人文主题是"责任与担当",从不同角度反映了古代先哲的政治、军事、社会生活以及个人情怀,学习这些经典作品有助于引导学生感受古人智慧,培养学生的责任感和担当精神。单元提示里有这样的表述:"学习本单元课文,要熟读成诵,并将精彩的句段摘抄下来。同时,注意回顾学过的文言文,积累常见的文言词语,理解词语古今意义的差异,提高阅读文言文的能力。"

写作主题是"有创意地表达"。能够让读者眼前一亮、读而不舍的文章,一定是真情动人又有创意的文章。有创意地表达有利于培养学生的创新意识、写作意识、文体意识以及读者意识,绽放自我魅力,感动身旁读者。同样,培养学生创造性地表达能力也需要聚焦教材经典文本,从中获得体会,大胆实践。

这一次写作训练提出了三点要求:①从经典作品中获取创新灵感;②培养创意思维;③力求作文表达有创意。

课标中关于阅读的"学段目标与内容"中有这样的表述:"诵读古代诗词,阅读浅易文言文,能借助注释和工具书理解基本内容。注重积累、感悟和运用,提高自己的欣赏品位。"

课标中关于写作的"学段目标与内容"中有这样的表述:"多角度观察生活,发现生活的丰富多彩,能抓住事物特征,有自己的感受和认识,表达力求有创意。"

据上分析,我们可以提炼出本次读写共生训练的目标:

1. 从经典作品中获取创新灵感,掌握有创意表达的具体要求。(重点)
2. 引导学生有创意地表达,提高学生的写作水平。(难点)

二、读写共生美点撷取

(一)内容

1.名言警句

①一鼓作气,再而衰,三而竭。
②此所谓战胜于朝廷。
③燕雀安知鸿鹄之志哉!

④陟罚臧否,不宜异同。
⑤苟全性命于乱世,不求闻达于诸侯。
⑥受任于败军之际,奉命于危难之间。
⑦忽如一夜春风来,千树万树梨花开。
⑧不尽长江滚滚流。
⑨人生自古谁无死?留取丹心照汗青。
⑩峰峦如聚,波涛如怒。

2. 主题和题材

有吸引力的文章,在主题表达上一定是可以震撼人心的,给读者带来思想启迪,给予读者积极的"三观"熏陶。选入教材的经典古诗文是古代先哲智慧与优秀品德的结晶,学习这些经典作品将有助于润泽我们的心灵,启迪我们的智慧。教师要引导学生体悟作品中的人文情怀,提升自己的修养和精神境界,为写作积累素材。

本单元阅读的人文主题是"责任与担当",集中编排了先唐的优秀古文作品,读品结合,引导学生体会文字中蕴含的深刻主题和真挚情感。《曹刿论战》展现了平民百姓主动为国解忧的责任心和担当精神;《邹忌讽齐王纳谏》赞扬了古代志士敢于进谏和古代贤君从谏如流的风度、明辨是非的智慧;《陈涉世家》表现了陈胜、吴广的胆识和智慧,道出了被压迫者的反抗心声;《出师表》称赞了诸葛亮鞠躬尽瘁、死而后已的忠君爱国的精神品质;《十五从军征》借久战沙场的老兵归乡已无亲的凄惨遭遇,揭露了封建兵役制度的不合理以及战乱带给百姓的苦难;《白雪歌送武判官归京》化景为情,抒发了诗人对友人的依依惜别之情,赞扬了边塞将士和诗人豪迈气概;《南乡子·登京口北固亭有怀》暗示了对腐朽统治者苟安的不满,表达了收复中原的强烈愿望;《过零丁洋》表现了作者舍生取义、视死如归的崇高气节;《山坡羊·潼关怀古》揭露了百姓困苦的根源,表达了对民生疾苦的同情。

(二)形式

1. 结构特征

文章结构精美、独特更容易激发读者的阅读兴趣,让读者产生阅读期待。如《邹忌讽齐王纳谏》按照比美、进谏、赏谏、朝齐的思路,采用了"三叠"式的写作结构,类比说理,小中见大,以家喻国,以事说理,让齐威王欣然领悟了治国之道,使齐国不战而屈人之兵。内在的写作思路清晰,逻辑思维缜密;外在的形式整齐对称。又如《曹刿论战》详写了"论战"来体现曹刿卓越的政治远见和军事才华,略写战争起因、战斗状况、战场处理等无关曹刿性格的细节,详略得当,有力地突出了写作重点和文章中心。

2. 语言特点

《出师表》全文以议论为主,记叙为辅,议论与记叙中又带有强烈的抒情色彩。

作者融记叙、议论、抒情三种表达方式为一体，措辞谨慎，情真意切，具有极强的艺术感染力。《十五从军征》全诗运用白描手法描述征战沙场多年的老兵回乡后的所见所闻，渗入语言描写和动作描写，语言朴实无华，情真意切。

3.特殊句式

(1)夫战，勇气也。（判断句，"……也"表示判断）

(2)何以战？（宾语前置句，"以何战"）

(3)此所谓战胜于朝廷。（状语后置句，"此所谓于朝廷战胜"）

(4)上使外将兵。（省略句，"使"后省略了"之"）

4.借古讽今

年少万兜鍪，坐断东南战未休。天下英雄谁敌手？曹刘。生子当如孙仲谋。

赏析：借古讽今，假借评论古代人物或史实的功过是非来影射现实，表达自己的情感。要注意区分它与怀古伤今的内涵。怀古伤今，是指追忆往事，来表达对现今状况的感伤。

示例："生当作人杰，死亦为鬼雄。至今思项羽，不肯过江东。"（李清照《夏日绝句》）李清照抒发了她对南宋朝廷苟且偷安、丈夫临阵脱逃的强烈不满。"峰峦如聚，波涛如怒，山河表里潼关路。望西都，意踌躇。伤心秦汉经行处，宫阙万间都做了土。兴，百姓苦；亡，百姓苦。"（张养浩《山坡羊·潼关怀古》）作者以潼关险要的地势，引出过去的战乱祸患，引入自己的感慨。

三、读写共生活动设计

教学目标

1.掌握有创意表达的具体要求，培养学生的创新思维。（重点）

2.引导学生有创意地表达，提高学生的写作水平。（难点）

教学方法

探究法　启发法　讨论法　练习法

教学课时

一课时

教学过程

（一）导入

假如邀请你为展示学校十年发展历程的宣传片命名，你会给宣传片拟写一个怎样的名字呢？请你在"望湖中学"前填上一个合适的词语。

＿＿＿＿＿＿＿望湖中学

师:同样是表达对学校的赞美,不同的同学采用了不同的表达形式。这节课,我们就来学习"有创意地表达",感受语言文字的魅力。

(二)有创意表达的概念

有创意地表达,是指表达有新意,有个性,不落俗套。一篇有创意的文章,能够让读者眼前一亮。

(三)有创意表达的方法

活动探究:写作时,要做到有创意地表达,除立意新颖外,还要注意哪些方面呢?

1. 以校徽设计学习创意选材

讨论:校徽设计是从什么切入点来展现学校文化内涵的?

小结:材料要富有独特性,角度小但要意味深长。

2. 以经典文本学习创意表达

(1)创意视角

"顺着玉河,我来到了四方街前。"

"我乘水车转轮缓缓升高,看到了古城……"

"从水车上哗然一声跌落下来,回到了玉河。"

"我穿过了一道又一道小桥。"

"我经过……经过……经过……经过……进了纳西人三坊一照壁的院子。"

"黄昏时,三人再去打水浇花时,我又回到了穿城而过的水流之中。"

"很快,我就和更多的水一起出了古城,来到了城外的果园和田地里。"

"黎明时分,作为一滴水,我来到了喧腾奔流的金沙江边,跃入江流,奔向大海。"

赏析:作者转换观察地点及观察时间,写一滴水的踪迹,这实际上也交代了作者的行踪。特殊的写作视角,能给读者带来新奇的体验。

(2)创意语言

"吾妻之美我者,私我也;妾之美我者,畏我也;客之美我者,欲有求于我也。"

"臣之妻私臣,臣之妾畏臣,臣之客欲有求于臣。"

"宫妇左右莫不私王,朝廷之臣莫不畏王,四境之内莫不有求于王。"

"群臣吏民能面刺寡人之过者,受上赏;上书谏寡人者,受中赏;能谤讥于市朝,闻寡人之耳者,受下赏。"

赏析:恰当的排比修辞,整齐的句式,让文章充满了张力。语言新颖,涉及词语使用、句式选择、修辞手法等诸多方面。

(3)创意文体

《蚊子和狮子》(寓言故事)

《皇帝的新装》(童话故事)

《傅雷家书》(书信)

《屈原》(戏剧)

赏析:文章的形式如同建筑外观,根据内容的需要,恰当采用不同的表现形式,会给读者带来新鲜的体验。

(四)有创意表达的总结

要做到有创意地表达,让文章别具一格,我们可以从创意选材、创意视角、创意语言、创意文体等多个方面着眼,找到契合写作主题的创意触点。

(五)有创意表达的演练

1.你写过"我的老师(同学、朋友)"这类话题作文吧?面对熟悉的话题,你是否能产生新的创意呢?从中选择一个话题,自拟题目,写一篇作文。文体不限,不少于600字。

2.请以"致母亲"为主题,自拟题目,写一篇文章,文体不限,不少于600字。要求:在初稿的基础上,修改润色。

四、读写共生习作实例

我们班的"开心果"

马超是我的小学同学,他幽默、风趣,常给我们带来无限的欢乐……

他真是我们班的"开心果"!

你想知道马超为什么有这样的称号吗?那就坐下来,静静地听我对你讲。

他常穿着一件土里土气、老旧的"黄色战衣",有着一嘴参差不齐的牙齿;待人十分温和,总是笑嘻嘻的,挺着圆滚滚的大肚子,还真有点"宰相"的风度,让人难忘……不过,他憨里憨气的样子还真讨人喜欢。

一天中午,老师都不在,同学们在各自的座位上吃着饭。"甜蜜蜜,你笑得甜蜜蜜,好像……"这是爱"唱"歌的他趁老师不在,忍不住引吭高歌,"这里的山路十八弯,这里的水路九连环……"听他唱歌就跟听广播似的:一会儿唱周杰伦的《东风破》,一会儿又唱起自个儿改编的《自由飞翔》,一会儿……他那仿佛陶醉在音乐海洋中的样子,可真让许多正在吃饭的同学笑得饭粒都喷得满天飞;有一些在喝水的同学都忍不住把水喷了出来……

正在这时,班主任来班里看看情况,便看到了正醉入音乐之渊的他,于是幽默地说:"哈哈,看来我们班有一个能歌善舞的'高手'呀!"同学们看见老师来了,立即停止说话,而忘我的他还没反应过来,就发现老师早已站在旁边……

还有一次,我的英语成绩不理想,这令我十分沮丧,我靠在桌边,沉默不语……他似乎看出了我的心事,故意装作一副一本正经的样子,说:"嘿,你总考满分,让同学们都羡慕死了,我的'红眼病'都犯三回了,我想你这次肯定是故意马失前蹄,好让别的同学来坐坐第一名的宝座。到底是你老谋深算,我可真服了你呀,佩服佩服!"这酸溜溜的话,真让我哭笑不得啊,也顾不上什么伤心、沮丧了。

嘿嘿……班上有了马超这个"开心果",同学们就不会再忧愁啦……

(作者:王淑娴)

教师点评

本文描写的是"我的同学",这个话题大家十分熟悉,但作者首先确定以"幽默"的"开心果"作为立意的角度,新颖别致,视角独特。然后选取自己最有感受的"班内演唱"时的尴尬,以及对"我"考试成绩的调侃两件事作为写作重点,选材的角度较新颖。语言风趣诙谐,描述同学的外貌不落俗套,平淡中蕴含着新奇。

致被岁月神偷"眷顾"的你

亲爱的妈妈:

您好!

妇女节就要到了,我怀着感恩的心,伏在灯光下,给你写下了这封信。

这是一封女儿寄给妈妈的信。女儿与妈妈的关系,被一根无形的线串着。你永远摸不着,可它又确实存在。

你有时候就像一个孩子,做错了事会被老爸取笑,而我哄笑着附和几句时,你的脸会红得像红苹果一样。

有没有人告诉过你,你红起脸时,样子很可爱。

你有时候像一个勇士,不论是谁欺负了我,你总会勇敢地站在我面前,护住身后的我,那种母鸡护雏的情景,我只在一种人身上见过。跟你一样,她们都有一个伟大的称谓:妈妈。

多么亲切啊!在内心轻轻地念着这个称谓。妈妈,近乎包揽了世界上所有的职业,当孩子嗷嗷叫喊着饿时,捋起袖子冲进厨房的,是妈妈;当孩子对着题目苦恼时,拿起铅笔上去指点的,是妈妈;当孩子红着脸发着烧躺在床上时,一直在身边喂饭擦汗焦急地甩着体温计的,还是妈妈。

看吧!在生活中既当厨师、老师,又当保姆、医生的人,就是妈妈。所以,我可以说,妈妈是世界上最美也是最辛苦的职业。感谢妈妈们!因为有了你们,我们才得以快乐健康地成长。

我记得你曾经对我说过,"爱,是给予之后才有的"。我想了很久,终于在你身上找到了答案,就在你为我挑鱼眼时。我曾经在一本书上看到过,把鱼眼挑给自己最爱的人,上帝会让她得到同样的爱。

而这同样的爱,我想我可以给你。我会在你腰酸背痛时为你按摩;会在你工作累得睡着时为你盖上被子;会努力学习,拿好成绩来回报你。

中考将近,我经常学习到很晚,而你,总是会陪着我,有时还会为我准备夜宵。你总会比我睡得更晚,也总是比我起得更早。我到底要怎样感谢你,为我付出了这么多!

几次你和我走在大街上时,旁边总会经过样貌靓丽的年轻姑娘,她们脸上带着甜美的微笑。你貌似云淡风轻地走过,可我分明看到了你眼中那一丝落寞。是的,被岁月神偷"眷顾"的你,头发里掺入了一缕缕白发;你那白嫩的皮肤,也已被生活消磨得粗糙暗沉。当你从姑娘蜕变成妈妈的时候,你那美丽的光华便随之褪去了。被岁月神偷偷去的,不仅是精力,还有年轻。

最近听闻你因为快到40岁而忧愁,希望你不要难过,我会陪你一直美下去,陪你一起与岁月神偷智斗!

愿你和全天下的妈妈们身体健康!永远年轻!这封信,我会让风儿捎给你们……

愿一切安好!

歌颂母爱的女儿:邓焦元

教师点评

同样是歌颂母爱,小作者采用书信的形式,以第二人称的方式创意回顾了母爱的点点滴滴。作者戏谑岁月为"神偷",愿意与母亲一起与"神偷"智斗,深情流淌于字里行间,感人至深。